철학의
101가지 딜레마

101 Philosophy Problems
by Martin Cohen

PHILOSOPHY
PROBLEMS

철학의

101가지라고?! 철학에 딜레마가 이렇게 많은 줄 미처 몰랐어!

101가지 딜레마

마틴 코헨 지음 · 최수민 옮김

북&월드

철학의 101가지 딜레마

마틴 코헨 지음
최수민 옮김

초판 인쇄 /2009. 7. 27
초판 1쇄 /2009. 8. 8

발행처 /북&월드
발행인 /신성모

등록번호 /제10 - 2073호
등록일자 /2000. 11. 23

서울특별시 마포구 신수동 448-6 2층
전화 02-326 - 1013/ 팩스 02-322 - 9434
이메일 /gochr@hanmail.net

ISBN 978-89 - 90370 - 72- 3 (03100)

* 가격은 표지에 있습니다.

태초에 말씀이 있었나니……

-요한복음 1장 1절

머리말

"101가지라고?! 철학에 문제가 이렇게나 많은 줄 미처 몰랐어!"
이렇게 탄식하는 독자들이 없지 않으리라.

그럴 만도 하다. 버트란드 러셀은 필생의 저서 『철학의 문제』
(1912)에서 고작 12개의 문제만 피력했으며, 그 대다수가 지식의
다양성에 관한 문제였다. 현상과 실재의 문제가 있고, 정신과 물질
의 문제가 있으며, 관념론의 문제가 있고, 지식에 관한 다양한 문
제가 있다. 숙지에 의한 지식, 서술에 의한 지식, 일반 원칙들에 관
한 지식, 선험적 지식과 보편에 관한 지식, 직관적 지식, 오류에 반
대되는 것으로서의 지식(참과 거짓) 등이 있고, 더 나아가 확률적
지식이라는 것도 있다. 그리고 그 모든 지식을 굽어보는 것으로서,
철학의 '가치' 라는 문제가 있다.

그러나 우리는 여기서 더 너그럽게 생각해보도록 하자. 필자가
지금 읽고 있는 러셀의 그 책의 판본은 과거에 어떤 사람이 소유했
는지는 모르지만, "지식의 습득은 그 모두가 '자아' 의 확장이며,
이 확장은 직접 그것을 추구하지 않을 때 가장 잘 획득된다"는 구
절에 밑줄을 긋고(이 책에 대해서도 그렇게 생각할 수 있을 것인지?) 그
곁에 이렇게 씌어 있다.

이것은 억지인가?

이건 필시 러셀의 이 책에 대해서 새롭게 파라독스한 문제를 또 하나 제기하는 것으로 보아야 할 것 같다.

유잉A. C. Ewing은 『철학의 근본 문제Fundamental Questions of Philosophy』(1952)에서 러셀보다 훨씬 적게, 단 6가지 문제만 발견했다. 진리, 물질과 정신의 관계, 공간과 시간의 관계, 인과성과 자유 의지, '다원주의'에 반대되는 개념으로서의 '일원론'이라고 일컬어지는 것, 신 등이 그것이다.

이건 그리 길지는 않지만 대단히 유용한 리스트다. 우리가 101가지 문제에 접근함으로써 무언가를 발견하기 위해서는 에이어A. J. Ayer의 대단히 획일적인(그의 이전의 저술들은 좀 나은 편이지만) 저서 『철학의 중심 문제Central Questions of Philosophy』를 펼쳐볼 필요가 있다. 그러나 자세히 살펴보면, 그가 중요시한 문제들은 단지 x와 y라는 자유 변항, 그리고 교수라는 사람들에게만 관심을 기울인, 사뭇 불만족스러운 것임이 드러난다. 거기서 우리는 참된 철학 문제들이 아니라, 명제 함수propositional function와 통사적 선언syntactical disjunction만 볼 수 있을 뿐이다. 에이어는 심지어 제논의 파라독스는 진짜 파라독스가 아니라고까지 주장하는 만용을 과시했다. 그는 가령, 아킬레스의 경우에 그가 1야드 이동하기 위해서는 먼저 1/2야드 지점을 지나가야만 한다고 말하는 데에는 결함이 있다고 주장함으로써, 제논의 모든 파라독스를 푼다. 다시 말해서, 그것은 '거짓'이라는 것이다('거짓'은 동어반복이 아닌 어떤 주장을 일컫기 위해 특정 부류의 철학자가 사용하는 용어다). 그리고 하여튼 에이어에게서 철학의 목적은, 맑스가 듣는다면 필시 대노하겠지만 세계를 '변혁하는' 게 아니라 세계에 대한 우리의 '개념'을 바꾸는 것일 뿐이고, 그 자신도 이것을 흔쾌히 인정하고 있다. 철학은 '분석의 실천'에 국한되어야 한다는 것이다. 그러나 이건 철학을 실천하는 사람들이 철학에 매혹되게 하는 점은 물론 아니다. 그러한 사람들은 "철학이 제기하는 문제들에 대한 흥미, 그리고 그 문제들에 대해서 철학이 답변을 함으로써 거두는 성공"에서 철학의 가치를 찾는다.

그렇다면 철학의 문제를 101가지나 담고 있는 책은 도대체 어떤 책일까? 아직까지 발견되지 않은 파라독스들과 잔뜩 흥미를 돋우고 애를 태우는 수수께끼들의 금맥일까? 사회 과학과 자연 과학이 제기하는, 아직 풀리지 않은 온갖 너저분한 질문들의 창고일까? 어느 쪽이건, 이 책의 끝에 가서는 101가지 문제 중에서 대체 몇 문제나 해결이 될까? 그리고 그건 과연 돈을 주고서라도 살만한 가치가 있는 것일까?

그 점에 대해서는 의심하지 마라. 이 책에는 철학적으로 중요한 모든 문제가 담겨 있다. 그렇지 않은 문제도 아주 조금 없지는 않을 것이다. 문제에 대한 토론 및 해설은 간략하면서도 적절하고, (철학 연구에서 날이 갈수록 좋은 대접을 받고 있는) 구어체라는 방법에 의해서 명확하고도 생동감 있게 서술되어 있다. 그리고 오랫동안 학자들의 사랑을 받아왔던 전문 용어들은 일부러 쓰지 않았지만, 그 용어들이 지시하는 개념이나 문제는 물론 배제되었을 리 없다.

오늘날에는 명징성이라는 것에 대해서, 마치 흡혈귀가 햇빛을 보았을 때처럼 두려움에 차서 바들바들 떨고 두 눈을 가리는 철학자들도 더러 있을 것이다. 그들은 평범한 단어나 문장을 보면 그것 때문에 곧 자신의 사적인 세계가 무너지기라도 할 것처럼 혐오감을 느낀다. 그러나 우리는 그와 같은 감정을 가질 필요가 없다. 대신에 우리는 유구한 철학의 전통으로, 철학이 삶의 한 행위이며 배우고 익힐만한 기술이었던 시절로 되돌아갈 뿐이다.

이 책에는 물론 사실들이 있다. 그리고 테크닉에 관해서 말하자면 이 책은 '비판적 사고'라고 알려진 형태의 철학에 대한 훈련이다. 이 형태의 철학은 원래는 파괴적인 성격을 띠었던 것이고, 그래서 철학자들은 나중에 그것을 사로잡아서 그 전체 개념을 언어적 모호성이라고 하는, 겉에 금박을 입힌 데다가 도무지 알아들을 수 없는 말들을 보석처럼 박아 장식한 둥우리에 가두어버렸다.

그러나 이건 늘 그렇지만은 않다. 철학을 한다고 하는 그 행위까지는 아니겠지만, 적어도 철학의 언어를 탄생시켰던 고대 그리스 시대에는 명징성이 척도이고 목표였으며, 궤변은 저급한 것으로 취급받았다. 이 책이 참으로 그 전통으로의 복귀라고 한다면, 그건 이 책이 그러한 전통을 변호하고 그 역할을 중요시하기 때문일 것이다. 그리고 자의식이 철철 넘치는, 도대체가 심각하지 않으면 견디지를 못하는 사상가들이 이 책을 보고 너무 단순하다고 험담한다면 그들에게 이 책의 문제 중에서 아무것이나 골라서 풀어보라고 하자!

그러나 그러기 전에 우리는 여기서, 러셀이 전반적인 철학 문제에 대해서 마치 다짐을 해두듯이 말하고 싶었던 게 무엇이었는지를 먼저 들어보도록 하자.

철학은 그게 제기한 질문에 대해 확실한 해답을 주기 위해 연구되는 것이어서는 안 된다. 그 어떤 확실한 해답이라고 해도 대개는 반드시 진실이라는 법은 없기 때문이다. 철학은 질문 자체를 위해서 연구되어야 한다. 철학이 제기한 질문들은 현실적으로 가능한 것에 대한 우리의 개념을 확대시키고, 우리의 지적 상상력을 풍요롭게 하고, 성찰에 이르는 마음의 문을 굳게 닫아버리는 교조적인 확신을 타파하기 때문이다. 그러나 그 무엇보다도 더, 철학이 궁구하는 우주의 저 위대함을 깨달음으로써 우리의 정신도 또한 위대해지고, 그 지고의 선을 우리에게 가져다주는 우주와의 합일을 이룰 수 있기 때문이다.(『철학의 문제』, pp. 93-94)

이 책을 어떻게 활용할 것인가

철학은 하나의 활동이다. 철학은 또 일종의 사고의 실험이라고 볼 수도 있다. 그러므로 이 책의 문제들은 수동적으로 받아들여서는 안 되고, 토론 및 해설은 더욱 그러하다. 이 문제들을 단지 기계적으로 익히는 것만으로도 철학적 기법을 위한 건전한 토대를 세울 수 있을 것이고 철학적 사실에 관해서도 많은 것을 알 수는 있겠지만, 그것만으로 곧 철학자가 되는 것은 아니다. 그러기 위해서 여러분은 이 책을 비판적으로 읽어야 할 것이다. 다시 말해서, 주어진 전제들에 대해서 의심해보아야 하고, 논증들에 대해서 반론을 제시해야 한다. 그게 바로 철학자의 태도다. 그러나 그것은 또한 (허황한 말이나 사소한 것들에 대한 트집으로써 사람들을 혼란에 빠트리는 것을 즐기는) 궤변론자나 현학자의 태도이기도 하다. 고로, 나는 여기서 몇 가지 충고를 해두고자 한다.

1. 이 책은 물론 한 번 들면 놓기가 몹시 어렵기는 하겠지만, 그렇다고 해서 이상한 철학적 흥분에 휩싸인 나머지 처음부터 끝까지 내처 읽으려고 하는 유혹에 빠져서는 안 될 것이다. 특히 모든 문제를 한꺼번에 풀려고 할 경우에 생길 위험성을 유념하기 바란다. 보조를 느긋하게 해서 한 문제 한 문제씩, 혹은 유사한 문제들의 그룹별로 풀어보는 게 좋을 것이다. 나는 특별히 이것을 강조하고 조장하도록 문제들을 배열하였으며, 깊은 성찰을 위한 여지가 충분히 주어져 있기 때문에, 이 책은 단지 부분들의 종합으로만 그

치지 않을 것이다. 토론 및 해설은 바로 이러한 철학적 과정을 위한 보조 수단으로 사용해야 할 뿐, '해답'을 찾기 위해서 성급하게 읽어서는 안 될 것이다. 독자들이 잠시 책을 제쳐놓고 나름대로 깊이 생각하면 토론 및 해설이 훨씬 더 재미있는 것이 될 것이고, 문제 자체도 또한 훨씬 더 흥미롭게 될 것이다. 버트란드 러셀이 일찍이 갈파했던 것처럼, 해답이란 문제보다 훨씬 덜 중요한 것이기 때문이다.

2. 문제들을 그 논리적인, '상징적인' 형태로 분해하려고 하지 말기를 바란다(독자들의 편의를 위해서 수록한 용어 해설의 '형식 논리학'을 참조할 것). 내 친구 중에도 그런 사람이 있다. 그는 물론 반쯤 미쳐버렸고, 그리하여 지금은 어느 대학에서 철학을 가르치고 있다. 불쌍한 친구.

3. 마지막으로, 교사나 부모는 학생들이나 자녀들에게 이 책의 문제들을 억지로 들이대지 말기를 바란다. 아예 책 자체를 그들에게 던져주고 강제로 읽게 해서는 더욱 더 아니 될 것이다.

철학은 싫은 것을 억지로 할 때보다는 스스로 의욕을 갖고서 접근할 때 훨씬 더 가까이 다가갈 수 있는 것이기 때문이다. 이 책은 두 가지 서로 매우 다른 방식으로 취급할 수 있을 것이다. 문제를 풀고 그 요점을 외우는 인습적이고 학구적인 방식, 그리고 언어와 논리의 이면에 숨어 있는 현실을 그려내려는 보다 더 철학적인 학습으로서의 직관적인 방식이 그것이다. 그러나 이 책을 이용하는 최선의 방법은, 철학 책이란 모름지기 그러한 것이어야 한다고 생각하는 바, 감상하고 주목할 새로운 게 무수히 많지만 그 어느것도 실체가 파악되기는 고사하고 아직 충분히 탐사되지도 않은 철학으로의 여행이 되게 하는 것이다. 이 여행은 아마도 끝난 뒤에도 처음 출발할 때보다 아는 게 전혀 많아지지 않은, 여행 중에서도 최고의 여행이 될 것이다. 아니, 출발 이전보다 아는 게 오히려 적어질지도 모르지만, 그러나 이제까지 몰랐던 새로운 것을 알게 되는 보람만은 반드시 얻을 것이다.

인간에 관한 문제

파라독스한 그림

아무도 제대로 따져보지 않은 12가지 전통적인 철학 문제

10가지 논리적 함정 및 파라독스 문제

교수형을 선고한 판사

드레드 판사는 지금까지 몹시 불쾌한 죄수를 수없이 많이 상대해봤지만 지금 그의 앞에 앉아 있는, 철학을 한 번도 공부한 적이 없는 주제에도 스스로를 '찰학자'라고 부르며 뻐기고 돌아다녔던 이 녀석은 참으로 꼴도 보기가 역겨웠다. 드레드 판사가 말한다.

"죄수여, 나는 이제 그대에게 정직이란 게 무엇인지를 가르치려 하노라. 그대는 일개 불한당이며 사기꾼으로서 그 죄가 다 드러났으며, 그러고서도 본 법정에서 거듭 꾀바르게 거짓말을 함으로써 그대의 너저분한 목숨을 구하려 했다는 죄 또한 명백히 드러났도다. 자, 이제 정의의 심판을 그대에게 내리리라. 본 법정은……" (여기서 판사는 위엄을 차리려고 잠시 말을 멈추고, 검은 장갑을 손에 끼고 작고 까만 모자를 머리에 쓴다.) "……그대를 교수형 집행장으로 끌고가서 올가미에 목을 매달아 숨이 끊어질 때까지 내버려둘 것을 선고하노라."

"……그러나 본 재판관은 관용과 자비의 정신이 남다른지라, 그대에게 진실의 가치가 어떠한 것인지를 깨우칠 기회를 마지막으로 한 번 더 주고자 하노라. 형 집행 당일에 그대에게 종이와 연필을 줄 터인즉, 한 가지 진실을 선언하는 진술서를 쓰도록 하라. 그게 진정 진실로 판명된다면 그대는 10년 징역으로 감형될 것이며, 그러나 만약에 그것이 사형 집행관이 보기에 거짓으로 판명되면 그 즉시 교수형이 집행될 것이다. 그대에게 엄히 일러두는 바……" 드레드 판사는 그 사기꾼에게 말이 제대고 먹혀들지 않을 거라고 생각했는지 이렇게 덧붙인다. "……우리 사형 집행관께서는 '논리실증주의자 형 집행관 클럽'의 회원이며, 따라서 그대가 무슨 허황된 소리를 교묘히 한다 하더라도 이내 들통이 나리라. 그러니 그분을 속일 생각일랑 아예 하지 않는 게 좋을 것이다. 자, 그대에게 하루의 말미를 줄 터이니 충분히 생각해서 진술서를 쓰도록 하라."

이렇게 엄혹한 선고가 내려지자 배심원들이 박수갈채를 보내고 법정에 있던 모든 사람이 피고를 쳐다본다. 그 불한당에게 중형이 내리진 데다가, 또 공개적으로 진실 선언을 해야 하는 수치까지 안겨준 데 대해 하나 같이 흡족해하는 표정이다. 그런데 이상하게도 철학자는 그저 능글맞게 웃으면서 태연히 사형수 감방으로 끌려갈 따름이다.

형 집행일이 되자 사기꾼은 진실 선언서를 쓰고 사형 집행관이 그걸 받아서 읽는데, 어찌된 일인지 얼굴이 점점 형편없이 일그러져간다. 마침내 그녀는 사납게 으르렁거리면서 진술서를 구겨서 던져버리고, 철학자를 당장 석방하라고 명령한다. 결국 철학자는 아무 처벌도 받지 않는다.

🔊 철학자는 진술서에 도대체 뭐라고 썼기에 목숨을 구할 수 있었을까?

Di**ʃ**cussion

'교수형을 선고한 판사'는 아리스토텔레스에서부터 제논, 그리고 토마스 아퀴나스에 이르기까지 오랫동안 철학자들을 성가시게 했던 "모든 크레타인은 거짓말쟁이" 파라독스와는 조금 성격이 다르다. 이 파라독스는 고대 그리스 철학자 에피메니데스Epimenides가

만든 것으로서, 그는 크레타 출신들은 늘 거짓말을 한다고 주장했다고 전해진다. 그러나 그의 주장은 인종 차별적일 뿐만 아니라 다소 불가해한 점이 없지 않은데, 에피메니데스 자신이 크레타 출신이기 때문이다. 그의 주장이 진실이라면 그의 말은 당연히 거짓이어야 하며, 그러나 거짓이라면 그 경우에는…… 그의 주장이 진실이라면 그게 말해진 상황이 진실이 될 수 없고, 그 상황이 진실이라면 그의 주장이 진실이 될 수 없으며, 따라서……. 이런 식으로 진실이 무한히 반전을 거듭한다. 사실상 이 진술은 진실도 아니고 거짓도 아니며, 단지 어느 한쪽이 진실인 것으로 판명되어야만 하는 것처럼 보일 따름이다. 이것은 가령, "안녕하세요, 목사님"이라는 인사말처럼 '진리값'이 부여되지 않아도 되는 말과는 경우가 다르다.

그렇다면 죄수는 무엇이라고 말했을까? "나는 내일 목이 매달릴 것이다"라거나 그와 비슷한 말만으로도 그 자신을 살리기에 부족함이 없을 것이다. 사형 집행관은 교수형을 집행할 수가 없다. 만약 집행한다면, "나는 내일 목이 매달릴 것이다"라고 말했을 때 그 철학자는 틀림없는 진실을 말한 것이라고 주장하면서 그의 가족과 친지들이 고소할 수 있을 것이기 때문이다. 비슷한 얘기가 되겠지만, 만약 사형 집행관이 이 문제를 인정해서 철학자를 감옥으로 보내는 쪽을 선택한다면 교도소장으로서는 그를 법정으로 되돌려보내는 게 마땅할 것이다. 교도소장은 철학자가 또 다시 법정에서 거짓말을 했다는 것이 명백하다고 판단할 것이며, 따라서 그에 대한 처벌은 당연히 교수형이 되어야 한다고 생각할 것이기 때문이다.

　농부 필드는 그가 몹시 아끼는 암소 데이지 때문에 마음이 대단히 불안하다. 너무 불안해서 데이지가 지금 들에서 아주 즐겁게 풀을 뜯어먹고 있더라고 목부牧夫가 말해도, 그는 자기 눈으로 직접 보지 않고서는 마음을 놓을 수 없다고 말한다. 그는 데이지가 무사히 잘 있다는 사실을 99%까지만 아는 것으로 만족할 수 없고, 그것을 100% 확실히 '안다'고 말할 수 있게 되기를 바란다.

　농부 필드는 들로 나가 울타리 옆에 서서 저 먼 곳을 쳐다본다. 몇 그루 나무 뒤에 하양과 검정이 섞인 물체가 있는 걸 보고, 그게 자신이 가장 아끼는 암소 데이지임을 확인한다. 그는 젖 짜는 곳으로 돌아가서 목부에게 데이지가 지금 들에 무사히 있다는 사실을 알고 있다고 말한다.

　이 시점에서 농부 필드는 정말 그 사실을 알고 있는 것일까?

　목부는 자기도 나가서 확인해보겠다고 말하고서 들로 나간다. 거기서 그는 데이지가 어디에 있는지 살펴본다. 그런데 데이지는 지금 어느 덤불 뒤 움푹 꺼진 곳에 누워서 낮잠을 자고 있기 때문에 목부가 서 있는 울타리에서는 전혀 보이지 않는다. 그런데 그는 검정과 하양이 섞인 커다란 종이 하나가 어느 나무에 걸려 있는 걸 발견한다.

　◎ 농부 필드가 생각한 대로 데이지는 지금 들에 있다. 그러나 그가 그 사실을 안다고 말하는 게 과연 옳을까?

　인간의 약점을 감안할 때, 우리가 무언가를 안다고 말하기 위해서는

　　* 사실이 그러하다고 믿고,
　　* 우리의 믿음에 대한 타당한 이유를 갖고 있으며,
　　* 그리고 정말로 사실이 그러하다면

　그 조건이 충분하다고 누구나 생각할 것이다. 이것은 '증명된 진정한 믿음' 으로서의 앎이다.

　그러나 농부 필드의 경우에 이 세 가지 조건 모두를 충족하고 있음에도 불구하고, 데이지가 지금 들판에 있다는 사실을 그가 진정으로 알지는 못한다고 볼 여지가 우리에겐 남아 있다. 이 문제는 플라톤의 후기 대화편 『테아이테토스*Theaetetus*』에서도 제기되어 있고, 그 이후에도 약간 더 형식적인 언어로 수많은 철학자를 괴롭혀 왔으며, 특히 20세기에 들어와 '분석 철학' 에 대한 관심이 고조된 이후로는 더욱 그러했다. 이 사례에서 농부 필드는

　　* 암소가 지금 들에 있다고 믿었고,
　　* 정말로 그렇다는 증거를 갖고 있으며(그의 믿음이 증명되었다).
　　* 따라서 그의 암소가 지금 들에 있다는 것은 사실이 된다.

　그러나 그가 그 사실을 진정으로 '알지는 못한다' 고 여길 여지

가 여전히 남아 있다. 그리하여 우리에겐 '지식knowledge'에 대한 또 다른 정의가 필요해지게 된다. 모든 지식은 '증명된 진정한 믿음'이어야만 하지만, 진정하고 증명된 믿음이라고 해서 그 모두를 다 지식이라고 부를 수는 없을 것 같다. 많은 철학자가 이와 같은 부류의 반증을 극복하기 위해서는 한층 더 복잡한(!) 설명이 필요하다고들 말하곤 한다.

세 가지 조건을 다 합쳐도 여전히 불충분하다면*, 한 가지 특별 규칙을 덧붙이기만 하면 해결된다고 주장한 철학자들이 더러 있었다. 그릇된 믿음에서 추론된 것은 그 무엇도 지식으로 간주하지 않는다는 것이었다. 그러나 물론 이것은 다소 동어반복적인데, 이렇듯 동어반복은 철학자들의 최후의 도피처가 되었다. 첫 번째 조건을 무시해보려고 했던 철학자들도 있었다.

우리가 무언가를 알기 위해서는 반드시 그것을 믿어야만 하는 건 아니라는 것이었다. 한편 '안다는 것'의 기준을 새로 설정하려고 했던 철학자들도 있었는데, 그들은 그러기 위해 요구되는 게 무언가를 단순히 믿는 게 아니라 그것을 '수용'하는 거라고 하는 뜻을 시사하였다.

반석처럼 단단한 확실성을 어떻게 발견하느냐 하는 문제는 서양 철학 전반의 기본적인 주제였다. 고대 그리스인이 거기에 힘을 쏟았으며, 16세기에 이르러 르네 데카르트는 화덕 앞에서 생각에 잠겨 있던 도중에 스스로에게 던진 질문들을 통해서 그 요체를 잡아

---

* 최근에 E. L. Gettier의 『분석Analysis』에 수록된 논문 참조.

내었다(Problem 99참조). 그는 이 문제에 대한 해답을, 생각하는 사람으로서의 그 자신의 존재의 확실성에서 발견했다고 생각했던 바, "*Cogito ergo sum*—나는 생각한다, 고로 나는 존재한다"라는 저 유명한 구절이 바로 그것이다. 이것을 데카르트는 그저 사실이 그러하다고 믿는 데 그치는 것이 아니라, 그 자신이 아주 확실하게 알고 있는 사실이라고 믿었다.

프로타고라스의 문제

에우아틀로스Euatholos는 프로타고라스로부터 변호사가 되기 위한 방법을 배웠는데, 그가 첫 재판에서 이길 때까지는, 그리고 첫 재판에서 이기지 못한다면 수업료를 전혀 내지 않아도 된다는 조건에 서로 합의했다. 그런데 프로타고라스Protagoras가 아까운 시간을 내서 애써 가르쳐놓았더니, 에우아틀로스는 그새 마음이 변해서 음악가가 되겠다고 우기면서 사건을 전혀 맡지 않는 것이었다. 화가 엄청 난 프로타고라스가 사람을 이렇게 골탕을 먹여놓았으니 어떻게든 책임을 지라고 요구했지만, 음악가는 싹둑 거절했다. 그래서 프로타고라스는 소송을 걸었다. 프로타고라스의 심산은 이러했다. 만약 에우아틀로스가 재판에서 지면 프로타고라스가 이기는 것이고, 따라서 당연히 돈을 받을 수 있을 것이다. 어디 그뿐인가? 만약에 그가 진다면 에우아틀로스는 지금은 음악가가 되어 있다고 아무리 항변을 해도 첫 재판에서 이기는 셈이 되므로, 돈을 주지 않을 수 없을 것이다.

에우아틀로스의 생각은 달랐다. 그는 이렇게 생각했다. 만약 내가 지면 나의 첫 재판에서 지는 게 되므로, 애초에 합의한 대로 수업료를 낼 필요가 없게 된다. 그리고 만약 이긴다면, 판결에 따라서 프로타고라스는 나에게 수업료를 내어놓으라고 요구할 권리를 잃게 되는 것이며, 따라서 나는 돈을 주지 않아도 되는 것이다.

◉ 양쪽이 다 옳을 수는 없다. 어느 쪽이 오산일까?

전하는 말에 의하면, 판사가 하도 헷갈려서 100년이나 휴정했다고 한다. 이 파라독스는 양쪽의 생각하는 방식이 모두 옳은 것처럼 보인다는 것이다. 그러나 그들은 서로 상반되는 두 결론에 도달한다. 이것은 고대 그리스인이 토론거리로 삼았던 '고전적인'—전형적으로 고전적인—문제다. 이것은 함정이 아니며, 혹시 무슨 함정이 있다고 하더라도 그 실체가 무엇인지를 아직 아무도 찾아내지 못했다. 에우아틀로스도, 프로타고라스도 제각각 논리상으로 전혀 결함이 없다. 그러나 둘 다 옳을 수는 없다. 따라서 두 사람의 논리는 어디엔가는 문제가 있는 것이며, 그 문제가 바로 우리의 판단력의 기초가 되어준다. 고대인들이 이와 같은 문제들에 흥미를 느꼈던 이유가 바로 이것이다.

다음은 나의 어느 유식한 친구가 덧붙여준 말이다. 법정에서 청문회가 열린 이후로 변호사들도 이 파라독스에 대해 깊은 관심을 가져왔다. 이것은 한편으로는, 가령 "이 법은 더 이상 유효하지 않다"거나, 혹은 심지어 "이 책은 저작권 소유이다"(실제로 그러하지만, 그러나 저작권 표시 덕분에만 그러하다)라는 식으로 말하는 것과 같은, 그들이 늘 사용하는 법률적 전문 용어들 때문이다. 또한, 가령 보험 약관이 '경찰이 은폐한' 손실을 배제하려고 하는 것과 같은 경우에 이따금 발생하는 복잡한 법률적 '순환 논법들'이 있다.

1946년에 미국에서 있었던 오하이오주와 존스 박사 사이의 재판에서, 이 프로타고라스의 문제가 증거로 구체적으로 인용되었다. 존스 박사는 해리스 양에게 불법 수술을 했다는 혐의를 받고 있었다. 그녀는 자기가 극구 부탁을 했기 때문에 박사가 수술을 했다고 증언했고, 그 증언이 결정적으로 재판에 작용하고 있었다. 그런데 판사가 봉착한 문제가 있었다. 존스 박사가 불법 수술을 했다면 해리스는 공모자인 셈이고, 따라서 그녀의 증언은 신빙성이 없고 법적으로 유효한 것이 될 수 없다는 것이었다. 이 사건에서 하급 법원의 판사와 항소 법원은 모두 배심원이 판결을 내리도록 허락했다(이것은 불가피할지는 모르되, 비논리적인 결정이었다). 하나 같이 비철학자인 배심원은 저 교활한 순환 논법을 그저 무시해버리고서 존스 박사에게 유죄 판결을 내렸다.

Problem 04 　힌두 쿠쉬의 이발사

힌두 쿠쉬Hindu Kush의 통치자들은 시민의 외모를 매우 엄격하게 통제했다. 그들은 복장과 개인 위생에 관한 무수한 칙령을 공포했다. 그런데 그 칙령 중에서도 가장 이상야릇한 것은 도시의 이발사에게 내린 것이었다. 그들은 이발사에게 시내에 사는 모든 사람의 머리를 깎으라고 명령하면서 6개월 뒤에 머리가 너저분한 자는 목을 잘라버릴 것이라고 선포했다. 이 임무에 대한 보수로 이발사는 이발 한 번에 은화 한 닢을 받을 것이며, 깔끔함을 기하기 위해서 아마추어 이발사들은 절대로 이발업을 할 수 없도록 했다. 곧, 어느 누구도 친구의 머리를 깎아주는 행위를 할 수 없게 되었다. 그러나 그 이발사가 돈을 더 벌려는 욕심으로 평소에 스스로 머리를 깎아주었던 사람들의 머리까지 깎는 짓을 하지 못하도록 파수병에게 이발사를 잘 감시하고 있다가 그가 법령을 어기려 들면 즉시 두 손을 잘라버리라고 명령했다.

처음에 이발사는 기뻐서 어쩔 줄을 몰랐다. 수북이 쌓일 은화가 눈에 어른거렸다 그러나 다음 순간에 어떤 생각이 머리를 스쳐가자 그만 새파랗게 질려서 파르르 떨었다.

그날 하루 종일 사람들의 머리를 깎아주고 아직 보수도 받지 못했는데, 밤중에 그는 산속으로 도망쳐 그 뒤 20년을 숨어 살았다.

🎵 이발사는 도대체 무엇 때문에 큰 재산을 긁어모을 기회를 저버리고 황망히 떠나버렸을까?

이발사의 머리를 스쳐간 그 무서운 생각이란 그 자신의 머리를 어떻게 깎을 것인가 하는 것이었다. 어떻게 하든 그는 이 법령 아니면, 저 법령을 어기는 셈이 된다는 데 생각이 닿은 것이다.

'이발사의 파라독스'라는 이름으로 흔히 알려져 있는 이 파라독스는 아주 오래된 어떤 파라독스의 한 변형으로, 20세기 초에 버트란드 러셀이 우연히 발견한 이후로 세인의 주목을 받아왔다. 러셀은 이 파라독스를 참으로 멋없게도, "자기 자신을 그 구성 원소로 포함하지 않는 모든 집합의 집합은 자기 자신을 포함하는가?"라는 문제로 요지를 파악했다. 그는 이 파라독스의 여러 가지 함축된 의미를 보고 너무도 놀랐다. 그 논리뿐만 아니라 수학적 운용에 놀라고, 심지어 그 언어가 지극히 평범하다는 데에는 더욱 경악했다. 그는 평생 쌓아올린 업적이 한꺼번에 무너지는 것 같았으며, 그 뒤 몇 주일 동안은 거의 먹지도 자지도 못했노라고 자서전에서 토로했다. 그는 이 파라독스를 동료이자 수학 철학자인 괴트롭 프레게Göttlob Frege에게 보냈는데, 그는 이것을 보고 '산술의 전율'이라고 탄식했다고 한다. 여러 가지 해법이 제시되었다.

이발사는 아주 꾀바른 언변으로 파수병들을 속이는 방안이 있었는가 하면, 그 자신에게 아주 엄청난 충격을 일부러 가함으로써 그의 머리털이 다 빠져버리게 하는 방안도 있었다. 그러나 어느것도 문제를 근본적으로 해결할 수 있는 방안이 되지 못한다.

그의 저서 『수학의 원리Principia mathematica』에서 버트란드 러셀은 이 파라독스를 일곱 가지 이상으로 구체화해서 제각각의 해법을 탐구한 끝에, 다음과 같이 재정립했다. 자기 자신을 구성 원소로 포함하지 않는 모든 집합의 집합은 자기 자신을 포함하는가, 아니면 포함하지 않는가? 문제를 이렇게 간결하게 상술해낸 것은 참 경탄스럽지만 모순을 해결하는 데에는 실제로 도움이 되지 못하자 러셀은 자기 자신에 대해서 언급하는 모든 진술은 '금지되어야' 하거나, 적어도 아무 의미도 없는 것으로 간주해야 한다고 말하는 쪽으로 급격히 돌아서게 된다. 그러나 안타깝게도, 무수히 많은 의미 있는 진술이 자기 자신에 대해 언급하고 있으며—의론의 여지가 없지는 않지만— 그 진술들로 하여금 의미를 갖게 해주는 게 바로 그것이다.

까마귀

  어느 제국의 궁정 철학자는 자주 무언가를 증명해달라는 요구를 받았다. 한 번은 어느 남작이 내기를 걸었다면서, "모든 까마귀는 검다"는 사실을 증명해달라고 요구했다.

  이것을 증명하기 위해서는 이 세상의 모든 까마귀를, 과거에 살았던 까마귀와 현재 살고 있는 까마귀와 그리고 미래에 태어날 까마귀를 다 관찰해서 모두 다 검다는 것을 확인해야 한다고 그는 생각한다. 허나 그러자면 시간이 너무 오래 걸릴 것이다. 그 대안으로, 그는 검지 않은 모든 새를 관찰해서 거기에 까마귀가 없다는 사실을 확인하면 될 거라는 데 생각이 미쳤다.

  철학자는 조수에게 지시했다. "까마귀가 아닌 모든 새를 관찰해서 그것들이 검지 않다는 사실을 확인하라." 그러나 그의 목소리에는 어쩐지 힘이 없고 혼란스러워하는 기색이 역력했다. 까마귀가 아닌 새 중에도 검은 게 있을 수 있기 때문이었다. 그런데 문제가 아직 남아 있었다. 모든 까마귀가 실제로 검다는 사실을 증명한다고 해도 그건 어디까지나 조사 당시의 일일 뿐, 그 뒤에 태어날 까마귀 중에는, 가령 초록색 까마귀가 있을 수도 있기 때문이었다.

  그러나 어쨌든 철학자는 그 방법을 밀고 나가기로 마음을 굳혔고, 이윽고 이 세상의 모든 까마귀는 검다는 사실을 밝힐 수 있을 것 같은 증거를 만들어서 궁정으로 돌아왔다. 그는 회중 앞에서 이렇게 선언했다.

  "여러분, 이 문제의 해답은 아주 간단합니다. 모든 까마귀는 검다고 우리가 '정의하게' 됩니다. 그렇게 정의해두면, 가령 초록색 까마귀는 까마귀일 수 없고, 단지 까마귀의 모든 특징을, 그 색깔만 빼고는 다 가진 초록색 새일 뿐입니다. 그 새는 (정의상) 결코 까마귀일 수 없습니다! 모든 까마귀는 정말로 검습니다." 그러자 박수갈채가 터졌다. 그런데 궁정 동물원의 까마귀 관리인이 섬뜩해 보이는 병든 새 한 마리를 안고 앞으로 나섰다.

🐦 관리인이 말했다. "그렇다면 깃털이 일시적으로 초록색으로 변하는 병에 걸린 이 까마귀는 도대체 무엇입니까?"

Discussion

혹은 그 병이 영영 낫지 않아서 까마귀가 초록색이 되어버렸다면? 그러나 검지 않은 모든 새는 까마귀가 아니고…….

이 문제는 "모든 백조는 희다"는 말로서도 제시할 수 있는데, 오스트레일리아에서 건강하게 살아 있는 검은 백조들이 발견될 때까지는 이것도 똑같이 진실이라고 여겨졌다. 이것이 보여주는 것은 이처럼 극단적인 문제마저도 현실에 대해 어떤 관련을 가질 수 있다는 사실이다. 이와 같은 부류의 귀찮은 문제가 다시 끼어들지 못하게 하기 위해서 많은 철학자는 모든 홀아비는 반드시 결혼하지 않은 남자인지, 2+2=4인지, 물은 반드시 산소 분자 1개와 수소 분자 2개로 이루어져야 하는지(Problem 60~71 참조) 하는 문제를 논의하는 방법을 즐겨 택한다. 그렇게 되면 그 술어들이 분석적인지 종합적인지, 선험적 혹은 후천적* 진실인지 하는 등을 중심으로 논

---

* 이 용어를 사용한 것은 전적으로 독자들을 혼동시키기 위해서다.

의가 이루어질 수 있고, 따라서 과학자들은 이 세계에 대한 잠정적인, 경험적인 연구에 머물 수 있게 된다. 궁정 철학자도 이런 식으로 해서 '귀납적인' 문제를 '개념상의' 문제로 바꾸려는 시도를 할 수 있다. 그렇다면 초록색 까마귀는 어떻게 되는가? 그것은 아마도—후천적으로—종합적인 까마귀일 것이다(참으로 대단한 철학적인 농담이 아닐 수 없겠지만……).

Problem 06　구내 매점의 딜레마

두 여학생이 학교 구내 매점의 창문을 넘어 들어가다가 적발되었다. 이미 오래 전부터 구내 매점 도난 사건이 가끔 있었기 때문에, 여교장 김 박사가 그들을 불러놓고 범인임을 자백하라고 근엄하게 다그친다. 여학생들은 자백하지 않는다. 그러자 교장은 한 여학생을 내보내고, 다른 여학생과 단 둘이서 얘기를 한다.

"제인, 모든 걸 인정하는 게 훨씬 유리할 거야. 인정하면 이번 학기말까지만 정학 조치를 내리는 거로 처벌을 감해줄 수 있어."

"저는 하지 않았어요." 불쌍한 제인이 울먹이면서 말한다.

"정말 하지 않았다면 넌 아무것도 두려워할 필요가 없어. 하지만 나중에 재닛이 너희 둘이서 물건을 훔쳤다고 실토하면 넌 거짓말을 한 것이고, 그러면 넌 틀림없이 퇴학이야! 자, 이제 너는 옆방에 가 있고, 재닛에게 들어오라고 해. 기다리면서 내 말을 잘 생각해 보란 말이야." 김 박사는 이번엔 재닛을 앉혀놓고 제인한테 했던 똑같은 말을 한다. 제인은 옆방에 혼자 앉아서 생각을 한다.

30분 뒤, 교장은 제인에게 이전부터 구내 매점에서 물건을 훔쳐왔다는 사실을 이제는 인정할 준비가 되었느냐고 묻는다.

◎ 죄가 있건 없건 상관없이, 제인은 어떻게 해야 최소한의 처벌만 받을 수 있을까?

Discussion

제인은 자기도 시인하지 않고 재닛도 시인하지 않으면 둘 다 방면될 거라고 생각할 것이다. 그러나 제인은 시인하지 않았는데 재닛이 시인한다면, 제인은 퇴학당할 것이다! 그렇다면 가장 안전한 처사는 구내 매점에서 물건을 훔쳤다고 인정하고 남은 학기 동안 정학 처분을 받는 것이다.

실제로, 이와 비슷한 처지에 놓인 죄수들은 흔히 이런 식으로 생각하기 마련이다. 공모자와 얘기해볼 수 없는 한, 그리하여 '입을 꼭 다물기'로 서로 약속하지 못하는 한 죄수들은 죄를 시인함으로써 자신에게 내려질 벌을 줄이려고 할 것이다─그렇게 하는 게 최선의 방안이 될 수가 없음에도 불구하고(물론 순진한 사람들은 전혀 합리적이지 못한 행동을 취함으로써 죄를 시인했을 경우보다 훨씬 더 어려운 처지에 스스로를 빠뜨릴 수도 있을 것이다).

이 문제는 1951년에 미국의 메릴 플러드Merrill Flood에 의해 처음 제기되었고, 그 뒤에 이 '죄수의 딜레마'는 '합리성'의 본성에 대한 폭넓은 논의를 촉발하고 '게임 이론Game Theory'이라는 새로운 연구 주제를 탄생시켰다. 예를 들어, 이것은 전 지구적인 핵무기 경쟁과 같은 상황에서도 일어날 수 있는 문제다. 그 경쟁에서는 쌍방이 모두 무기를 증강하지 않는 게 쌍방 모두에게 최선이고, 그러나 한쪽은 하고 다른 한쪽은 하지 않을 경우에는 하지 않는 쪽으로서는 최악의 상황이 된다. 이 문제에서 본 것처럼 최근의 역사는 그 중간의 선택이 압도적임을 보여준다─쌍방 모두가 무기를 증가하는 데 막대한 돈을 들이면서도 어떠한 군사적 이익도 보지 못하는 것이다. 쌍방의 의사소통 수단을 마련하는 게 최우선 과제일 것이고, 그렇게 되면 서로의 신뢰가 이 딜레마의 성난 뿔을 무디게 해줄 것이다.

깜짝 시험

어느 날, 논리학 보충 수업 시간에 학생들은 이번 학기에 배운 것에 대해서, 특히 아리스토텔레스의 256가지 논리적 형상에 관해 시험을 보게 될 것이라는 말을 듣는다. 하나 같이 게을러서 수업 진도가 매우 느리기 때문이라고 선생이 험한 목소리로 덧붙인다. 학생들은 불만스러워서 여기저기서 웅성거리기 시작한다. 학생들이 볼멘소리로 묻는다. "그게 언제죠?"

교사가 능글맞게 웃는다. "그건 나만 아는 거야. 지금부터 이번 학기가 끝날 때까지 아무 날이 될 수 있어. 하지만 한 가지 확실한 게 있지. 그 시험은 깜짝 시험이 될 거라는 것이야!"

방과 후에 밥과 패트리샤가 이 문제를 놓고 얘기한다. 밥은 암기력이 약해서 걱정이 이만저만이 아니다. 그가 말한다. "날짜만 알면 난 걱정 없어. 전날 밤에 달달 외우면 될 테니까 말이야."

패트리샤가 말한다. "걱정할 거 없어 밥. 내 생각으로는, 선생님이 우리를 골리려고 농담한 게 틀림없어. 시험은 없을 테니까 두고 봐."

그리고 패트리샤는 학기 마지막 날이 그날이 될 수 없는 이유를 설명한다. 그 전날까지 시험이 없으면 마지막 날이 그날인 줄 누구나 알 것이고, 따라서 그 전날 밤에 그때까지 배운 것을 달달 외워서 준비를 할 것이기 때문에 깜짝 시험이 될 수 없다는 것이다. 밥이 빈정대며 말한다. "맞았어. 그럼 지금부터 마지막에서 둘째 날 사이의 어느 날이 그날이겠군."

패트리샤가 차근차근 설명한다. "마지막에서 둘째 날이 그날일 수도 없어. 마지막 날이 그날일 수 없다면, 그리고 마지막에서 셋째 날까지도 시험이 없었다면 그 다음 날이 그날이란 걸 누구나 다 알 수 있기 때문이지!"

밥이 그제야 납득을 한다. "마지막에서 셋째 날도 그날이 될 수 없고, 넷째 날도 그날이 될 수 없고, 그러니까 어느 날도 그날이 될 수가 없다는 거구나! 이봐! 이건 정말 대단한 농담이야. 선생님은 단지 우릴 불안하게 만들려는 심산이란 말이야! 깜짝 시험이 될 거라고 했는데, 그걸 포기하지 않고서는 우리한테 시험을 보게 할 수 없어. 정말 멍청한 바보야!"

그들은 다른 학생에게 말해주지 않았다. 그들은 256가지 논리적 형상을 비롯한 온갖 시시콜콜한 걸 외우느라 생고생을 했고, 밥과 패트리샤는 속으로 콧노래를 불렀다. 그런데 그 선언이 있은 지 1주일 쯤 지난 어느 날, 선생님이 시험을 본다고 발표한다.

"이건 말도 안 돼요!" 밥이 말했다.

"왜 안 되지?" 선생이 놀라면서 되묻는다. 그러나 많이 놀라는 거 같지는 않다.

"깜짝 시험이라고 하셨잖아요? 그러자면 우리가 전혀 예상하지 않았던 날에만 시험을 봐야 하잖아요."

"맞아. 하지만 밥, 자네는 지금 그걸 예상하고 있지 '않고', 그래서 나는 지금 시험을 '보게 하는' 거야." 교사는 이렇게 알쏭달쏭하게 말한다.

🎵 밥의 논리에 무슨 결함이 있었던 것일까, 아니면 교사가 위선적일까?

  제논의 고전적인 '아킬레스와 거북'의 파라독스와 거의 마찬가
지로 밥의 추론에는 전혀 결함이 없지만, 실제로 통하지는 않는다.
패트리샤의 논리 전개의 각 단계 역시도 옳고 결론도 옳지만, 그러
나 유감스럽게도 이 세상의 그 어느 학급에서도 그러한 일은 일어
나지 않는다!

소리테스

　그리스인은 배 만드는 솜씨가 탁월했다. 그들은 적의 함선을 들이받아서 침몰시킬 수 있는 강력한 선체를 가진 매우 뛰어난 전함한 척을 만들었다. 전하는 말에 의하면, 신께서 축복을 내리셔서 그 전함은 절대로 침몰하지 않고, 전함의 공격을 받은 배는 반드시 침몰했다고 한다.

　노 젓는 노예들마저도 신이 나서 썬더프라우Thunderprow라는 별명을 붙인 그 배는 무수한 전공을 올린 뒤, 이윽고 보수해야 할 때가 되었다. 목재의 거의 절반을 교체한 대대적인 보수 공사가 이루어졌다.

　그 배에 대한 무한한 존경심에서 사람들은 낡은 목재들과 이제는 구부러지고 녹이 슨 못을 남김없이 잘 간수했다. 사람들은 그걸로 나중에 그 배의 기념상을 만들 계획이었으나, 이듬해 '썬더프라우'는 더욱 혁혁한 전공을 올린 뒤에 겨울이 되자 교체하지 않은 목재의 1/3 가량을 또 교체해야만 했다. 그리고 이듬해가 되자 나머지 묵은 목재들이 새로운 목재만큼 하중을 견디지 못한다는 게 드러났다. 소리테스Sorites 함장은 배를 조선소로 끌고가서 남아 있는 원래 목재들을 모두 교체했다. 그리고 곧 있을 연례 해군 사열식에 대비해서 최상의 상태를 갖추기 위해 돛과 그 밖의 장비도 모두 새로 바꾸었다.

　전에도 그랬듯이, 낡은 부품은 하나도 빠짐없이 간수되었다. 그런데 이번에는 아주 재미있는 일이 벌어졌다. '썬더프라우'가 바다로 나가서 적의 배를 무찌르고 있는 동안에 항구의 시민들은 낡은 목재와 못으로 아주 정교하게 배를 다시 조립했다. 부품들이 몹시 약해졌기 때문에 전함이 될 수는 없고, 다만 그동안 쌓아올렸던 혁혁한 전공을 기리기 위한 지상 기념물이 된 것이다.

이제 '썬더프라우'는 예전처럼 혁혁한 전공을 올리지 못했다. 시간이 갈수록 이 배는 공격했던 적함을 놓치거나 제대로 타격을 입히지 못하는 경우가 늘어갔다. 한 번은 적함을 들이받았다가 그 유명한 뱃머리의 일부가 파손당하기만 했을 뿐, 적함은 전혀 손상받지 않은 적도 있었다. 배가 항구에 들어왔을 때 지친 수병들이 일제히 술렁거리면서 무언가를 가리키기 시작했다. 똑같은 배가 가대 위에 얹혀 있었다. 단 한 가지 차이가 있었다. 그 배에는 '오리지널 썬더프라우'라고 쓴 명판이 붙어 있었다. 구경꾼들이 와글거리고 있었다. "바보들!" 소리테스 선장이 구경꾼들을 보고 퉁명스럽게 소리쳤다. "이런 걸 만들어놓으면 우리 배는 더 이상 '썬더프라우'일 수가 없는 거야. 아무 쓸모도 없이 가대 위에 얹혀 있는 저 쓰레기 더미가 바로 신의 축복을 받은 배가 된단 말이야!"

시민들은 그렇지 않다고 주장했다. 지금 함장이 타고 있는 그 배가 첫 번째 보수를 한 뒤에도 오리지널 '썬더프라우'였다는 사실에는 의심의 여지가 없었으며, 두 번째 보수를 한 뒤에도 여전히 그 배가 유일한 '썬더프라우'였다. 그리고 세 번째 사소한 보수가 있었지만 그것 역시도 그 배의 정통성을 조금도 해칠 수 없었다. 마지막으로 남은 원래의 못을 뽑았다고 해서 그 유명한 배가 더 이상 존재하지 않게 되어버렸다고, 함장은 진짜 그렇게 생각하는 것이란 말인가? 우리는 기껏해야 '오리지널 썬더프라우라고 볼 수도 있는' 또 하나의 썬더프라우를 만들었을 뿐이다. 굳이 그렇게 따지고들면, 진정 유일한 오리지널 '썬더프라우'는 이 세상의 것일 수가 없고, 어쩌면 그 설계자들의 마음속에 존재하는 '정신적인' 이상理想일 뿐일 터이다. 소리테스는 이것을 얼토당토하지 않은 주장이라고 생각했다. 그는 기념물 배를 당장 해체해서 깡그리 태워버리고 못도 아주 녹여서 없어버려야 한다고 주장했다.

깡그리 태우고 녹여버렸지만, '썬더프라우'의 능력이 더 나아지는 것 같지가 않았다. 그리고 여러 해가 지난 뒤에 사람들은 신들로부터 축복을 받아 천하무적이었던 그리스의 유일한 전함을 소리테스 함장이 태워버렸노라고 불평을 했다.

🔊 세 배 중에서 어느 게 오리지널 썬더프라우일까?

Dis**cussion**

문제는 세 배 중에서 어느 게 오리지널 '썬더프라우'인가 하는 것이다. 가대에 놓인 기념물이, 현재 작동하고 있는 배가, 아니면 설계자들의 마음속에 있는 배가? 혹은 또 다른 어떤 배가?

이것은 모래 '더미'를 만들기 위해서는 얼마나 많은 수의 모래알이 필요한가를 알아보려는 사람이 부딪치는 것과 똑같은 문제로서, 단지 '정체성Identity'의 문제를 또한 제기한다는 점만이 조금 다를 뿐이다. 얼핏 생각하기엔 퍽 쉬울 것 같지만, 그러나 한 알의 모래에다가 또 한 알의 모래를 더하는 것을 실제로 해보면 모래알을 낱낱이 분간한다는 게 참으로 어렵다는 걸 알게 된다.(게다가 이미

다 만들어진 더미에다가 불필요한 모래알들을 첨가할 경우에는 엄한 벌이 내려지도록 되어 있는 경우를 상상해보라!) 인간은 부정확한 정보를 한데 모아서 어떤 결론을 내리는 '애매모호한 사고'의 전문가다. 그리고 어떤 추론을 하는 경우에는 그러한 인간조차도 불변하는 한 가지 차이—그 무엇인 것과 무엇이지 않은 것 사이의 차이—에 의존한다. 따라서 10펜스짜리 동전이 얼마나 있으면 거지가 부자가 될 수 있는지, 얼마나 많은 모래알이 모이면 모래 언덕이 되는지를 말한다는 게 불가능하다면 하늘색이 언제 초록색이 아닌지, 1인치는 언제 실제로 1인치가 아닌지 하는 것들을 단정지어 말하는 것도 마찬가지로 불가능하다. 그것은 우리의 모든 추론이 근사치에 의존한다고 말하는 것보다도 더 나쁜 오류다. 근사치라는 게 도대체 무엇에 비해서 근사하다는 것인지가 또 문제가 되기 때문에.

쓸모없는 정보 협회 문제

'쓸모없는 정보 협회'를 창설한 사람들이 참으로 난처하게 되었다! 지원자가 폭주하자 그들은 가입 자격을 엄격히 하기로 결정했다. 모든 지원자는 완벽하게 쓸모없는 정보 한 가지를 반드시 제공해야만 가입할 수 있고 학회의 도서실을(많은 이에게 한층 더 중요한 것으로서, 흡연실을) 이용할 자격을 얻을 수 있다는 것이었다. 이 규정은 매우 엄격하게 준수되었다. 그런데 규정을 그렇게 바꾼 지 12년이 지났을 때 협회의 회장은 규정이 바뀐 뒤로는 단 한 명도 가입하지 않았다는 한심한 사실을 그제야 깨닫게 되었다. 보아하니 협회가 곧 문을 닫아야 할 지경인 것 같다.

꽁 **무엇이 잘못되었을까?**

Di꿍cussion

지원자들이 제시한 정보가 아무리 쓸모없는 것처럼 보인다고 하더라도, 이제는 효력이 없어서 파기된 무슨 기밀 서류나 찢겨서 버려진 논리학 교과서 같은 데에서 채취한 참으로 쓸모없는 정보라고 하더라도 그것을 제시한 사람이 그것 덕분에 협회에 가입할 자격을 얻는다면 결국엔 완벽하게 쓸모없는 정보라고 볼 수가 없다!(브렌다 알몬드Brenda Almond의 원작에서 차용)

Problem 10 최종 판결

마침내!
움직일 수 없도록 확실한 것. 이 페이지의 뒷면에 쓰인 진술은
'진실'이다.

이 페이지 앞면에서 한 주장은 '거짓'이다.

◉ 어느 게 옳을까?

Di_scussion

철학자들은 (적어도) 고대 그리스와 '거짓말쟁이 파라독스' 이후로 "모든 크레타인은 거짓말쟁이다"라고 아주 간단하게 진술된 이 문제를 놓고 늘 당혹스러웠고 심기가 불편했다. 자신이 크레타 출신인 사람의 입에서 이 말이 나온 그 순간에 바로 문제가 생겨난 것이었다. 그러나 이것은 단지 그 크레타인이 거짓말을 한 것일 뿐이기 때문에 그리 대단한 문제가 되지 않는다고 말하는 철학자들도 더러 있다. 크레타인 중에는 분명히 거짓말쟁이가 없지 않을 것이다.(그러나 다른 모든 크레타인도 거짓말쟁이라고 가정한다면 어떻게 되는가? 그렇다면 그 화자는 스스로 자기의 주장을 뒤엎는 셈이 된다. 만약 수많은 크레타인이 이따금 진실을 말한다면, 그 사실은 그리스인에게도 그리 흥미로운 게 못될 것이다. 그러나 이 세상에 크레타인이 단 한 명뿐—그 화자—이라고 한다면 어떻게 될 것인가? 그 경우에 이 파라독스는 "나는 늘 거짓말을 한다"는 말로 바뀌어야 할 것이다.)

그 크레타인의 말은 남의 말을 충분히 들은 다음에 그 반대로 생각하면 낭패를 당하지 않을 수 있다고 충고했던 고대 중국의 어느 현자의 말을 상기시킨다. 이 충고의 잇점은 남의 말을 곧이곧대로 믿어서는 낭패를 당할 것이라고 한 그 현자 자신의 말에 그대로 적용할 수 있다고 하는 것이다. (또한 Problem 01과 14의 토론 참조.)

6가지 윤리 이야기

딕타티아

　딕타티아Dictatia 정부는 국민의 지지를 받지 못했다. 국민의 불만이 최고조에 달했지만 그걸 표출할 민주적인 장치가 전혀 없었다. 마침내 다양한 수준의 범죄에 해당하는 행동을 불사하는 지하 레지스탕스 운동이 일어났다.

　수도 딕타티아빌에 있는 국가 안전기획부 본부 앞에서 폭탄이 터진 걸 비롯하여 격렬한 폭동이 한 차례 일어난 뒤에 수상은 서른 명의 저명한 반정부 인사를 한 자리에 모아놓고 최후 통첩을 했다. 폭탄 테러 사건을 배후 조종한 주모자의 명단을 제출하거나, 서른 명 전원이 목숨을 내놓으라는 것이었다. 적어도 두 명의 이름을 요구했다.

　수상은 가장 위엄스러운 복장을 하고서 TV 방송에 나가 정부가 이번 테러 사건의 주모자들을 체포했으며, 절차에 따라 조사한 뒤에 재판에 회부할 것이라고 발표했다.

　반정부 지도자들은 정부의 제의를 신중하게 검토했다. 참으로 난감한 일이 아닐 수 없었다. 그들 중에는 폭탄 사건과 연루된 사람이 아무도 없었기 때문이다. 주모자들이 누구인지도 그들은 몰랐다. 그러나 그 명단을 제출하지 않으면 '본보기삼아' 전원이 처형당할 것이라고, 비밀 경찰 국장이 손가락 마디를 우두둑 부러뜨리면서 험악한 소리로 협박했었다. 그들이 협박을 진지하게 받아들이지 않을 경우에는 어떤 일이 일어나는지를, 그럴 경우엔 정부가 어떻게 약속을 잘 지키는지를 상기시켜주는 사건이 이미 여러 차례 있었다.

누군가가 한 가지 해결책을 내놓았다. 추첨으로 두 사람을 뽑자는 것이었다. 그 두 사람이 폭탄 테러 사건의 배후 조종자라고 시인하고 처형을 당하면 나머지는 목숨을 구할 수 있다는 것이었다.

◉ 전원이 총살을 당하는 것보다는 나은 듯하다. 그러나 과연 윤리에 맞는 처사일까?

운 나쁜 두 사람을 제외하고 나머지 모두에게는 그 방법이 참으로 현명한 처사였던 것 같다. 그러나 행운은 어디에선가 또 다시 폭탄이 터질 때까지 뿐이었다. 나머지 반정부 인사가 다시 소집되었다.

이번에는 누군가가 나서서, 그들이 취할 수 있는 여러 가지 방도 중에서 도덕적으로 정당한 건 단 한 가지, 전원 처형하겠다는 협박에 대해서 아무 대응도 하지 않는 것뿐이라고 주장했다. 그저 결백을 주장하고, 정부의 사악함을 비판하고……, 그리고 만약 그들이 모두 죽는다면 그 죽음은 적어도 참으로 고귀한 죽음이 될 거라고 주장했다. 추첨을 하건, 자원자를 뽑건 또 다시 두 사람을 넘겨주어서 다른 사람의 목숨을 구한다는 구실로 죽게 한다면 그들은 매우 옳지 못한 일을 저지르는 셈이 될 것이라는 것이었다.

그들은 결정을 내릴 수가 없었다. 그리하여 모두가 민주주의자였으므로, 결국엔 투표를 하기로 했다.

◑ 이것은 윤리적일까?

Discussion

이와 같은 부류의 문제는 현실 세계에서 실제로 일어난다. 가장 악명 높은 게 나치의 경우로서, 그들은 레지스탕스의 공격 뒤에 무고한 시민들을 체포해서 비슷한 선포를 하곤 했다. 이것을 순전히 수학의 문제―서른 명이 다 죽느냐, 아니면 두 명을 뺀 나머지 모두가 사느냐 하는 선택의 문제—로 보는 이들도 있다. 그러나 수학의 문제로 볼 경우에도 그 해답이 명확하지 않다고 말하는 이들이 또 있다. 그들이 희생자를 선발하여 바치는 것은 정부에게 합법이라는 허울을 씌워주는 주는 셈이 되고, 따라서 그 뒤에도 엄청난 댓가를 치러야 할 불의가 자행될 소지를 스스로 조장하는 셈이 된다. 또 결과나 손익과는 상관없이, 희생자를 바친다는 것 자체가 옳지 못한 처사라고 말하는 사람들도 있을 것이다.

상대적인 문제

  퀴세이 교수는 최근에 발견한, 공동 생활을 하는 어느 집단에 대한 조사 연구에 아주 신을 내고 있었다. 그 중 어느 집안에서 알로이 할아버지의 70회 생신 잔치를 열어드리기로 하고서 교수를 초대했다. 그것은 대단한 존경심을 표시한 것이었으므로, 그는 영광스러운 마음으로 참석하겠다고 말했다. 퀴세이 교수는 그 집단의 전통에 대한 뛰어난 글들을 발표해왔는데, 주로 알로이 할아버지와 한두 살 연하인 그의 아내의 구술을 토대로 하여 쓴 것이었다. 그들은 고대 그리스의 어느 사회의 후손들로서 고향인 메소포타미아를 떠나와서 아메리카 대륙의 어느 한적한 반도에 정착한 사람이었다. 인품이 고상한 할아버지는 특히 자기가 아는 모든 걸 아주 명랑한 목소리로 열성을 다해서 들려주었다.

  정성을 다한 만찬이었다. 말린 생선과 아스파라가스 뿌리가 나온 두 번째 전채를 먹다가 문득 퀴세이 교수는 오늘의 주빈인 알로이 할아버지가 그 자리에 없다는 것을 알아차렸다. 그가 질문을 하자, 알로이 할머니와 다른 손님들이 몹시 놀라는 것이었다. 아니, 이 만찬이 알로이 할아버지의 70회 생신 잔치라는 걸 유식하신 교수님께서도 이미 알고 있지 않았던가? 그는 알로이 가족의 관습들을 익히 알고 있지 않았던가?

  "알지요, 알아요." 퀴세이 교수는 무식한 사람으로 비쳐진 것 같아 몹시 당혹해하면서 말했다. 그러나 알로이 할아버지는 여전히 보이지 않았다. 그렇다면 그 가족이 할아버지의 생신을 기리기 위해 특별히 준비한 것은 도대체 무엇이란 말인가?

바로 그때 메인 코스가 나왔다. 커다란 튜린에 가득한 스프에서 김이 모락모락 나고 고깃점들이 떠 있었다. 튜린의 가장자리에 무언가가 놓였는데…… 알로이 할아버지의 안경인 것 같았다! 그것을 보자 퀴세이 교수는 알로이 가족의 전통적인 관습이 그제야 기억이 났다. 그것은 그가 대학에서 자주 토론의 주제로 삼았던 바로 그 관습이었다. 알로이 가족은 부모의 나이 칠십이 되면 자식들이 그분을 죽이는 게 의무라고 믿는다. 그리고 존경심을 표시하는 방법으로, 가족이 고인을 먹는 것이었다!

갑자기 퀴세이 교수는 기분이 상해버렸다. 입맛도 다 사라져버렸다. 그러나 그는 이 특별한 요리를 먹지 않는다면 결례를 범하게 된다는 것도 잘 알았다. 그것은 실제로 고인의 영혼을 저주하여 그분이 편안히 저 세상으로 가시지 못하게 하려는 행위로 받아들여진다. 알로이 가족에게는 그보다 더 큰 죄악은 없는 것이었다.

퀴세이 교수는 서로 다른 문화 전통을 누구보다 앞장서서 옹호하는 사람이다. 그는 인간은 누구나 그들의 고유한 신념을 자유로이 지킬 수 있어야만 하고, 다만 그게 다른 사람의 권리를 침해하는 것이지만 않으면 되며, 객관적인 도덕적 가치라고 하는 건 실은 '서구 제국주의'의 또 다른 형태에 지나지 않는다고 생각한다.

🔊 알로이 할아버지를 죽인 행위가 교수를 당혹하게 했지만, 그러나 그것은 어찌 할 수 없는 일이다. 교수가 그 자리에서 태연히 식사를 하지 못할 어떤 이유가 있을까?

옳음과 그름을 정의하고자 할 때에는 반드시 '상대주의'라는 문제가 꼬리를 물고 늘어진다. 맑스는 격정적인 어조로 자본주의의 사악함을 고발하기에 앞서서, 도덕이란 그 모두가 지배 계급이 낳은 허위 의식의 산물에 지나지 않는다고 통박했다!

그리스인도 이 문제를 깨달았다. 플라톤은 『국가』에서 이 문제를 논의한다. 소크라테스가 트라시마코스Thrasymachus와 아주 격렬한 논쟁을 하는데, 트라시마코스는 정의란, 소크라테스의 사뭇 감상적인(어쨌든 이상주의적인) 견해와는 달리 강자의 이익에 속하는 것일 뿐이라고 주장한다. 또 다른 곳에서 소크라테스는 "인간은 만물의 척도다"라고 하는 프로타고라스의 견해에 대해서도 이의를 제기한다. 아리스토텔레스가 『형이상학』에서 언급한 것처럼, 이 편안한 입장이 뜻하는 바는 다음과 같다.

……각각의 개인을 위해서 존재하는 것처럼 보이는 것은 실제로 존재한다. ……어떤 게 존재하기도 하고 동시에 존재하지 않기도 한다, 어떤 게 선하기도 하고 동시에 악하기도 하다는 등의 모든 대당적인 진술들은 참인데, 이것은 어떤 특정한 사물이 어떤 사람의 눈에는 아름다운 것으로 보이고 또 어떤 사람들에게는 추한 것으로 보일 수 있으며, 따라서 각각의 개인이 그 판단의 척도인 듯한 경우가 흔히 있기 때문이다.

그러나 소크라테스의 이와 같은 노력에도 불구하고, 트라시마코스와 프로타고라스는 현대에도 수많은 지지자가 있고, 인류학자들은 흔히 '문화적 상대주의cultural relativism' 라는 물에서 물장구를 치고 논다. 옳음과 그름에 대한 우리의 관념이 사회적인 여러 요인과 조건에 의존하는 정도는 실제로 과소 평가할 수 없다. 중국 철학의 위대한 현자 중의 한 사람인 장자莊子는 도덕적 판단의 상대성을 설명하기 위해서 죽임을 사례로 든다. 현자들이 흔히 말하는 것처럼 죽임이 그릇된 짓이라고 한다면, 굶어죽지 않기 위한 유일한 방도로 암말을 죽였을 때에도 그 행위는 그릇된 것인가? 그건 그렇지 않다? 그렇다면 다른 사람을 죽이는 것은 반드시 나쁜 짓인가? 만약 그자가 어느 가족을 몰살하고 재산을 훔치려고 하는 흉한이라면 어떻게 되는가? 그 경우에는 그자를 죽이는 게 결코 나쁜 짓이 될 수 없지 않은가? 그자를 저지할 방도가 그것밖에 없었다면?

　모든 도덕적 판단은 이렇듯이, 그 맥락과 상황에 따라서 이루어진다. 그러므로 상대적이다. 장자는 인간의 지식은—비단 도덕적 혹은 미학적 판단이 아니라—사실상 그 모두가 전후 맥락에 근거해야 하고, 그 모두가 '상대적인' 것임을 증명하는 데로 나아간다. 그는 그것을 다음과 같이 참으로 불가해하게 묘사한다.

　어느 날 내가, 장주가 꿈을 꾸는데, 꿈속에서 나는 나비가 되어 아주 행복했다. 나는 내가 나비인 줄만 알고 그저 즐거웠으나, 내가 장주인 줄은 알지 못했다. 그러다가 어느 순간에 깨어보니 내가, 어김없이 장주가 거기에 있었다. 나는 알지 못한다, 장주가 꿈을 꾸어 나비가 되었던 것인지, 나비가 꿈을 꾸어 장주가 되었던 것인지를.

그의 결론은 (쇼펜하우어의 그것처럼[Problem 96, 97] 참조)우리가
그와 같은 차이의 세계를 초월하려는 노력을 해야 한다는 것이다.

Problem 14 개와 교수

퍼플 교수는 철학 학회에 제출할 원고 초안을 조교에게 불러주어 받아쓰게 하고 있다가 윤리학 수업 시간이 다 됐다는 걸 퍼뜩 깨달았다. "아이쿠, 또 늦겠네. 이봐, 이따가 계속하자고."

그는 문을 박차고 나가서 캠퍼스를 가로질러 윤리학 수업이 있는 강의실로 간다. 그런데 도중에 그는 아주 애처로운 신음 소리를 듣는다. 연못에 빠진 개가 나오질 못해서 버둥거리고 있다. 교수가 말한다. "걱정 마라, 귀여운 것. 내가 건져줄게."

이 자상한 교수는 연못으로 들어가 애처롭게 신음하는 강아지를 안아들고 나온다. 그가 다시 연구실로 돌아와서 젖은 개를 수건으로 대충 닦고나서 보니까 강의 시간이 이미 훨씬 지나 있었다. 1백 명이나 되는 학생이 몹시 화를 낸다. 퍼플 교수는 사과를 하고 사정을 설명한다. 그리고 '실천 윤리학' 의 한 가지 흥미로운 주제로서, 그가 한 행동이 과연 옳은 것인지를 판단해달라고 학생들에게 말한다. 학생들은 비록 그들이 손해를 조금 보았지만 강아지를 구한 것은 정말 잘한 일이었다고 모두가 웃으면서 동의한다.

그런데 다음 주에도 바로 그 강의실로 가던 도중에 퍼플 교수는 그 개가 또 다시 연못에 빠져 있는 걸 발견하고서 이번에도 또 구해준다. 이번에는 학생들이 지난 주처럼 양해를 하지 않고, 그 개는 자기가 알아서 살아나오든지 말든지 내버려두어야 한다고 절반 가량이 주장을 한다. 그 개는 늘 연못에 빠지고, 늘 구출받아야 하는 신세인 것 같다고 신랄하게 비꼬는 학생도 있다.

어쨌든 그 다음 주에 교수가 또 황급히 그 강의실로 달려가고 있는데, 그 개가 또 거기에 있다. 이번에는 형편이 더욱 궁색한지 심하게 발버둥을 친다. 퍼플 교수가 탄식을 한다. "아, 안 돼. 또 늦을 순 없단 말이야!" 그는 애처롭게 신음하는 개를 내버려두고, 단지 어느 인부에게 상황을 알려준 다음에 강의실로 간다. 그리고 학생들에게 그 이야기를 들려주자, 학생들은 개가 처한 위험은 그 때문에 자기들이 입게 될 손해에 비해 훨씬 가벼운 것이라는 데 대체로 동의한다. 퍼플 교수가 말한다. "이게 바로 공리주의입니다. 모든 도덕적 가치 판단은 바로 이것에서부터 시작되는 것입니다." 그런데 인부가 연못에 갔을 때는 이미 개가 익사한 뒤였다.

)) **교수와 학생들의 논리에 어떤 결함이 있는가, 아니면 단지 그 개가 지독하게 운이 나쁜 개일 뿐일까?**

개와 교수 2

　다음 수업 시간에, 한 학생이 일어서서 미리 준비한 글을 읽는다. 의식 있는 하나의 존재의 생명을 구한다는, 인간의 기본적인 의무를 저버렸다고 교수를 힐난하는 내용이다. 그 의무는 그 어떤 편의 혹은 다른 사람들의 요구에 대한 고려보다도 선행되어야 한다고 학생들은 말한다. 하나 같이 책임을 면할 수 없다고 여기는 것 같은 학생들에게 교수는 그의 행위를 정당화하려고 애쓴다. 그는 이렇게 설명한다. 만약에 그가 유능한 외과 의사로서 응급 수술을 하기 위해 병원으로 달려가던 도중에 비슷한 상황을 당해서 걸음을 멈추고 개를 구했다면 사람들은 그를 매우 무책임한 사람이라고 생각할 것이다. 중요한 문제가 서로 경합할 때에는 그 무게를 저울질하기 위한 기준이 있다는 것을 보여주는 것이며, 실제로 개가 물에 빠져죽을 위험은 1백 명의 학생의 수업 시간을 희생시키는 걸 정당화하기에 충분하지 못하다는 데 학생들이 모두 동의하지 않았었느냐는 것이었다. 도덕적 판단을 내릴 때 우리는 서로 상충되는 요인을 저울질하기 위한 그 어떤 '시스템'을 가질 필요가 있다고 교수는 근엄하게 말한다.

　학생들이 교수의 윤리학 수업을 전면 보이코트하고, "윤리는 단지 이론 이상의 문제다"라고 교실 바깥벽에다가 스프레이로 휘갈겨 쓴다.

　))) 윤리학 교수는 무엇을 간과한 것일까?

나중에 가서 생각한다면, 우리는 최초 문제에 대한 해답은 뻔한 것이라고 여길 수도 있다. 그러나 처음부터 생각할 경우에 우리는 개의 생명을 구할 절대적인 의무가 교수에게 있는지 없는지를 먼저 판단해야 할 것이다. 만약 그게 절대적인 의무라면, 그는 비단 강의에 늦어서 황급히 달려가는 교수가 아니라 사람의 목숨이 달린 수술을 하기 위해 가고 있는 의사라고 할지라도 개를 구해야만 할 것이다. 이것을 아마도 우리는 받아들이기 어려울 것이다.

그게 절대적인 의무가 아니라면, 비단 세 번째 주가 아니라 네 번째 혹은 다섯 번째 주에도 교수가 개를 구하기 위해 연못에 들어간다면 학생들은 그렇지 않을지 모르지만 적어도 대학의 학장은 교수가 그의 의무에 대해서 오해를 한 것이라고 여기고 불만스러워할 것이다.

그러나 여기서 논의의 여지가 있는 건, 퍼플 교수가 의사 결정을 하는 과정에서 반드시 고려해야 할 중요한 감정적 측면을 간과하고 있으며, 이 측면은 규칙적이지 않고 예측 가능하지도 않으며 일관성이 없다는 사실은 그게 중요하지 않다는 것을 뜻하지 않는다는 것이다. 18세기의 철학자 데이비드 흄은 '동정심sympathy'이라는 개념을 그의 도덕 이론의 근본 원리로 삼고자 노력했고, 뒤에 그는 도덕을 과학적인 것으로 만들어보려고 했던 생각을 단념했다. 이 깨달음을 그는 "'존재'는 '당위'를 함축하지 아니한다"는 말로써 피력했거니와, 이것은 어떤 선택을 내리기 위해서 우리는 감정에 의지하지 않을 수 없다는 취지일 것이다.

Problem 16 잃어버린 마리온 왕국의 문제

그곳이 어디인지 아무도 모르는, 잃어버린 마리온Marjon 왕국에는 나름대로의 규율과 방식에 따라 전통적인 삶을 살아가는 아주 소박한 사람들의 집단이 있다. 마리온은 열대의 파라다이스로서, 그저 자연이 안겨주는 선물로 일 년 내내 거두어들일 게 참으로 많기도 했다. 한편 마리온 사람들은 스스로 곡물을 경작하기도 하는데, 빵나무 열매가 주종으로서 제각각 약간의 토지를 소유하고 있다. 돈과 섹스를 제외한다면 어느 누구도 아쉬워할 게 거의 없었으며, 마리온 사람에게 돈과 섹스는 전혀 중요한 게 아니었다.

시간이 흐르자 마리온 사람들은 지역 평의회라는 제도를 채택했다. 한 달에 한 번씩 소집하여 집단의 모든 현안을 논의하고 결정하는 제도였다. 모든 결정은 전원 합의에 의해야 한다는 게 원칙이었는데, 그들 스스로를 다스리기 위한 방법으로서 그것이 실효가 없었던 적이 단 한 번도 없었다.

그런데 잃어버린 왕국의 모든 생산은 집단적으로 소유되고 '각각의 개인의 사정에 따라서'라는 대원칙 아래 공평하게 분배되어야 한다는 안건이 평의회에 제출되자, 단 한 번 소란이 벌어졌다. 이건 어느 맑스주의 선교사가 이 섬을 방문한 뒤에 있었던 일이다.

이 안건은 평의회에서 많은 지지를 받지 못했다. 어느 원로는 한 바구니에 모았다가 필요한 만큼만 가져갈 수 있다면 누가 농사를 열심히 짓겠는가 하고 반박했다. "누구나가 충분히 가지고, 그 이상을 원하는 사람은 좀 더 열심히 일하면 되는, 현재 제도가 가장

공평하다. 우리는 이대로 사는 게 훨씬 낫다."

🌀 원로의 주장은 옳은가?

평의회는 원로의 주장대로 제도를 바꾸려는 시도를 기각한다. 그러나 그 직후, 의사 결정 제도 자체에 균열이 생긴다. 갑자기 기후가 변하고 토지가 메말라간다. 난생 처음 대다수 사람은 제각각 소유한 토지에서 간신히 연명할 만큼만 수확하게 된다. 그런데 토지에 샘물이 있는 운 좋은 10% 정도는 예외였다. 그들은 필요한 것보다 더 많은 소출을 올리고, 다른 사람은 그들의 토지에서 일하고서 빵나무 열매를 조금 받아간다. 마침내 예의 그 맑스주의 안건이 평의회에 다시 상정되고, 이번에는 사뭇 격렬한 토론이 벌어진다.

이제 대다수 마리온 사람이 아주 심각한 곤란을 당하고 있다. 영양 실조로 아이들을 잃는 가정이 속출한다. 그들은 남아도는 식량을 나누어주길 바란다. 그러나 토지에 샘이 있는 소수의 사람은 필요 이상의 식량을 가질 수 있고, 그것으로써 다른 사람들을 부릴 수 있는 이 생활이 달라지는 걸 원치 않는다. 식량을 나누어준다고 하더라도 부족하기는 마찬가지일 것이라고 그들은 지적한다. 그리고 이전에 그 제안을 기각시켰던 바로 그 주장—자기 노동의 댓가를 온전히 받을 수 없다면 어느 누구도 농장에서 열심히 일하지 않을 것이라는—을 되풀이한다.

평의회는 합의에 도달할 수 없고, 그리하여 가난한 사람은 갈수록 어려워지는 조건 속에서 간신히 연명하는 처지가 된다. 그러나 평의회 의장의 말처럼, 일부 사람이 어려움을 당하는 것보다는 하기 싫은 일을 억지로 하는 사람이 하나도 없어야 한다는 원칙을 지키는 게 훨씬 더 중요하다.

🌀 평의회는 여전히 옳은가?

　마리온 사람들에 관한 이 논쟁에는 다양한 윤리적 가정이 숨어 있다. 이 가정들은, 아마 어떤 사람은 너무 많이 가지고 또 어떤 사람은 너무 적게 가진다는 건 무언가가 크게 잘못된 거라고 하는 관념적 '권리'를 근거로 한 것 같다. 그와 같은 가정은 현실 정치에 정면으로 도전한다. 어쨌든 평의회 의장이 말하는 것처럼, 부자나 가난한 자 모두에게 인센티브를 주는 제도를 갖추는 게 다수의 이익을 보장하는 길이 될 것이다. 이익을 균등하게 분배한다고 하는 반체제 인사들의 생각은 근시안적이고 환상적인 것일 수도 있다. 그리고 가난한 사람들의 굶주리지 않을 '권리'는 어느 누구도 개인의 자유를 제한받지 않을 '권리'와 정면으로 대립한다.

　마리온 사람들은 모든 형태의 사회 조직이 직면하는 바로 그와 같은 문제를 붙들고 씨름하고 있는 것이다. 모든 게 다 좋을 때에는 완벽하게 수용할 수 있는 것처럼 보이는 게 사정이 나쁠 때에는 용납할 수 없는 것으로, 심지어는 횡포스러운 게 되어버린다는 문제가 그것이다. 어려운 시절에는 이렇듯이 피지배자의 의무가 통제될 수도 있다는 생각이 시험을 받는다.

　피지배자의 의무가 있다고 하는 생각은 참으로 편리한 허구로서, 가령 토마스 홉스 같은 철학자들이 생각해낸 '사회 계약'이라는 것 속에 그 요체가 들어 있다. '자연 상태'에서는 법률도 없고 옳음과 그름의 구별도 없다고 지적한 사람이 토마스 홉스였다. 그렇게 본다면, 자연 상태에서의 삶은 "험악하고, 야수 같고, 단명할" 것이다. 따라서 영국의 시민 혁명기에 살았던 홉스는, 인간은 자신에게 이익이 되는 게 무엇인지를 스스로 결정할 권리를 포기하거나, 때에 따라서는 독재자에게 맡기는 편이 권위에 도전하는 것보다 훨씬 낫다고 생각했다. 독재자가 그 어떤 해악을 자행한다 하더라도 그것은 무정부 사회의 혼란에 비하면 그리 심각한 게 아니기 때문이라는 게 그의 생각이었다. 반면에 그로부터 한 세기 뒤에—미국 헌법의 초안을 작성한 사람으로 알려진—존 로크는, 사회 계약이 수많은 사람을 자연 상태로부터 구해주리라 기대되지만 지배자에게 임의적인 권력을 부여하기 때문에 실은 자연 상태보다 더 나쁜 것이라고 썼다. '족제비나 여우'로부터 벗어났지만, 알고 보니 '사자의 자비심'에 내던져진 결과가 된다면 어느 누가 그 계약을 받아들일 것인가 하고 로크는 반문했다.

역사적으로, 사회적으로 자유 민주주의는 그것의 경제적 성공에 힘입고, 또 한편으로는 모든 시민의 공평한 이익이라고 하는 '억지스러운' 가정에 힘입어서 인간에게는 빼앗길 수 없는 정치적 권리라는 게 있다고 하는 사상을 낳았고, 그 사상은 느리지만 꾸준하게 받아들여지고 있다.

Problem 18 잃어버린 왕국과 쉬파리 문제

몇 년 뒤에 새 제도를 도입한 이 왕국에 '관개'라는 게 알려진다. 수로를 파서 샘과 우물을 연결하는 것만으로, 모든 토지가 다시 비옥해질 수 있다는 것이었다. 아무도 손해볼 게 없고 모두에게 이득이 된다면, 평의회는 당연히 이 제의를 받아들여야만 한다고 가난한 농부들은 요구한다.

그러나 토지에 샘물이 있는 사람들뿐만 아니라, 그렇지 않은 마리온 사람 중에도 더러는 이미 사회의 차별에 익숙해져 있었다. 그들은 이 안건에 반대했다. 이렇게 막다른 데 이르자 가난한 마리온 사람들은 평의회를 탈퇴하고 관개 계획을 억지로 밀어붙였다.

🔊 이것은 정당한가?

잃어버린 왕국과 쉬파리 문제 2

그 뒤에 평의회의 입장이 변해서 '다수결에 의한' 의사 결정의 원칙을 받아들인다. 그리고 몇 년이 지나자 사람들은 전원 합의에 의해서 모든 게 결정되어야 한다고 생각했던 시절이 과거에 있었다는 사실조차 거의 잊어버렸다. 실제로, 다수결만으로도 공정한 판결을 내리기에 충분하고도 남는 듯했다.

그 뒤 몇 년 동안은 아무 문제도 생기지 않았다. 그런데 어느 해부터인가 마리온 사람이 차례로 죽어나가기 시작하는 끔찍한 질병이 만연하는데, 참으로 아이러니하게도 그들을 다시 살려주었던 수로 자체에 의해 생긴 병이었다. 수로가 쉬파리의 온상이 되었고, 이제 섬 전역에 쉬파리가 들끓었다. 이와 같은 문제에 대해서 지식이 풍부한 성직자의 말에 의할 것 같으면, 아무 조치도 취하지 않으면 마리온 사람 전부가 그 병에 걸려서 적어도 2/3는 죽을 것이며, 천연의 저항력으로 그 병을 이겨낼 수 있는 사람은 극소수에 지나지 않는다는 것이었다. 성직자는 이 질병에 대처하기 위한 유일한 방법으로, 쉬파리에 대한 면역성을 갖게 해주는 담배 잎을 주민 모두가 씹어먹는 것이라고 제안한다.

평의회에 또 하나의 안건이 상정되어서 바야흐로 전원 합의에 의해 채택되려는 바로 그 순간에, 어떤 사람이 나서서 성직자에게 묻는다. 담배 잎에 대해서 거부 반응을 일으키는 사람—실제로 그것 때문에 죽게 되는 사람—이 있을 수도 있지 않겠느냐는 것이었다. 성직자가 말한다. "그건 그렇다. 우리 마리온 사람 전체 중에서 최소한 스물에 하나는 그 면역 프로그램 때문에 목숨을 잃을 수도 있다. 그러나 가만히 있다가 우리 중의 2/3가 쉬파리 병에 걸려서 죽는 것보다는 그 편이 훨씬 나을 것이다!"

그리고 성직자는 상황의 심각성을 강조하려고 묵주를 흔들면서 '모두'가 면역되어야만 한다고 얼른 또 한 마디를 더한다. 일단 걸리면 그 병은 매우 전염성이 크고, 또 다른 세균성 질병으로 넘어가고, 마침내는 담배 잎에 의해 생긴 방어력도 소용이 없게 되고 만다는 것이었다.

🌀 성직자가 제의한대로 마리온 사람들은 담배 잎을 씹어먹는 프로그램을 의무화해야 할 것인가?

Problem 20 잃어버린 왕국과 쉬파리 문제 3

이 안건을 표결에 부치기 직전에 어떤 사람이 일어나서 말한다. "내가 왜 목숨을 걸고 이따위 말도 안 되는 것을 먹어야 하죠? 나는 벌써 그 병에 걸렸다가 다 나았어요! 난 담배 잎을 먹는 위험을 감수하느니 차라리 다시 그 병에 걸리는 게 나아요. 나는 나을 자신이 있으니까요. 아무도 나한테 그걸 먹일 권리가 없단 말입니다."

그러나 나머지 마리온 사람은 담배 잎의 위험이 섬 사람들에게는 아주 경미하며, 모든 마리온 사람이 동시에 면역성을 갖지 않으면 그 병은 전염성이 한층 더 강한 형태로 발전해서 훨씬 더 많은 목숨을 앗아갈 것이라고 충고한 성직자의 말에 수긍했다.

마리온 사람들은 압도적인 다수의 찬성으로 이 면역 프로그램을 택했다.

🌑 마리온 사람이 쉬파리 병 때문에 죽을 수도 있다는 것을 모른다면 담배 잎을 의무적으로 먹게 하는 것은 충분히 정당한 조치인 것 같다. 그러나 그것을 아는 경우에도 그 결정은 여전히 정당하고 민주적일까, 아니면 '부당하고 강압적인 것'일까?

Discussion

몇 주일 뒤에 담배 잎을 먹은 사람 중에서 다수가 죽었고 회의에서 항변을 했던 그 사람도 죽었지만, 그러나 대다수의 마리온 사람이 그 질병으로부터 벗어났다. 통상적인 '공리주의적' 계산에 의할 것 같으면 이 결과에 대해서 누구도 무어라 할 사람이 없어야 하겠지만, 그러나 그 중에는 더러 하찮은 것을 가지고서 문제를 제기할 사람들도 있을 것이다…….

윤리적 문제들이 흔히 그렇듯이, 이 세 가지 문제도 복잡한 방식으로 서로 뒤얽혀 있지만 미국의 현대 철학자 존 롤스John Rawls가 지적한 것처럼, 공정하고 '합리적인' 결정을 내리기 위해서는 결정을 내리는 당사자들이 파당적인 이해를 앞세우지 말아야만 한다. 예를 들어, 섬에 관개를 할 것인가 하는 문제는 대다수 사람에게 이익이 되는 게 무엇인가(공리주의의 원리) 하는 점을 근거로 하는 한편, 개인의 자유와 권리까지도 충분히 감안한 채로 어느 아웃사이더에 의해서 객관적으로 접근될 수 있다. 쉬파리 논쟁에서 가장 어려운 부분은 면역제를 복용하는 위험을 감수하는 것보다는 다시 그 질병에 걸릴 위험을 감수하는 편이 더 낫다는 것을 스스로 알고 있는 사람이 더러 있다고 하는 점이다. 만약 그 질병으로 죽을 확률은 2/3이고, 그러나 담배 잎 때문에 죽을 확률은 1/20에 지나지 않는다는 것을 누구나 알고 있다면, 단순한 수학적 계산만으로도 문제가 간단히 풀릴 것이다. 그러나 만약 그 질병에 걸리고도 목숨을 잃지 않을 사람들의 신원을 정확히 알고 있다면, 그들에게는 전혀 이득이 되지 않을 그 위험스러운 면역 프로그램을 강요한다는 건 여러 가지 면에서 '비윤리적인' 처사가 된다. 마리온 사람들이 이 문제를 해결할 수 있는 유일한 길은 그 질병에 대한 자연 치유력을 가진 사람이라 할지라도, 다수의 타인을—물론 그 자신의 가족과 친구들도 당연히 포함될 것이다—위해 면역제를 복용하는 위험을 감수하는 것은 충분히 가치가 있는 일임을 깨닫는 것일 터이다.

안타까운 일이겠지만, 이와 같은 딜레마는 현실에서 얼마든지 일어날 수 있다. 최근에 전 국민을 상대로 한 예방 접종 프로그램으로 에이즈에 대처하자는 의견을 제시한 과학자들이 있었다. 그러면 예방률이 90%까지 올라가서 전 인구의 10% 미만이 이 질병에 걸릴 뿐이라는 것이었다. ……어떤 계산에 의하면, 이 프로그램을 충실히 실천할 경우에 50년 안에 에이즈가 완전히 퇴치될 것이라는데, 다만 그 방법이 바로 이 문제와 같은 어떤 철학적인 현안들을 제기하리란 게 문제다. 그리고 그보다 훨씬 더 직접적인 걱정거리들도 있다. 컴퓨터에 의한 어느 가상 실험에서는 백신 그 자체가 천천히 치명적이게 되어감으로써 인구 전체가 완전히 말살을 당한다는 결과가 나오기도 한다.

이와 같은 문제들은 학교에서 개별 학생들에게는 아주 작은 위험만이 수반될 뿐이지만, 학교 전체에 대해서는 커다란 이익을 가져다줄 면역 프로그램을 시행하려 하는 경우에도 적용할 수 있다.

뉴 딕타티아

면모를 일신한 딕타티아 민주 정부는 국민의 건강에 관심이 컸
다. 보아하니 인구의 대략 1/5이 과식으로 인해 건강을 심하게 해
치고 있는 게 큰 문제인 것 같다. "해마다 1만 명 가량이 주로 과식
으로 인한 심장 마비로 때이르게 죽고 있다"고 보건부 장관 마담
댐프스폰지가 경고했다.

내각의 장관들이 대경실색했다. "이번 기회에 초콜릿 장사들을
쓸어내고 음식 산업계의 거물들을 혼내줍시다"라고 권투 선수 출
신의 스포츠부 장관이 씩씩거리면서 말했다.

보건부 장관은 자신의 계획의 웃점을 설명했다. 세 조목으로 구
성된 계획이었다.

1. "과식은 생명을 앗아간다는 메시지를 널리 전달하기 위한"
공공 계도 캠페인. 파티에서 시끌벅적 떠들면서 지방 성분이 많은
음식을 먹는 장면을 보여주고, 이어서 병들어 일그러진 모습으로
병원 침대에 누워 있는 사람들의 끔찍스러운 모습을 보여준다.

2. 학생들을 위한 영상 자료를 만들어서 어렸을 때 사탕과 설탕
을 많이 먹으면 급속하게 설탕 중독과 비만으로 이어질 수 있다는
사실을 보여준다. 과거의 마약 퇴치 캠페인의 성공 사례들에서도
그랬던 것처럼, 여기에서도 인기 배우와 가수들이 출연하여 할아
버지나 할머니께서 주시는 사탕을 받아먹지 말라고 충고한다.

3. '음식 산업으로 벌어들인 이익금'에 대한 세금을 크게 올림

으로써 소비 심리를 위축시킨다.

그러나 미성년부 장관이 (흔히 그랬듯이 이번에도) 반대한다. 그는 이렇게 말한다. "심장 질환은 확실히 심각한 문제다. 그러나 사탕이나 초콜릿을 먹는 것과 건강이 나빠지는 것 사이에 깨어질 수 없는 연관이 있는 거 같지는 않다. 설령 그렇다고 하더라도, 그것은 어디까지나 개인적인 선택의 문제여야 하지 않겠는가?"

☞ 이것은 확실히 심각한 문제로서, 논쟁의 가치가 충분하다. 그러나 '이 계획의 어느 조목을 장관들은 지지해야 ―지지할만한 게 있다고 한다면― 할까?

뉴 딕타티아 2

(이 쟁점이 더욱 크게 부각된다……)

다른 장관들은 보건부 장관 마담 댐프스폰지가 국민의 먹는 즐거움에 대해서까지 세금을 매기려 한다고 생각하고, 처음엔 그녀의 의견을 그리 대수롭지 않게 여겼다. 그러나 과학적인 증거를 보여주는 영상 교육 자료와 책자를 본 뒤에 그들은 국민 식생활의 내용을 바꿈으로써 심각한 질병과 때이른 죽음으로부터 수많은 국민을 구할 수 있다는 사실을 확신하게 되었다. 새로 거둬들일 세금에서 재무부가 받아쓸 수 있는 돈의 액수를 추정해놓은 걸 보고는, 특히 재무부 장관이 쌍수를 들고 환영했다. 그리하여 이 계획을 전면 시행한다는 안이 전원 합의로 가결되었다.

그러나 시간이 지나자 이 조치들은 거의 효력이 없다는 게 드러났다. 학생들을 위한 캠페인은 고작 아이들로 하여금 스낵을 먹는 걸 더욱 '매혹적인' 것으로 여기게 해줄 뿐이었고, 공공 계도 메시지들은 쓸 데 없는 간섭으로 받아들여졌다. 게다가 비만자의 수는 여전히 늘어만갔다.

선거를 거쳐 새로 구성된 정부의 보건부 장관으로 다시 임명되어 힘을 얻은 댐프스폰지가 이 사안을 다시 내놓았는데, 이번에는 안건을 더욱 강화할 것을 제의했다. 그 모든 안건은 정당의 강령에서 장황하게 설명되었다. 이번에는 법의 힘이 사용될 것이었다.

1. 소비 금지: (특별 금지품 목록에 적힌) 모든 사탕과 스낵을 공

공 장소에서 먹는 행위는 엄격히 금지된다.

2. '제한' 목록에 오른 제품들은 성인들만 구입할 수 있으며, 따라서 상점에서는 어린이의 손이 닿지 않는 높은 곳에 비치해야 한다. 그리고 그 포장지에는, "이 제품에는 의학적 연구 결과, 심장 질환의 중요한 원인으로 밝혀진 지방분과 당분이 다량 함유되어 있습니다"라는 경고문을 인쇄해야 한다.

3. 가령 심장 질환과 같은 비만 관련 합병증 환자는 모든 치료비를 전액 본인이 부담해야 하며, 국민 건강 보험으로부터 전혀 혜택을 받을 수 없다.

댐프스폰지는 "지금 이 나라를 휩쓸고 있고, 우리 어린이들의 미래에 심각한 폐해를 끼치고 있는 이 위협을 제거할 유일한 방도는 이것뿐이다"고 말한다.

🎵 그러나 그녀는 너무 멀리 나간 게 아닐까?

뉴 딕타티아 3

(그물이 죄어진다⋯⋯.)

마담 댐프스폰지 자신은 그렇게 생각하지 않는다. 이 안건들에 대한 지지를 얻은 다음에, 그리고 비만자의 수가 조금 줄어든 결과를 본 뒤에 그녀는 각료 회의에서 세 번째로 이 문제를 꺼낸다. 그녀는 설탕 중독자들이 아직도 열차의 화장실이나 공공 장소에서 몰래 초콜릿이나 크리스프를 먹는 행위가 성행하고 있다는 것을 몹시 언짢아하고, 다른 반대자들도 다 그렇다.

보건부 장관은 이번에는 사탕류의 판매를 완전히 금지하고 '제한' 목록에 오른 모든 제품을 판매하는 것—심지어는 가정에서 만들어먹는 것까지도—이 범법 행위가 되기를 바란다.

그 제품들은 다음과 같다.

엿과 초콜릿,
케이크와 과일 파이,
피자, 칩, 비스킷.

다른 장관들은 이 제안을 고려해보기를 거부한다. 그들은 이와 같은 조치가 현재 과식을 하고 있는 수많은 사람으로부터 인기를 얻지 못할 것이라는 점을 염려한다. 누군가가 불평스럽게 말한다. "어쨌든 당장에 누가 죽는 것은 아니잖소⋯⋯." 댐프스폰지는 구역질이 나서 이렇게 힐난한다. "당신 말대로라면, 마리화나까지도 합법화할 수 있겠군요?"

🎵 그녀는 인기가 없다. 그러나 논리는 나름대로 옳은 게 아닐까?

Di₅cussion

진실은 픽션보다도 더 이상야릇하고……

수에 관한 3가지 문제

Problem 24 구부러진 동전

매트와 루이는 노름을 좋아한다. 그러나 그들은 늘 잃기만 한다. 어느 날 매트가 꾀를 낸다. 둘이서 노름을 하면 둘 다 잃을 수가 없지 않겠느냐는 것이었다. 그래서 그들은 한 판에 1파운드씩 걸고 동전 던지기를 하기로 한다.

매트가 먼저 동전을 던지고 루이가 '뒷면' 을 부른다. 앞면이 나오고 매트가 이긴다. 루이는 이번에도 '뒷면' 을 부르고, 그 다음 스무 번을 계속 그렇게 하는데, 동전은 계속 앞면만 나온다. 루이는 동전이 구부러졌다고 생각하고, 이제는 '앞면' 으로 바꾼다. 그러자 바로 그 다음 번부터 뒷면이 나온다. 이것을 보고 루이는 "무슨 법칙 같군!" 하고 농담을 하지만, 그 다음 서른아홉 번이나 똑같은 일이 벌어져서 '앞면' 을 부른 그가 단 한 번도 따지 못하자 무척 침울해진다. 그는 다시 스무 번을 더 해본다. 이제는 '뒷면' 을 부르고 자기가 직접 동전을 던지는데, 어찌된 일인지 동전은 앞면만 나온다. "오늘은 네가 운이 정말 나쁜가봐." 매트가 20파운드를 주머니에 또 집어넣으면서 말한다. 루이가 버럭 화를 내며 불평을 한다. "확률로 볼 때 이런 일은 거의 일어날 수 없단 말이야!"

그러나 매트는 지금 사용한 그 동전의 앞면과 뒷면의 조합은 다른 어떤 동전의 앞면과 뒷면의 조합과 다르지 않을 것이라고 생각한다. 전체적으로 볼 때, 앞면과 뒷면의 수는 예상된 바와 거의 같이 나타난다.

🎵 누가 옳을까?

매트가 당연히 옳다. 어느 때라도 동전을 던지면 앞면 혹은 뒷면이 나올 확률은 50 대 50이다(물론 '온전한' 동전이어야 한다). 우리는 이걸 실험으로 검증할 수 있다. 동전을 1000번 던져서 앞면과 뒷면이 나오는 경우의 수가 대략 500 대 500인지, 그렇지 않은지를 세어보면 된다. 그러나 뒷면이 나오도록 '만드는' 건 아무것도 없다. 이전에 연달아 앞면만 나왔다고 하는 사실도 원인이 되지 않는다. 동전을 던지는 횟수가 많을수록 그만큼 더 일정한 비율로 나타날 확률이 높아진다. 그러나 반드시 그렇게 되지만은 않을 수도 있다. 동전을 무한대의 횟수로 던지지 않는 한은 보장되지 않는다. 루이가 봉착한 문제는 그 동전이 결코 구부러진 동전이 아니라는 것이다. 비록 20번이나 연달아 앞면이 나온다는 건 있을 수 없는 일이라고 우리가 생각하는 것과는 상관없이, 우주는 그 패턴에 대해서 무관심할 따름이다.

톰 스토파드Tom Stoppard는 (1956년에 발표한 희곡 『로젠크란츠와 길덴스테른은 죽었다』에서) 로젠크란츠와 길덴스테른의 동전 던지기 놀이를 묘사하는데, 앞면이 90번이나 나왔다. 있을 법하지 않은 일이지만, 그러나 루이의 경우처럼 길덴스테른이 자주 콜을 달리하고, 그런데도 계속 지기만 한다고 가정해보자. 그것은 조금은 덜 있을 법하지 않은 일일까?(이러한 심리적 편견을 '노름꾼의 오류'라고 한다.)

이게 과연 문제로 성립될까? 아마 그럴 것이다. 예를 들어, 매우 드문 사건이 잇달아 일어나지만 않는다면 절대로 안전한 원자로가 있다고 가정해보자. 스패너가 원자로에 떨어졌는데, 경보 장치가 고장나고, 보조 경보 장치도 고장나고, 직원들이 깊이 잠든 일련의 사건이 동시에 일어날 확률을 산정하려면 우리는 그 사건들이 따로따로 일어날 확률(이 수치는 분수로 표시된다고 치자)을 곱해야 한다. 그러면 가령 '1/10억'과 같은 매우 낮은 확률이 나올 것이다. 그러나 동전 던지기와는 달리, 우리는 통계상의 확률을 산정하기 위해 그와 같은 상황을 무한히 되풀이할 수는 없다. 1/10억이라는 확률이 나온 경우라면 그 다음 번에도 역시 1/10억이라는 확률이 나올 가능성이 매우 높으리라는 짐작을 할 수 있을 뿐이다.

이것으로도 납득이 되지 않는다면, 4명이 휘스트 게임을 하는데, 카드를 잘 섞어서 돌렸을 때 4명 모두에게 어느 한 무늬의 카드가 모두 쥐어질 확률을 따져보자. 그런 경우는 사실상 일어나지 않는다고 보아도 될 것이다. 1939년에 런던 유니버시티 칼리지의 호러스 노턴Horace Norton이 계산한 바에 따르면, 그렇게 될 확률은 대략 2235197406895366368301600000회에(아이고, 숨 차!) 한 번 꼴이라고 한다. 그런 일이 과연 현실에서 일어날 수 있을까? 여기서 우리는 생각을 바꿔보자. 이 세상 모든 사람이, 가령 10억 명 정도가 '1백만 년 동안' 해마다 하루도 빠짐없이 매일 100게임을 한다고 가정해보자. 노턴의 계산대로라면, 그 경우의 확률은 1/100이 될 것이다. 그런데 실제로 그런 일이 일어난 적이 적어도 한 번은 있었다. 1998년 1월에 버클스햄이라는 마을의 휘스트 클럽에서 벌어진 사건이었다. 64세의 헤이즐 러플스라는 할머니가 카드를 잘 섞어서 돌렸는데, 어느 한 사람이 으뜸패가 13장 모두 들어왔다고 소리치자 모두 혀를 내둘렀다. 그런데 이내 나머지 사람도 모두 다 같은 무늬 13장을 들었다는 사실이 밝혀졌을 때는 모두 얼이 빠졌다. 물론 '공석' 카드는 테이블 위에 엎어져 있었다.

이 사건을 교훈삼아, 핵 발전소 근처에 사는 사람은 어서 이사갈 궁리를 하는 게 좋으리라.

Problem 25 시리우스 별의 생명체

대학 강사 휴고 웰리는 주간 고급반 강의에서, 천랑성이라는 이름으로 더 잘 알려진 시리우스 항성의 주위를 도는 행성 중의 어느 한 곳에 몇 종류의 개가 살고 있다는 사실을 자기가 발견했다고 얘기한다.

"어떻게 그런 일이 있을 수 있죠?" 하고 세일라가 시큰둥하게 반박한다. 휴고는 머뭇거리지 않는다. 이런 경우에 그는 늘 똑같은 방식—'소크라테스식' 방법이라고 생각하며 스스로 흐뭇해하는 방식—으로 대응하는데, 수사학적 질문을 던지는 게 그것이다.

"세일라, 화성엔 생명체가 있을까? 목성의 여러 위성에도?"

"글쎄요, 미국 우주 항공국NASA의 연구에 의하면, 그럴 가능성이 있겠죠." 세일라가 대답한다.

"그러나 그들이 생각하는 건 고작 박테리아일 뿐이지. 까마귀, 양, 말, 나비, 팬더 같은 것도 있을까?" 휴고가 묻는다.

"그런 게 있다고 생각할 사람은 아마 없겠죠."

"맞아, 과학자라면 이걸 더욱 확실하게 부정하겠지. 화성에서 개를 발견할 가능성은 지극히 낮아서 사실상 없다고 볼 수 있어." 그리고 웰리 박사는 성큼성큼 걸으면서 말을 잇는다. "화성에서 그런 동물들을 발견할 가능성이 너무 낮아서 아예 없다고 쳐버릴 수 있다면, 시리우스 항성의 행성 중의 어느 하나에서 그런 동물을 발견할 가능성은 매우 높아서 거의 사실이나 다름없다고 볼 수도 있겠지. 사람들이 왜 아직도 엄연한 사실이 아닌 것처럼 말하는지,

나는 이해할 수 없어."

휴고는 열을 내면서 설명한다. 불충족 이유의 원리Principle of Insuffi-cient Reason에 의하면, 우리가 어떤 질문을 당했지만 그것을 풀어내기 위해 필요한 정확한 정보를 갖고 있지 못할 때에는 결코 확답할수 없다. 가령 "알파 센타우리 항성의 행성들에는 기린이 있는가?"와 같은 질문의 경우에, 그럴 가능성과 그렇지 않을 가능성은 50 대 50이라고만 대답할 수 있다. 어느 쪽이나 단정적으로 말할근거가 우리에겐 없기 때문이다.

학생들은 도무지 못 믿겠다는 표정이지만, 그러나 강사의 논리에서 어떤 결함도 찾을 수 없었다. 휴고는 결론삼아서 질문을 한가지 더 한다. "그럼 시리우스 항성의 주위를 도는 행성 중의 어느곳에서 콜리 종의 개를 발견할 가능성은 50 대 50일까, 그 이상일까, 아니면 그 이하일까?"

"그 행성들이 지구에 사는 동물들이 살기에도 적합하다는 걸 밝혀주는 천문학적 정보가 없는 한은 그 가능성이 50 대 50이라고볼 수도 있겠지."

"그러나 우리에겐 그 정보가 없어. 그럼 달마시안 종은 어떨까?"그리고 페키니즈는? 그 종들이 발견될 가능성도 50 대 50이 아닐까?"

"맞아요, 맞아." 세일라가 말한다. "그래서 어쨌다는 거죠?"

"어렵게 생각할 거 없어." 휴고가 말한다. 개의 종류는 5백 가지이상이야. 그 많은 종 가운데 아무것도 그 행성 중의 어느 하나에서 발견되지 않을 가능성은 동전을 5백 번 던져서 5백 번 모두 앞면이 나올 가능성과 똑같다는 거야. 그렇게 많이 동전을 던진다면 적어도 한 번은 '뒷면'이 나올 게 거의 확실하지. 따라서 시리우스에 개가 있다는 것도 그만큼이나 확실하다는 거야."

프랜시느가 나선다. "세일라. 나가서 차나 마시는 게 좋겠어." 그리고 두 학생은 고개를 절레절레 흔들면서 밖으로 나가버린다.

◉ 그러나 휴고는 그 자신이 정말로 믿고 있는 것처럼 참으로 놀라운 사실을 발견한 것일까, 아니면 '그의 추론에는 어떤 결함이 있는 것일까?'

Di$cussion

불충족 이유의 원리에 의하면, 그 가능성은 50 대 50이다. 확률 이론에 관해서 조금 더 설명해보도록 하자.

어떤 일이 일어날 확률 혹은 가능성을 산정하는 방법은 여러 가지가 있다. 확실한 방법은 모든 가능한 경우를 다 짚어보는 것이다. 가령 한 벌의 카드에서 한 장을 뽑아서 그것이 미리 예상했던 카드인지 아닌지 알아보는 방법이 그것이다. 카드는 (조커를 제외하면) 52장이므로, 하트 에이스가 뽑힐 확률은 1/52이다. 무늬가 다를 뿐, 어쨌든 에이스가 뽑힐 가능성은 물론 1/13이다. 각각의 카드가 뽑힐 가능성은 다 같으므로, 이 간단한 방법이 유효하게 된다.

반면에, 가령 이상한 성을 가진 부모를 둔 덕분에 '잉글버트-래핑-독-펌프킨페이스'라는 성을 갖게 된 아이가 있다고 하자(그런 이상하고 골치 아픈 성을 가진 사람이 실제로 없지는 않다). 그 아이가 전교생이 1000명인 학교에 입학했을 경우에 성이 같은 아이를 만날 가능성은 '거의 없을 것'이지만, 그러나 일반적인 통계상의 규칙에 의할 것 같으면 1000이라는 집단에서는 그럴 가능성이 충분히 있다. '있을 수 있는 일'과 '있을 법하지 않은 일'에 관한 이와 같은 판단이 바로 웰리 박사가, 특정한 정보가 없을 때에는 똑같은 두 가지 가능성만이 있을 뿐이라고 말했을 때 염두에 두었을 바로 그것이다. 따라서 시리우스 별에는 생명체가 있거나 있지 않거나, 둘 중의 하나라는 판단이 타당하게 되는 것이다.

매우 흥미로운 건, 이와 같은 수학적 방법으로 계산한다면 두 팀이 축구를 할 경우에 심판까지 포함해서 생일이 같은 사람이 적어도 한 쌍이 있을 가능성이 대략 50 대 50이라고 볼 수 있다는 것이다. (1년의 날수에 비해서) 비교적 작은 집단에서 두 사람이 생일이 같을, 이 이상한 우연은 그러나 30명이 넘는 집단을 두고 말할 때에는 훨씬 더 신빙성 있게 예측할 수 있다.

이 세상에서는 그 어떤 일이라도 일어날 수 있지만, 그러나 통계상으로 볼 때는 도저히 있을 수 없다. 그런데 실제로 그러한 일들이 발생한다.

가령 철도 건널목에서 기차에 치어 죽을 확률을 따져보자. 다행히, 그 확률은 매우 낮다. 그런데 세상에는 참으로 기이하고도 참혹한 일도 있다. 1951년에 이탈리아에서 어떤 처녀가 건널목을 건너다가 기차에 치어 죽은 사건이 발생했다. 그로부터 4년 뒤에 그 처녀의 아버지도 기차에 치어 죽었다. 똑같은 건널목에서, '똑같은 시각'에, '똑같은 기관사'가 운전하는 기차에 치어 죽은 것이다.

역사를 훨씬 더 거슬러 올라가보자. 1833년에 미국의 소설가 에프가 앨런 포우Edgar Allan Poe는 난파되어 굶어 죽어가는 세 명의 선원이 급사 소년을 잡아먹고 살아났다는 줄거리의 소설을 썼다. 소설 속에서 소년의 이름은 '리차드 파커'였다. 그로부터 51년이 지난 뒤, 세 명의 난파선 선원이 구출된 사건이 실제로 일어났다. 그들은 급사 소년을 잡아먹고 연명하다가 구출되었다. '그 불쌍한 급사 소년의 이름은 리차드 파커였다.'

너무 끔찍하니까, 이번에는 조금 유쾌한 이야기를 해보자. 전쟁이 터져 공습 경보가 울리고 있을 때 시집 간 딸들을 몹시 걱정한 부모들이 전화를 걸어서 얼른 방공호로 피하라고 일렀다는 실화가 더러 있었다. 그런데 어느 부모가 몹시 황망해서 엉뚱한 번호를 돌렸는데 모르는 여자가 전화를 받았다. 통화를 하는 도중에 바깥에 폭탄이 떨어졌다. 우연히 엉뚱한 전화가 걸려오지 않았더라면 그때 쯤 그 여자가 가 있었을 바로 그곳이었다.

마지막 이야기. 어떤 소심한 사람이 비행기 여행을 떠나는데, 공항 개찰구로 들어가기 직전에 그가 부적으로 삼아 애지중지하는 코끼리 마스코트가 무사히 잘 있는지 마지막으로 한 번 더 살펴보았더니, 가방 속에 그게 깨져 있었다. 그는 여행 계획을 그 자리에서 포기하고 비행기를 타지 않았다. 그 비행기는 이륙하자마자 폭발했고, 탑승자 전원이 사망했다. 이 사건은 그 전말이 상세하게 기록된 실화다.

그리고 더 깊은 관심을 가진 독자를 위하여……

피에르 시몬 라플라스Pierre Simon Laplace 는 「확률에 관한 철학적 고찰Essai philosophique sur les probabilities」 (1814)에서 확률에 관한 논리적 이

론을 피력했다. 그는 언젠가 인생에서 가장 의미 깊은 질문은 확률을 계산하는 데 관련된 것이라고 말한 적이 있었다. 확률은 확실히 철학에서도 매우 중요한 역할을 해왔다. 무엇보다도 확률은 우리의 마음에 쏙 드는 몇 가지 문제를 심사숙고하는 데 관련된다. 미래에 관한 문제, 특히 미래가 과거와 비슷한 양상으로 전개되리라는 전율스러운 가정을 세울 수 있을 것인가 하는 문제, 지식에 관한 문제, 자연의 법칙에 관한 문제 등이 그것이다.

칸트는 '경험적으로' 가능한 것과 '논리적으로' 가능한 것을 구별하려 했고, 한편 데카르트는 '가능하다'고 추측할 수 있는 것 쪽으로, 말하자면 일종의 심리적 가능성 쪽으로 훨씬 더 치우쳤다. 아리스토텔레스는 특히 '잠재성'에 관심이 깊었는데, 이것을 설명하기 위하여 헤르메스의 석상이 될 '잠재적 가능성'을 가졌을 수도 있다고 생각되는 대리석을 예로 들었다. 아리스토텔레스는 또 실제로 집을 짓는 건축가와 집을 짓지 않는 건축가를 비교하고, 잠자는 사람과 깨어 있는 사람을 비교하고, 앞을 볼 수 있는 사람과 '볼 수는 있지만 눈을 감고 있는 사람'을 비교하여, 이 사례들이 '잠재성'과 '현실성' 사이의 차이를 극명하게 보여준다고 말했다.

어떤 일이 '있음직하다(개연적)'고 말하는 것은 '가능하다'라는 것과 절대 확실하다는 것 사이의 어디쯤이라고 보는 것이다. 그런데 스토아 학파 철학자들은 어떤 게 가능하다고 말한다면 그게 반드시 실현되어야 한다는 뜻이며, 반드시 실현되지 않으면 애초에 '가능한' 것이 아니었다고 생각했으며, 토마스 홉스도 그렇게 생각했다(핵 발전소를 상기하라). 이 논거를 가지고 따진다면, 측정할 수 있는 세계에 존재하는 건 모두가 '가능성'을 갖고 있지만, 논리의 세계에 존재하는 건 '가능성'을 갖고 있지 않다고 말하는 게 타당하게 되고, 따라서 논리로 확률을 산정할 수 있다고 말하는 것은 옳지 않다.(옳지 않다고 어떤 철학자들은 말한다. 미안, 아마 지금쯤은 퍽 헷갈리기 시작하리라.) 비슷한 얘기이겠지만, 확률에 관한 수학 이론들은 '체계가 완전히 세워지지 않은 것'에다가—순진한 상식으로 상대적으로 가능성을 판단하는 것에다가— '확실성의 틀'을 부과한다. 확률에 관한 수학 이론에는 여러 가지 가능성의 참 '값'을 산정할 근거가 없다(구부러진 동전의 경우에 루이가 봉착한 문제가 바로 이것이다). "논리적인 이론이라면 마땅히, 논증할 수 없는 근거들을 가지고 미지를 예측한다는 실질적인 문제가 어떻게 선험적인 진실과 연관될 수 있는지를 설명해야 한다"고 로크는 『인간 오성론*Essay Concerning Human Understanding*』에서 확률에 관한 그의 견해의 편린을 피력했다. 우리가 수학 시간에 배우는 것과 같은 빈도수 계산법은 가능성의 영역 바깥에서 이따금 일어날 뿐인 상황에 대해서는 전혀 소용이 없다.

무한 호텔

　우주의 끝에 있는 그 호텔은 무한無限 호텔이다. 제이크 비지보드 재단이 이 호텔의 주인인데, 모든 투숙객을 위해 방을 두 개씩 새로 만든다. 손님들이 이 호텔을 좋아하는 건 빈 방이 없어서 돌아서야 하는 경우가 절대로 없기 때문이다.

　이것을 보고, 제이크의 동업자인 해리가 딴 생각을 품는다. 그는 제이크와 결별하고 나와서 모든 게 다 똑같은 또 하나의 '무한' 호텔을 짓는다. 하지만 물론 제이크의 호텔보다는 더 좋아야 한다. 그렇지 않으면 손님이 호텔을 바꿀 필요가 없을 것이기 때문이다. 해리는 그의 호텔을 훨씬 더 크게 짓겠다고 다짐을 한다.

　그러나 객실의 수를 어떻게 무한 이상으로 늘릴 수 있을까?

　"흐음." 해리의 지배인이 잠시 머리를 굴린다. "아주 간단한 방법이 있어요. 모든 객실을 둘로 갈라서 중간 크기로 만들면 됩니다. 무한 호텔이다보니까 방들이 너무 넓거든요. 그렇게 해서, 가령 1호실과 2호실에 든 손님들을 1a호실과 2a호실로 옮기게 하고, 1b호실과 2b호실은 나중에 올 손님을 위해 비워두는 겁니다."

　해리는 매우 흡족해져서. 그의 호텔은 무한 호텔보다 방이 두 배나 더 많다고 광고를 한다.

　제이크는 콘플레이크를 먹다가 그 광고를 보고 사래가 든다. "어디 두고보자. 방이 무한 이상으로 있다고!" 그리고 제이크는 공정 광고 심의회에 해리를 제소하고, 그 무엇이건 무한보다 더 많은 것은 불가능하다고 주장한다.

Di⌇cussion

무한infinity이라는 건 거기에 1을 더할 수도 없고 2를 곱할 수도 없는 것일진대, 공정 광고 심의회는 제이크에게 불리한 판정을 내린다. 해리의 호텔 객실 목록이 제이크의 그것보다 더 길기 때문이라고 그들은 말한다. 이것은 욕실이 있는 객실(12객실마다 하나씩이다)의 목록만도 무한히 긴데, 욕실이 없는 객실은 그보다 훨씬 더 많다는 사실로 간단하게 판단할 수 있다는 것이다. 실제로 무한 호텔의 수도꼭지의 수는 객실 수보다 훨씬 많을 것인데, 욕조의 수도꼭지는 치지 않더라도 객실마다 세면대가 있고 샤워가 있고 비데가 있기 때문이다.

수학 전문가라면 이렇게 설명할 것이다.

수많은 사람이 (광고 심의회가 그랬던 것처럼) 객실 번호가 1a. 1b, 2a, 2b, 3a……로 나열되는 무한 호텔이 단지 1, 2, 3……으로 나열되는 무한 호텔보다 객실 수가 훨씬 더 많다고 직관적으로 생각해버릴 것이다. 그러나 제이크는 그렇게 생각하지 않는다. 그는 19세기 철학자 게오르크 칸토어Georg Cantor를 따라해본다. 그가 해리의 무한 호텔로 가서 1a를 1로, 1b를 2로, 3a를 3으로…… 객실 번호를 바꿔 붙인다면, 두 호텔은 완전히 똑같게 되어버릴 것이다! '게다가' 해리의 호텔 객실이 더 좁아지게 될 것이다.

게오르크 칸토어는 무한을 특별히 연구했던 사람으로서, 19세기가 끝나가던 무렵에는 무한에도 몇 가지 종류가 있다는 사실을 입증했다. '셀 수 있는' 무한이 있는데, 무한 호텔의 객실이나 수도 꼭지의 수와 같은 집합이 바로 그것으로서, 그 집합의 인자들을 1, 2, 3……이라는 자연수natural number로 셀 수 있다. 또 그 인자를 일일이 셀 수 없는 집합이 있다. 하나의 선 안에 있는 점의 수, 혹은 수학자들이 '실수real number'라고 부르는 것—가령 1과 2 사이에 있는 무한히 많은 수—가 그것이다. 인자를 일일이 '셀 수 없는' 집합이 '셀 수 있는' 집합보다 훨씬 크다고 말할 수 있는데, 그 이유는 따져볼 것도 없다. 그러나 셀 수 없는 집합은 직관으로는 밝힐 수 없는 이상한 속성을 갖고 있다. 예를 들어, 두 개의 선이 있는데, 하나가 다른 하나보다 길이가 두 배라고 하자. 그렇더라도 두 선 안에 있는 점의 수는 똑같을 뿐이다. 마찬가지로, 두 개의 무한 호텔이 있다 하더라도 두 호텔의 침대의 수를 합쳐도 호텔이 하나뿐인 경우와 똑같을 것이다. 해리의 호텔이 더 작은 호텔이 될 뿐이고(객실이 더 좁으므로), 따라서 빈 방이 남아도는 결과만 빚어질 것이다.

(제논의 파라독스와 108쪽의 '선의 점'에 관한 해설 참조.)

제논의 파라독스

아킬레스와 거북

그리스인에게 아킬레스는 매우 빠르게 달리는 인물로 알려져 있었다. 따라서 아킬레스와 거북의 경주는, 거북의 출발선을 훨씬 앞세워준다 하더라도 해보나마나 한 것인 듯했다. 그러나 문제가 그리 간단하지 않다.

1. 아킬레스가 거북을 추월하려면 먼저 거북을 따라잡아야 한다.

2. 아킬레스가 제 아무리 빨리 달린다 하더라도, 처음에 거북이 출발한 그 지점까지 도달하는 데에는 시간이 걸릴 것이다.

3. 거북이 제 아무리 느리다 하더라도, 그 시간 동안에 거북은 적어도 조금은 앞으로 나아갔을 것이다.

4. 이게 그 다음 대목에도 그대로 적용된다. 아킬레스는 애초에 거북을 앞세워준만큼을 따라잡아야 하고, 거기에서부터 거북이 앞으로 나아간 만큼을 또 따라잡아야 하는데, 그 사이에 거북이 또 다시 조금 앞으로 나아갈 것이다. 그 간격이 갈수록 좁혀지기는 하겠지만 전혀 없어지지는 않는다. 그는 늘 거북에게 접근만 할 따름이며, 벌어진 그 차이를 완전히 극복하질 못한다.

🔊 그 유명한 달리기 실력으로, 아킬레스는 틀림없이 이내 거북을 바싹 따라잡을 것이지만, 그러나 적어도 논리적으로 말할 때에는 그 느림보를 영영 추월하지 못하는 이유가 무엇일까?

제논은 고대 그리스 철학자다. 아리스토텔레스와 플라톤보다 더 이전의 고대 철학자다. 플라톤은 기원전 4세기에 있었던 철학적 논쟁들을 기록한 책에서 소크라테스의 입을 빌려 제논의 논거를 더러 끌어다 썼다.

고대 그리스의 여러 철학자가 그랬던 것처럼, (나폴리로부터 70마일 거리에 있는 그리스의 작은 식민지) 엘레아의 제논은 인간이 세계를 이해하는 방식에서 드러난 명백한 '모순들'을 발견하고서 몹시 당혹했다.

'엘레아 학파'는 감각 세계는 환상일 뿐이라는 견해에 동의하여 영원불변의 '실재' 세계는 존재하지 않는다고 보았다. 제논은, 우주는 분리할 수 없는 단일체라고 가르친 파르메니데스Parmenides의 추종자였는데, 이 견해를 당시 사람들은 상식에 맞지 않는 것이라고 조롱했으며, 지금도 그러하다. 그래서 제논은 우리가 상식적인 견지에서 출발해서 세계를 이해하려 한다면 제 아무리 정밀한 사고의 법칙을 따른다 하더라도, 결국에는 전혀 만족스럽지 못한 결론에 도달할 수밖에 없다는 걸 밝혀보려는 의도에서 그의 유명한 파라독스를 내놓았다.

제논의 관심은 우선, 이 세계가 다른 '사물들'과 구별될 수 있는 '사물들'로—사물의 가장 기본적인 개념인 원자까지도—이루어져 있다는 가정이 성립하려면 도저히 용인할 수 없는 결론을 용인하지 않을 수 없게 되고 만다는 것을 증명하는 것이었다. 만약 우리가 세계를 잘게 쪼갤 수 있다면, (아킬레스처럼) 제 아무리 빠르게 달린다 하더라도 어떤 물체도 전혀 이동할 수 없게 될 것이다. 한편 제 아무리 느리게 달린다 하더라도 그 물체는 무한한 거리를 이동할 수 있게 될 것이다.

제논의 활동은 단편적인 저술들을 통해서만 알려져 있을 뿐이다. 그것도 주로 다른 사람들이 쓴 것이다. 그러나 제논은 시위를 떠난 화살이 허공에서 '고정된다'고 말할 수 있는지 없는지를 놓고 토론을 벌였던 것으로 알려져 있다. 어느 특정한 시각 혹은 순간에 화살이 어느 특정한 지점을 날고 있고, 그리고 시간이란 것은 순간의 연속이라고 한다면 그 화살은 당연히 그 특정한 지점에 머물러 있다고 봐야 한다는 게 그의 주장이었다. 이걸 다른 방식으로 생각해보고자 한다면, 당구공이 다른 당구공을 '때리는' 걸 상상해보면 되겠다. 두 개의 당구공은 실제로 같은 공간 안에 있는 것일까? 만약 그렇지 않다면, 한 당구공의 운동이 어떻게 다른 당구공에 전달될 수 있을까? 이에 관해서 다음과 같이 답변한 철학자들이 있었다. "아하! 그렇다면 화살이 순간마다 다른 공간을 차지하고 있다고 보면 돼!" 그러나 이것은 제논의 취지를 제대로 파악하지 못한 소치인 것 같다.

운동에 관한 제논의 이 파라독스를 놓고 2천 년이 넘도록 철학자들이 논쟁을 거듭해왔으며, 과학과 수학 분야에서 고도의 지식들이 축적된 바로 현재까지도 끊이지 않는다.* 그러나 아무도 명

---

* 현대 수학자들은 화살이 실은 그 어떤 순간에도 움직이지 않지만, 각각의 모든 순간에 '적절한 위치'에 있기 때문에 움직이는 것처럼 보인다고 주장한다. 도대체 무슨 소린지?

쾌하게 설파하지 못했기 때문에 이 문제는 아직도 생생하게 살아 있다. 수학이란 학문이 그 근본부터가 운동과 시간에 대해 언급하는 걸 거만스럽도록 멸시하고, 현실성에 뿌리를 두려 하지 않기 때문이다. 예를 들어, 수학에서는 1/2에 1/4을 더하고 1/8을 더하고…… 그렇게 무한히 더해가면 1이라는 수를 얻을 수 있다. 실제로 그런 거 같다. 그러나 이건 어디까지나 수학적 틀 안에서만 가능한 일일 따름이다(대수代數를 견고한 토대 위에 세우려 했던 버트란드 러셀의 무모한 시도를 뒤좇았던 쿠르트 괴델Kurt Gödel조차 모든 걸 다 증명하지는 못했고, 다만 모든 걸 다 증명할 수는 없다고 하는 '불완전성의 원리'만 내놓았을 뿐이었다).

문제의 핵심은 실재reality가 무한히 작은 순간의 연속체냐, 아니면 불연속적 순간의 나열이냐는 것이다. 제논이 밝힌 것처럼, 어느 쪽이건 여전히 문제는 풀리지 않는다. 아킬레스는 거북을 따라잡을 수 없고, 날아가는 화살은 각 순간과 모든 순간에 고정되어 있다. 화살은 그런 줄 퍼뜩 알아차리고 땅에 떨어져야 할 것이다.

망망 우주

우리는 지구가 광활한 우주 속의 한 행성이라는 걸 누구나 알고 있다. 실제로 우리는 그 광활한 우주 공간 속의 어느 지점쯤에 지구가 있는지도 안다. 지구는 태양계 안에 있고, 태양계는 은하(밤하늘을 가로지른 희미한 빛의 띠, 물론 도시에 사는 사람들에게는 보이지 않겠지만)라는 거대한 소용돌이의 어느 한 외곽에 자리 잡고 있다. 그리고 우리가 속한 은하는 우주 속의 무수한 은하 중의 하나다.

◉) 그렇다면 우주 자체는 도대체 무엇의 '안에' 있을까?

Discussion

우주는 오늘날에는 철학에서 그리 중요하게 논의되지 않는다. 그러나 고대인들 사이에서는 우주의 성격이 중요한 논쟁거리의 하나였다. 데모크리토스Democritus는 우주 공간은 '없다'고 잘라 말했다. 아리스토텔레스는 실재하는 물체들이, 특히 지구가 있을 때에만 그것을 기준으로 추론할 수 있을 뿐이라고 했다. 한편 데카르트는 정반대로, 우주 그 자체는 실재하는 사물이고, 실제로 물질의 한 형태이지만 사물의 일반적인 속성—예를 들어, 그것이 고체라든가 하는 등의 사물의 일반적인 속성—을 전혀 갖지 못했을 뿐이라고 했다. 플라톤은, 다른 문제에 대해서도 그랬던 것처럼 이 문제에 대해서도 단정적으로 말했다. 그는 우주가 매우 특별한 종류의 사물로서, 우주의 다른 모든 사물처럼 물질로 이루어지지도 않았고, 그렇다고 '형상Form' 처럼 완전히 추상적인 것도 아니라고 했다. 플라톤은 우주를, 그 중간쯤에 해당하는 것이라고 보았다.

"……눈에 보이지도 않고 구체적인 성질도 갖지 않은 것, 모든 걸 다 수용하고, 우리의 이지理智로 이해할 수 있는 모든 걸 매우 복잡한 방식으로 다 지니고 있는 것……"이라고 소크라테스의 친구 티마에우스Timaeus는 그의 이름이 제목이 된 플라톤의 대화편에서 설명한다. 따라서 제논이 한층 더 추상적인 형태로 논의한 Problem 28은, 무수한 부분으로 이루어진 모든 것은 무한히 작거나 무한히 커야 한다는 문제를 어떻게 풀어낼 것인가 하는 수수께끼와 더불어, 천문학뿐만 아니라 물리학에서도 몇 가지 근본적인 문제를 제기한다. 뉴턴과 데카르트의 우주는 무한하여 그 끝이 없고, 한편 아인슈타인의 우주는 유한하지만 그 끝은 없다—이건 사실상 모든 천체天體에 대해서 다 가능한 이야기다(어쨌든 아인슈타인은, 칸트가 들었다면 어떻게 생각할는지 모르겠지만 우주가 반드시 기하학의 법칙에 따라 움직이지는 않는다고 지적한다).

제논, 그리고 우주에 관한 그의 견해는 매우 실용적이지만 완벽한 것이라고는 볼 수 없는 유클리드 기하학을 위협하고, 운동 법칙의 기초를 위협하고, 심지어 교황까지도 위협한다(데카르트는 그의 친구 갈릴레오처럼 로마 교황청에 불려가는 사태를 피하려고 일부러 자신의 견해를 수정하기까지 했다). 궁극적으로 기하학은 그것을 학문으로 성립시키는 과정에서 설정된 여러 가지 가정에 의해서 이루어진 하나의 수학적 체계일 뿐이다. 이 체계가 우주를 설명하기에 타당한 것인가 아닌가 하는 문제는 아직 더 두고보아야 한다. 삼각형의 세 각의 합은 180도가 아닐 수도 있다는 게 언젠가는 입증될 수도 있겠지만, 그러나 그것은 측정으로는 결코 입증할 수 없다.

이게 과연 문제가 될까? 여러분이나 나에게는 문제가 되지 않을지도 모른다. 그러나 우주 안에 그 어떤 불멸의 영혼이 있다면, 우주 공간처럼 비물질적이면서도 여전히 우주 공간의 일부인 게 있다면 그것에게는 분명 문제가 될 것이다. 그 이유는, 천문학자들은 우주의 미래가 궁극적으로는 현행 기하학의 위상에 따라 결정될 것이라고 생각하기 때문이다. 어떤 이들은 만약 기하학이 '과장적'이라면 우주는 영원히 팽창할 것이라고 말한다. 만약 기하학이 유클리드적이라면, 우주는 로켓이 중력권을 탈출하는 속도로 팽창할 것이다. 만약 기하학이 '생략적'이라면. 그 팽창이 더뎌지고 어느 순간에 멈추어 우주가 수축하기 시작할 것이며, 마침내는 다시 대폭발을 일으키기 전에 찌그러져서 사라져버릴 것이다.

그러나 우주의 나이가 또 문제가 된다. 우주는 그 시초가 있었던 것도 같고, 없었던 것도 같다. 시초가 있었다고 볼 때의 문제는, 아무것도 없는 상태에서 무엇인가가 출현했다고 하는 것이다. 이게 도대체 무슨 소리인가?(한 손으로 박수를 쳤다는 것인가?) 반면에 우주가 항상 존재해 있었다고 한다면, 우주의 나이는 무한이어야 하고 또 그 무한을 넘어 순간마다 더 나이를 먹어가고 있다는 뜻이 되는데, 이것은 참으로 논리에 맞지 않는 이야기다.

이게 바로 임마누엘 칸트의 네 가지 '이율배반' 혹은 모순 중의 첫 번째 것이다. 칸트는 무슨 대단한 의미가 있는 것처럼 들리는 새로운 용어를 고안해내서 철학자들로 하여금 서로가 서로를 당혹에 빠지도록 만들게 했을 뿐만 아니라(Problem 67~71 참조), 제논을 비롯한 고대의 몇몇 철학자가 그러했던 것처럼 우리의 정상적인 사고의 과정이란 게 어떻게 우리를 방황의 길로 인도할 수 있는지를 보여주는 사례들을 제시했다.

스타디움의 춤

→

텍사스 벨르스
(이 4인조는 왼쪽으로 이동
하며 춤춘다)

캔사스 캐츠
(이 4인조는 그 자리에 멈춰
서 춤춘다)

←

하이스쿨 히피스
(이들은 오른쪽으로 이동하
며 춤춘다)

춤 동작의 끝

🎵 실제로 이것은 아주 쉬워 보인다. 그런데 제논은 이것이 춤을 추는 이 여학생
들에게 한 가지 재미있는 형이상적 문제를 제시하는 것일 수도 있다고 생각한 이
유가 무엇일까?

그들이 대오를 이룰 무렵이 되면 텍사스 벨르스는 하이스쿨 히 피스나 캔사스 캐츠보다 두 배의 거리를 이동했을 것이다. 그러므 로 거기에 걸린 시간도 두 배가 되어야 한다는 게 제논의 논리다. 그런데 실제로는 벨르스와 히피스가 대오를 이루는 데 걸린 시간 은 똑같다. 그러므로…… 시간에 관한 문제가 제기되는 것이다.

우리의 '치어리더들'은 '한 줄로 늘어선 것들'이 서로를 향해서 서로 다른 속도로 다가갈 때 물리학의 법칙을 깨트리는 현상을 일 으킬 수 있는가 하는 퍽이나 난해한 문제를 설명한다. 그러나 그 문제는 이 문제보다 훨씬 더 난해하다.

선이 불연속의(분명히 따로 떨어진) 작은 조각들─점들, 혹은 '단 위들', 혹은 춤추는 소녀들─로 이루어져 있고, 시간도 마찬가지 로 불연속의 순간이 무한히 이어져 있는 것이라고 한다면, 운동을 측정하기 위한 방법은 오로지 점이나 단위나 소녀의 수를 세는 것 뿐이다. 혹은 모든 선은 단 하나의 점만으로 이루어져야 하거나─ 그러므로 이건 선이 아니고─똑같은 수의 점들로 이루어져야 한다 는 유클리드의 말처럼, 선이 무수한 점들로 이루어져 있을 경우를 생각해보라. 그리고 점 그 자체도 또한 길이를 가져야 하거나 가지 지 말아야 한다(점의 길이가 0이어야 한다). 전자의 경우에는 점의 크기가 아무리 작다고 하더라도 모든 선은 무한히 길어야만 한다.

반면에, 후자의 경우에는 길이를 갖지 않은 점들이 무한히 이어 진 선이라고 하더라도 그 선은 길이를 갖지 말아야 할 것이다. 철 학자들이 이 문제를 풀어낼 유일한 방법은 선을 이루고 있는 점의 숫자와는 상관없이 선이 '길이'를 갖고 있다고 보는 것이다. 다시 말해서, 우주 안의 어떤 두 점 사이의 거리가 1m이건 1광년이건 그 사이에 있는 점의 숫자에는 차이가 없을 수 있다는 것이다.

　다른 파라독스 문제들도 그러하듯이, 이 '한 줄로 늘어선 것들' 문제는 우주에 관한 우리의 가장 기본적인 가정들이 더러는 '터무니없는' 것임을 밝히고자 하는 것이다 우리는 제논의 파라독스들부터 우주의 시간과 무한의 본질에 대한 여러 가지 통찰을 얻었다. 이 파라독스들에 대처하기 위해서는 현대의 과학과 수학은 새로운 개념틀을 개발해야 하고, 그럼으로써 더 앞으로 나아갈 수 있을 것이다.

모든 선은 같은 숫자의
점을 갖고 있다

〈그림 1〉 선의 점

파라독스는 이제 그만

당신이 이 페이지를 넘기려 한다고 쳐보자. 당신은 먼저 이 페이지 절반을 넘겨야 할 것이다. 그러기 위해서는 또 먼저 그 절반의 절반을 넘겨야 할 것이다. 그렇게 영영 지속된다. 그 절반의 절반은 영원히 지속될 것이고, 따라서 당신은 영영 이 페이지를 넘길 수 없다. 그리고 이 페이지를 넘기는 데 도움에 될 무언가를 구하기 위해 방 밖으로 나갈 수조차 없다. 방을 나가기 위해서는 지금 앉아 있는 곳으로부터 문까지의 절반을 지나야 하고, 그러기 위해서는 또 문까지 거리의 절반의 절반을 지나야 할 것이며…… 오래 전에 제논이 지적했던 것처럼, 당신은 슬프도록 유한한 이 시간의 세계에서는 무한히 이어지는 그 단계들을 결코 다 거쳐낼 수 없다. 유한한 시간 속에서는 무한이라는 걸 셀 수도 없다. 당신이 제 아무리 빠르게 센다고 하더라도 그건 불가능하다. 논리적으로 말한다면, 우리가 그 무엇을 한다고 하는 건 실제로는 전혀 불가능하다.

))) **자, 이제 이 페이지를 넘겨보시오.**

가치 판단에 관한
몇 가지 문제

위조품과 모조품

스노티 경은 항아리에 꽂힌 튤립을 그린 그림을 한 점 샀다. 네덜란드의 유명한 화가 반 드라이베르Van Dryver의 작품이다.

구경온 손님에게 스노티 경은 자랑스레 말한다. "정말 대단한 작품이죠. 운필이며 채색이며, 이건 정말 걸작입니다!" 그런데 어느 날, 저명한 미술사가 모리스 당스Maurice Dance가 그를 방문한다.

모리스가 말한다. "호호, 형편없는 걸 사셨군요. 이 운필과 채색을 좀 보세요. 눈에 몹시 거슬리잖아요? 이건 반 드라이베르 작품이 아니에요. 그의 제자 반 루지Van Rouge가 그린 거라고요."

"누구요?" 스노티 경이 믿어지지 않는다는 듯이 탄성을 지른다. "누가 그렸다고요?" 미술사가가 설명한다. 반 드라이베르는 흔히 그의 탁월한 작품들을 제자인 반 루지로 하여금 연습삼아 베끼게 했는데, 그것을 뒀다가 그리 중요하지 않은 고객들에게 팔았다는 것이다.

미술사가가 마지막으로 한 마디를 더 해주었다. "이건 그림보다 액자 값이 더 나갈 겁니다, 아마."

불쌍한 스노티 경. 그는 너무도 수치스러웠다. 보기만 해도 화가 치미는 그 그림을 그는 다락방에 숨겼다. 그것은 원작도 아니고 값이 나가는 것도 아니었다. 그는 도대체 무엇이 좋아서 그 그림을 샀는지조차도 생각나지 않았다.

그리고 6년이 지난 어느 날, 『텔레그래프』지를 읽고 있다가 위대한 반 드라이베르의 작품은 모두가 실은 그의 제자 반 루지가 그린 것이란 사실을 미술 전문가들이 발견했다는 기사를 보았다. 반 루지가 그의 스승의 따분하고 진부한 착상들을 가지고서 훨씬 더 품격 높은 작품으로 바꾸었다는 것이었다. "반 루지 작품의 가치는 이제야 제대로 드러났다. 그는 르네상스의 진정한 거장이었다"고 기사는 끝을 맺고 있었다.

🌀 스노티 경은 도대체 어떻게 생각해야 할까? 그는 예술적 가치가 그리도 변덕스러운 그 그림을 버젓이 내놓아도 되는 것일까? 아니면 그 그림은 처음부터 내내 위대한 작품이었을까?

Di scussion

그림은 분명히 예전 그대로다. 이 문제는 우리에게 그 그림을 그린 화가의 의도가 단지 베끼는 것이 아니라, '보다 더 고상한 어떤 것'이었음을 인정하라고 요구한다. 유명한 그림은 대다수가 절대적인 의미에서 보면 결코 '독창적인' 게 아니다. 화가들이 어떤 기존의 양식을 모방했던 것일 수도 있고, 매우 흡사한 작업을 수없이 되풀이한 결과일 수도 있다. 복제 기술이 고도로 발달한 현대에는 진품과 모조품을 구별한다는 건 갈수록 억측에 지나지 않는 일이 되고 있다.

미와 예술을 정의하는 것과 관련된 철학의 한 분야인 '미학aesthetics(이 어휘는 '지각perception'을 뜻하는 그리스어에서 유래했다)'에서는 미美가 객관적인 것이냐 주관적인 것이냐를 놓고 참으로 어려운 용어들을 동원한 논쟁이 지속되었다. 미가 객관적인 것이라면 우리는 의당 그것을 감식하는 비결을 배워두는 게 좋을 것이고, 한편 주관적이고 감정적인 것이라면 사람들 사이의 서로 다른 견해에 우열이 있을 수 없을 것이다. 플라톤이 주창한대로, "미는 외부에 존재한다"고 믿은 사람들이 있었다. 플라톤은 『파이돈』에서 소크라테스의 입을 빌어, "아름다운 것이 아름다운 이유는 그 아름다움이 눈에 보이기 때문이다"라고 피력했다. 한편, "나는 아름다움이 무언지 모르지만 어쩐지 이게 마음이 든다"는 식의 상대주의 relativism도 있다. 실제로 미가 주관적인 것이라고 한다면 우리는 더 많은 사람의 견해를 받아들이는 게 안전할 것이다.

미의 실재에 관한 또 다른 해석으로, 기능이 썩 좋은 것이 제대로 기능을 하지 못하거나, 하더라도 불필요하거나 비효과적인 측면을 갖고 있는 것보다 더 아름답다고 보는 견해가 있다. 예를 들어, 체격이 당당하고 건강한 사람이 창백하고 맥 빠진 사람보다 더 아름답다거나, 장방형의 콘크리트 벙커가 아무 쓸모도 없는 첨탑과 이무깃돌과 턱없이 큰 유리창이 있는 중세의 대성당보다 더 아름답다고 하는 것 등이 그것이다. 20세기 초에 독일의 '바우하우스Bauhaus' 미술 운동은 바로 이와 비슷한 개념을 염두에 두었던 듯, 기능에 치중한 우스꽝스러운 작품을 제작했으며, 심지어는 가령 불편한 안락의자와 같은 '야수파적인' 작품까지도 내놓았다.

고대 그리스인은 '미'를 너무도 중요시한 결과, 지배 계층 사람은 그것을 의무적으로 공부해야 했다. 그 유산이 아직도 남아 학교에서 가르치는 '미술', '연극', '음악'에서 중요한 역할을 하고 있다. 그러나 현실에서는 미술과 연극과 음악 활동이 이제는 더 이상 '미'를 염두에 두지 않는 정도까지 나아간 측면도 있다. 미술가들은 '충격을 주고 도발을 일으킬' 의도에서 역겨운 물건들을 소재로 해서 작품을 만든다. 음악가들은 폭력과 난행을 선동하는 음향을 생산한다. 되지 않은 말장난이나 하고 잔혹한 장면들을 늘어놓는, 저 싸구려 연속극을 방불케 하는 연극이 인기를 끈다. 사람들이 이처럼 추한 걸 좋아하게 된 이유가 도대체 무엇일까? 그런 것을 보고 들으면서 스스로를 '아름답다'고 생각하는 것일까? 아니면 플라톤이 우려했던 것처럼, 그들의 정신이 부패하고 타락한 것일까?

미학의 문제로 특별히 우리를 성가시게 하는 게 바로 인체의 아름다움에 관한 것이다. 금발이고, 가슴이 풍만하고, 건장하고, 피부는 흰 게 더 좋을까? 아담하고, 통통하고, 가무잡잡하고, 이지적으로 보이는 게 더 좋을까? 일본이나 한국의 씨름 선수처럼 거대한 게 좋을까, 참새처럼 작은 게 좋을까? 얼굴은 황갈색이 좋을까, 측은하도록 창백한 게 좋을까, 신비스럽도록 짙은 게 좋을까? 배, 사과, 바나나 중에서 어느 게 더 좋을까? 살결은 복숭아와 가지와 석류 중에서 어느 게 좋을까? 플라톤은, 참으로 꾀바르게도 소크라테스로 하여금 결론을 내리게 했다. 그것은 순전히 사람마다 자기에게 어느 게 더 잘 어울리느냐 하는 문제일 뿐, 그 자체로서는 더 좋거나 나쁜 게 있을 수 없으며, 자기에게 잘 맞으면 그게 곧, 아름다움이라는 것이었다.

러시아의 화가 비탈리 코마르Vitaly Komar와 알렉산드르 멜라미드 Alexander Melamid는 이 문제에 대해 매우 흥미로운 방법으로 접근했다. 그들은 '고급' 미술과 '저급' 미술의 개념을 갈라보려고, 1996

년에 여러 나라 시민을 상대로 미술적 기호에 대한 여론 조사를 하고, 거기에 맞춰서 작품을 제작했다. 그 결과, 예를 들어 미국인이 가장 좋아할만한 그림이라면서 그들이 제시한 것은 (옷을 입은) 남녀 한 쌍이 고요한 연못가를 한가히 걷고 그 뒤에서는 사슴 한 쌍이 서로를 희롱하고 있는 그림이었다.

Problem 32 우표와 감자의 가치

산드라는 철학에 대해서는 그리 진지하게 생각하지 않는다. 그녀는 진정한 가치를 갖는 건 오직 돈으로 값을 매길 수 있는 것뿐이라고 생각한다. 그래서 그녀는 쓰지도 않을 우표를 사느라 용돈을 다 바치는 남자 친구 프레드릭을 조롱한다. 그는 우표를 앨범에 넣어둔다. 어느 날 그는 붉게 물든 잎을 뜯어먹는 푸른색 기린들의 그림이 너무 마음에 들어서 한 장에 20페니짜리 스무 장 세트를 산다. 산드라는 쓰지도 않을 물건을 돈을 주고 사는 사람은 참 복도 많은가보다고 또 조롱한다. 프레드릭은 마음만 먹으면 언제나 편지를 보내는 데 그 우표들을 쓸 수 있으며, 그러니까 저금을 하는 거나 마찬가지라고 말하면서도 조금 죄책감을 느낀다.

1년 뒤 어느 날, 프레드릭은 그 우표를 들여다보다가 색상 인쇄가 잘못된 걸 알아본다. 그리고 한 장에 1백 파운드는 족히 받을 수 있을 거라고 생각한다. 그는 산드라에게 그 우표 20장 값이 2천 파운드나 나갈 거라고 자랑스럽게 말한다.

감정 결과는 그의 예상대로다. 나라 안의 어느 우표 수집상에서도 그는 최소한 그 값을 받을 수 있다.

◍ 그러나 그 차액은 도대체 어디에서 생겨난 것일까?

우표와 감자의 가치 2

프레드릭은 그의 우표가 그만한 가치를 갖는 건 희귀하기 때문이고, 그래서 다른 수많은 우표 수집가가 갖고 싶어하기 때문이라고 말한다. 그러나 산드라는 그것으론 설명이 되지 않는다고 생각한다. 그건 물건의 가치를 다른 어떤 사람이 값을 치르고자 하는 액수 만큼만으로 한정시키는 셈이며, 그 액수는 또 다른 어떤 사람이 제시할 거라고 그가 짐작하는 정도에 의해 정해질 것이기 때문이다. 만약 그 사람이 그녀처럼 우표를 좋아하지 않으면서도 그 자체로서 상당한 가치가 있을 수도 있다고 생각한 나머지 그 우표를 사지만, 실은 그게 오산이었다면 그 우표는 그가 지불한 액수만큼의 가치가 없다고 그녀는 주장한다.

◎ 그녀는 그 우표의 가치는 어떤 사람이 그것에 대해 부여하는 가치와 전혀 별개의 거라고 보는 게 아닐까?

우표와 감자의 가치 3

프레드릭은 코를 만지면서 생각에 잠긴다. 그가 말한다. "음, 무슨 말인지 알만해. 어떤 물건의 가치는 어쩌면 사람들이 그것에 대해 부여하는 가치와는 분명 다를지 모르지만, 그러나 우리가 생각하는 건 다른 사람이 생각하는 것과 다르지 않아!"

"우리가 생각하는 게 다른 사람들이 그렇게 생각한다고 다른 사람들이 생각하는 것과 다르지 않다, 이 말이지!" 산드라가 되쏘아 붙인다. "말도 안 되는 소리야! 다른 사람들이 그렇게 생각한다고 또 다른 사람들이 생각한다, 그렇게 맴만 돌아서는 아무 결론도 나지 않아. 그렇게 되면 물건의 가치라는 건 완전히 마구잡이로 정해질 거란 말이지. 채소업자들이 1kg에 50페니 하던 감자 값을 500파운드로 올려서 마구 돈을 벌더라도 누구도 뭐라 하지 못하겠네, 그럼?"

프레드릭이 귀를 긁적이면서 말한다. "글쎄, 난 그럴 수도 있다고 봐. 다 같이 그렇게 한다면 말이지."

))) 그러나 과연 그의 생각이 옳을까?

Di⟨cussion

억지로 갈라보자면, 사물의 가치는 흔히 '냉혹한' 경제적 혹은 금전상의 가치와 보다 더 유동적이고 불안정한 도덕적(혹은 판단상의) 가치로 갈라진다. 여기서 억지라고 말한 까닭은, 경제적 가치의 이면에는 도덕적·미학적인 판단이 숨어 있기 때문이다. 그럼에도 불구하고 미망에 빠질 소지는 여전히 남아 있다. 감자의 가격은 어느 정도에서 고정되는 반면, 우표의 값은 변덕스러운 유행 때문에 가히 널을 뛰다시피 할 수 있다. 더 나아가, 가령 침팬지나 사람처럼 도저히 값을 매길 수 없는 것도 있다.

규게스의 반지

규게스는 목동이다. 심성은 소탈하고 품행이 단정한 그에게는 리디아의 임금을 위하여 양떼를 돌보는 일보다 세상에서 더 즐거운 게 없다. 일이 고될 뿐, 복잡할 건 전혀 없다. 그런데 어느 날이었다. 갑자기 엄청난 꽝음이 울리고 땅이 흔들렸다. 지진이 일어난 것이었다. 그 꽝음이 멎고, 먼지도 가라앉고, 쓰러졌던 규게스가 이윽고 몸을 일으키고 정신도 가다듬었을 때, 그는 땅이 무시무시하게 갈라진 곳 바로 곁에 양떼가 몰려 있는 걸 보았다. 그가 얼른 양의 숫자를 세어보았는데, 한 마리가 모자라는 것이었다!

겁에 질려서 그는 구덩이 가장자리로 가서 안을 들여다보았다. 양이 빠져서 애처롭게 울고 있었다. 그가 조심스럽게 구덩이 안으로 내려가는데, 땅이 또 갈라지면서 바닥에서 옆으로 굴이 났다. 양이 놀라서 그 굴 속으로 뛰어갔다. 있는 용기를 다 내어 규게스는 양을 따라 굴 속으로 들어갔다. 그런데 어둑어둑한 굴 속 저만치에 말의 형상을 한 거대한 물체가 서 있는 게 아닌가! 그건 아득한 세월을 지하 감옥에 묻혀 있다가 지진 덕택에 풀려난 것이었다. 규게스는 이제 양은 잊어버리고, 그 청동 말을 자세히 살펴보려고 다리를 타고 올라가 문인 듯한 곳으로 들어갔다. 안에는 놀랍게도, 사람의 시체 같은 게 누워 있었다. 보통 사람보다 덩지가 훨씬 컸다. 시체의 손가락에 커다란 반지가 끼워져 있었다. 너무나 무서웠지만, 그는 땅 속에서 그런 걸 보았다는 증거를 가지고 가고 싶었다. 그는 시체의 손가락에서 반지를 끙끙거리며 뽑아서, 반은 넘어지고 반은 뛰어서 땅 위로 다시 올라왔다. 그가 땅 위로 올라서자 마자 땅이 또 요동을 치더니 구덩이가 감쪽같이 닫혀버렸다.

규게스는 양을 구덩이 속에 두고 온 걸 후회했다. 다른 목동들과 함께 리디아의 궁정으로 돌아온 그는 내내 마음이 초조해서 반지를 매만졌다. 도대체 그걸 어떻게 설명할 것인지를 곰곰이 생각도 했다. 그런데 어느 순간에 그는 참으로 이상한 걸 알아차렸다. 반지를 계속 매만지고 있다가 그는 갑자기 주위 사람들이 아무도 그를 보지 못하는 것 같다는 생각이 퍼뜩 드는 것이었다. 그새 그가 다른 데로 가버리기도 한 것처럼 사람들이 그의 얘기를 하고 있었다. 깜짝 놀란 그가 사람들의 주의를 끌려고 손짓을 해보았으나 소용이 없었다. 그제서야 그는 자기가 남들의 눈에 전혀 보이지 않는 다는 것을 깨달았다.

반지를 만지면 몸이 보이지 않게 되는 놀랍고도 새로운 능력을 갖게 된 목동은 착한 심성도 단정하던 품행도 잊어버리고서 그만 방종에 빠져버렸다. 그는 궁정 요리실에서 음식을 훔쳐 먹고, 창고에서 보물을 빼내었다. 그리고 이내 더욱 대담해져서, 심지어는 왕비의 침실에 몰래 들어가서 왕비를 유혹했다. 왕비가 꼬임에 빠졌다. 그는 보잘 것 없는 목동에게 그리도 인자했던 임금을 죽이려고 왕비와 모의했다. 다음 날 규게스는 반지를 만져서 몸이 보이지 않게 해가지고서, 마침내 임금을 죽였다. 땅 속에서 마술 반지를 발견한 보람이 하도 커서 그가 리디아의 새 임금이 된 것이었다.

◉ 마술 반지는 이 세상에 없다(철학적 사고를 실험하기 위해 지어낸 문제라고는 하지만, 아무래도 비약이 지나친 것 같다). 그러나 그런 일이 만약 있다고 한다면

사람들은 과연 규게스처럼 행동할까, 아니면 변함없이 근면하고 정직하게 살까?

표면상으로 보면, 규게스의 반지 이야기는 인간의 본성에 관한 것이다. 플라톤의 『국가』 제2권에는 이 이야기의 원형이라고 할만한 게 있는데, 거기서는 도덕과 윤리적 가치에 관한 폭넓은 토론의 소재가 되어 있다. 글라우콘Glaucon이 소크라테스에게, '옳음'과 '그름'이란 건 본시 그 무슨 거창한 게 아니라, 인간의 사욕과 더 관련이 깊은 거라고 하는 자신의 주장을 피력하기 위해 그 이야기를 들려준다. 그것은 고작 '가장 바람직한 것'—옳지 않은 짓을 하고도 처벌을 받지 않는 것—과 '가장 바람직하지 않은 것'—옳지 않은 짓을 당하고도 아무것도 어찌할 수 없는 처지가 되는 것—사이의 절충에 지나지 않는다는 게 글라우콘의 요지였다. 이렇게 보면, 규게스의 반지 이야기는 또한 사회 계약에 관한 이야기가 된다. 자유를 내주는 댓가로 안전을 구하기 위해 시민들이 가공의 계약서에 서명을 하는 게, 곧 사회 계약이다.

글라우콘은 옳은가? 물론 소크라테스는 그렇게 생각하지 않는다. 그는 '다수의' 경우를 들어서, 스스로 허락하여 악행을 저지르는 자는 그 내면의 조화와 균형을 잃게 되는 중벌을 받으리라고 하는 자신의 신념을 피력한다. 그런데 인간은 누구나 고의로 악행을 저지르지는 않으리라고 보는 게 소크라테스의 취약점이다. 소크라테스의 논지대로라면, 규게스는 자신의 난행으로 인해 타락하고, 순박한 목동으로서 도덕적으로 살던 때 누렸던 정신적 평온을 이

내 잃어버려야 마땅할 것이다.

소크라테스는 또 글라우콘이 옳음과 그름 같은 개념이 필경은 아직 있지도 않았을 사회에서의 인간의 행위에 관해 이야기하면서 '그름'이라는 말을 사용한 데 대해서도 반대했을지 모른다. 그러나 개인에게 참된 건 국가에게도 참된 거라고 하는 소크라테스의 견해 역시도 그리 타당한 게 못되는데, 소크라테스는 토론도 없이 글라우콘과 그의 동생에게 일방적으로 주장한다.

글라우콘이 규게스 이야기의 원형이라 할만한 이야기를 한 건 아마도, 우리를 도덕적이게 하는 건 (우리가 정직하다면) 어떤 원리가 아니라 두려움이라고 하는 걸, 우리의 '윤리적 직관'에 호소하기 위한 것으로 생각된다.

우리는 정신적 추론이 (어쩌면 철학자들 때문에) 다소 혼란스러워지더라도 여러 가지 감각에 의존할 수 있다고 생각하는 편이다. 혹은 적어도 우리의 뇌가 해석해줄 '날것인 감각 자료들'에 의존할 수 있다고. 그러나 우리는 먼저 사물을 보고. 그런 다음에 그것을 지각하는 것일까, 아니면 우리가 보고 있는 사물에 대한 지각을 시작할 수 있기 위해서는, 그보다 훨씬 먼저 어떤 시각 구조를 가져야 하는 것일까?

그림 퍼즐로 보는 파라독스

철학자들이 무엇이라고 말하건, 우리는 현실 세계가 실제로 존재한다는 걸 안다. 우리는 현실 세계를, 예를 들어 만질 수 있고, 맛볼 수 있고, 볼 수 있다. 그러나 이 확실한 상식이 사실은 퍽 수상한 것이고, 그것을 이 그림들이 잘 보여준다.

우리가 경험하는 건 우리의 감각 기관을 통해서 들어오는 것과는 실제로 크게 다르다고 심리학자들은 말한다. 우리는 사물과 사건의 세계를 시간과 공간을 달리해서 인지한다. 그러나 우리의 감각sense은 실제로는 서로 분리되지 않는 하나의 흐름으로서 발생한다. 그 한 사례로서 말을 들 수 있다. 우리는 낱말을 듣고 문장을 듣지만, 그 소리의 파장은 실제로는 낱말과 문장들이 흔히 이음새가 없이 한데 붙어 있고, 단지 낱말과 낱말 사이에 그 어떤 단절이 있는 것처럼 들릴 뿐이라는 것을 보여준다.

비트켄슈타인은 『철학 연구Philosophical Investigations』에서 익사당해 참혹한 모습이 된 오리라는 열등 이미지inferior image를 사용했다. 그 오리를 옆으로 돌려놓으면 토끼처럼 보여서, 이 사람이 보는 것과 저 사람이 보는 게 똑같은가라는 문제를 제기했다.

우리는 감각 정보가 끊임없이 변할지라도 안정된 세계를 만들어낸다. 우리가 방 안을 돌아서 걸을 때에는 방 안에 있는 사물도 돌고 시야에서 사라진다. 그러나 우리의 뇌가 그것을 교정해주기 때문에 사물이 여전히 그 자리에 있다는 걸 알게 된다. 이게 바로 우리가 실제로 거기에 있지 않은 걸 경험한다는 것을 의미하는 '간극 메우기' 현상의 핵심적인 부분이다 이것의 평범한 사례가 바로 Problem 36의 '삼각형'이다. 그리고 거꾸로, 우리는 실제로 있는 사물을 간과하기도 하는데, **Prob**l**em 37**의 형체와 배경의 전도가 그 사례다. 감각에 관해서 이것과 아주 조금 다른 문제로, '사실은' 매우 차가운 데도 뜨거운 것처럼 보이는 물에 관한 오래된 철학 문제가 있다.

　실제로 이와 유사한 트릭으로서 심리학자들은 '카니스자 사각형Kaniszsa Square'이라는 걸 제시한다. 아기들조차도 '사각형 모양'을 식별할 수 있고, 귀퉁이를 잘라서 대충 네모꼴이 되도록 이어 붙인 (팩맨 같은) 4개의 동그라미를 보여주면 흥분해서 몹시 좋아한다. 이건 아기도 사각형이라는 개념을 알고 있다는 사실을 보여주는 것이라고 철학자들은 신중하게 말할지도 모른다.

육면체와 삼각형

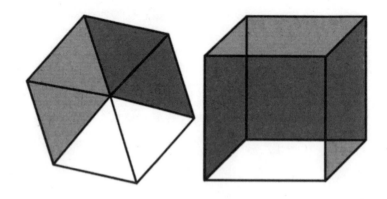

🎵 어느 쪽이 더 현실적인 육면체일까? 어느 쪽이 더 현실적인 삼각형일까?

문제: 어느 삼각형?

눈은 두 번째 육면체를 가장 좋아한다. 실제로, 첫 번째 건 육면체라고 보기가 매우 어렵다. 그만큼 시각을 통한 지각知覺은 규칙과 단서에 의존하는 것이다. 삼각형에서는, (삼각형의) 단서가 있지만 (삼각형이라는) 물체가 반드시 있다고 할 수 없다.

형체와 배경의 전도

◉ 당신 눈에는 이게 무엇으로 보이는가?

Discussion

이건 흰 옷을 입은 여자인가, 혹은 두 여자가 깃털 목도리를 두르고 있는 것인가?

이건 덴마크의 심리학자 에드가 루빈Edgar Rubin이 그린 것과 같은 저 유명한 화병/반면상 그림의 한 예로서, 어떻게 보면 사람의 머리 두 개가 붙어 있는 것 같고, 또 어떻게 보면 화병 같다. 다만 화병이라면, 보기 드물게 우스꽝스러운 화병이 아닐 수 없다.

심리학자들은, 우리가 눈으로 보는 건 마음이 작용하는 방식을 반영한다고 말할지도 모르고, 물론 사실이 그러하다. 때로는 시각적인 '단서들'은 서로 대단히 모순적이고, 그래서 이렇게도 해석할 수 있고 저렇게도 해석할 수 있기 때문에 우리를 혼란스럽게 만드는 경우가 있다. 뇌는 해석의 편차가 매우 큰 그림을 좋아하지 않는다.

Problem 38 가짜 다리

◉ 그건 어디에서 나왔을까?

그림의 남자는 저 전설적인 대중 가수 엘비스 프레슬리인 것 같다. 그는 바지의 솔기 때문에 다리가 하나 더 있는 것 같은 착각을 하게 만드는 것 같다. 엘비스는 두 손에 무엇인가를 하나씩 쥐고 있는데, 하나는 전혀 말이 안 되는 삼각형이고 다른 하나는 조금 말이 안 되는 마술 막대기다.

이 그림은 예술적인 표현의 최고 형식 중의 하나로 꼽히는 만화를 설명하고 있다. 최고 형식이라고 한 건, 만화 예술이 최소한의 노력으로 최대한의 내용을 전달할 수 있기 때문이다. 단지 휘갈긴 선 몇 개와 평면 곡선만으로도 강력한 의사소통이 이루어진다.

이 그림에서 핵심적인 시각상의 트릭은 '제3의 다리'다. 그러나 (위에 그려진 몇 개의 수직선 때문에) 엘비스가 허공에 매달려 있다는 느낌을 드는 것도 역시 착각으로서, 실제로 그림 전체가 마치 살아서 움직이고 있는 것 같은 느낌이 든다.

이건 심리학자들이 해본 유명한 실험 중의 하나인데, 사람들에게 여러 개의 (모양이 퍽 반듯한) 구멍을 통해서 들여다보게 한 것이다. 사람들이 본 건 다음과 같다.

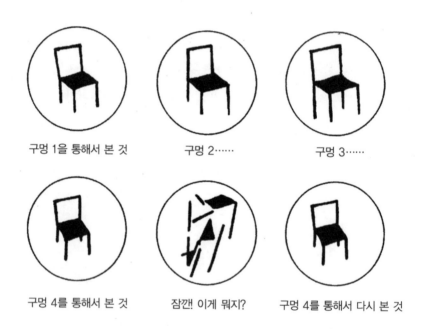

구멍 1을 통해서 본 것   구멍 2……   구멍 3……

구멍 4를 통해서 본 것   잠깐! 이게 뭐지?   구멍 4를 통해서 다시 본 것

🔊 이봐! 제정신이 아닌 사람이 있나 보지?

첫 번째 구멍을 통해서 본 건 초보적인 의자일 수 있다. 이 실험의 참가자들은 그렇게 말할 것이다. 이어서 그들은 그 다음 세 개의 구멍을 들여다보아서 그 인상을 확인하라는 주문을 받는데, 그 모두가 단지 보는 각도가 서로 조금씩 다를 뿐인 초보적인 의자인 것처럼 보이고, 그들의 믿음이 더욱 보강된다. 그러나 그들이 다섯 번째 구멍을 들여다보았을 때는, 모두 충격을 받는다. 의자는 사라졌고, 단지 아무 의미도 없는 선들과 형태들만이 뒤엉겨 있기 때문이다.

그리하여 마지막 구멍을 통해서, 이번에는 위에서 내려다보이는 의자를 다시 보지 못한다면, 그들은 실험자들이 의자를 부숴버렸다고 생각할 것이다 그러나 실은 다섯 개의 구멍을 통해서 그들이 본 건 똑같은 하나의 형체다. 그러므로 실험을 다시 해보더라도 결과는 마찬가지다.

의자는 실험 참가자들 각자의 상상력이 만들어낸 것이다. 다섯 개의 구멍을 통해서 보인 것들은 사실은 허공에 드리워진 끈들과 벽에 그려진 형체들이었다. 눈에 보이는 한정된 증거를 가지고서 뇌가 이내 그럴 듯한 상상력을 발동해서 그것을 의자라고 보았던 것이다. 심리학자들은 "지각은 대체로 가설을 세우는 사고 과정"이라고 즐겨 말하곤 한다.

이 다섯 개의 구멍은, 과학자는 전지전능하다고 하는 말을 비웃었던 것으로 유명한 현대 철학자 메리 미드글리Mary Midgley의 발상에서 나온 것이다. 그녀는 언젠가 인류의 삶은 거대한 수족관 속의 물고기들을 구경하는 것과도 같다고 쓴 적이 있다. 거대한 수족관의 곳곳에 설치된 작은 유리창을 통해서 (돌고래나 상어 같은 것들이 이따금 나타났다가 사라지곤 하는) 그 안을 들여다보는 건 우리가 과학과 역사와 철학에서, 그리고 세상을 해석하는 데에서 서로 다른 다양한 사고 방식을 갖는 것과 흡사하다고 그녀는 보았다. "온갖 물고기와 온갖 이상한 생명체가 어느 특정한 유리창 안을 끊임없이 지나가고…… 조명 상태가 달라서 거의 식별할 수 없는 곳에서 다시 나타나고…… 그녀는 벽에 드리워져서 부단히 일렁거리는 그림자를 넋을 놓고 쳐다보는, 플라톤의 저 유명한 동굴에 갇힌 죄수의 은유를 거의 그대로 되뇌듯이 말한다.

미드글리 자신은 다섯 개의 구멍 혹은 시각 하나하나가 모두 어떤 추가적인 통찰을 갖게 해주며, 중요한 건 그것 모두를 이용하는 거라고 생각하는 듯하다. "여러 개의 창을 통해서 본 자료를 한데 모으지 않으면 우리는 정말 곤란한 지경에 빠질 수 있기 때문"이라고 그녀는 설명한다. 그러나 이 허깨비 의자 실험이 보여주는 것처럼, 실재reality는 그것보다 훨씬 더 복잡할지도 모른다.

뫼비우스의 띠

기다란 종이의 한쪽 끝을 한 번 꼬아보자. 그리고 양끝을 모아 붙여서 띠를 만들어보라.

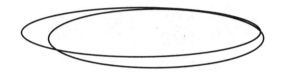

🎵 이 종이 띠에는(폭은 무시하재!) 두 면이 있었다. 그런데 이제는 면이 몇갠 가?('한면은 초록색, 다른 면은 검정색으로 칠해보라.)

Discussion

지금 이 띠에는 면이 하나뿐인 것처럼 보인다. 그러나 띠를 두 개로 쪼개면 그 한 면에는 초록색을, 다른 면에는 검정색을 칠할 수 있다. 그리고 띠의 크기가 두 배가 된다!* 이 띠는 '뫼비우스의 띠Mobius strip'라고 알려진 것으로서, 우주의 가장 기본적인 특징인 좌회전과 우회전이 어떻게 위상 기하적인 특징이 되는지를 설명하는 데—가령 띠에다가 왼손과 오른손을 그려놓고 서로 겹쳐지게 하려고 함으로써—사용할 수 있다. 띠를 쪼개면 두 손이 겹쳐지게 할 수 있다는 것이다.

* 실제로 나는 이것을 하려고 해봤는데, 되지 않았다. 크기는 두 배가 되었지만, 기대와는 달리 꼬임이 없어지는 게 아니라 오히려 하나가 더 생기는 것이었다. 독자들은 전문가에게 물어보는 게 좋겠다.(중학교 수학 선생님 같으면 될까?)

흐릿한 윤곽

이 격자를 한동안 쳐다봐라.

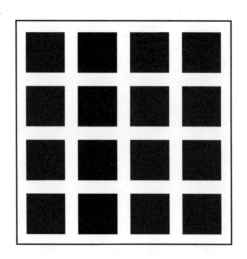

🔊 검은 격자들이 번져서 하얀 선들이 흐릿해지는가, 아니면 아무런 변화도 일어나지 않는가?(그리고 그건 도대체 무얼 증명하는가?)

Discussion

이것은 '그리드 착시grid illusion' 라고도 불리는 것으로서, 성가신 회색 반점들이 눈앞에 나타나는 것이다! 이건 망막의 '간상체桿狀體와 추상체錐狀體의 흥분' 현상 때문에 일어난다. 우리 눈에 보이는 건 그 곁에 있는 것의 영향을 받는다.

Problem 42 색 원반 착시

검정과 흰색으로 이루어진 물체를 조금 회전시키면 채색된 물체로 변할까?

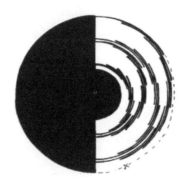

🌀 가령 이 그림과 같은 물체를?(그림을 복사하고 잘라서 돌려보라!)

Discussion

이 그림을 복사하여 원반을 잘라내고서 한가운데 구멍을 뚫어보자. 그리고 뾰족한 연필 끝에 원반을 꽂고 돌리면 매우 밝은 색깔들이 나타날 것이다 우리 눈에 보이는 그 색깔들도 원반의 운동에 의해 생긴 것이다. 심리학자들은 벽에 여러 색조의 회색 페인트를 칠하고 붉은 전구를 켜놓은 방에 사람을 들여보내면 벽이 회색만이 아니라, 붉은색이나 초록색으로 보인다는 사실을 발견했다.

이 마지막 문제들은 어린애들의 장난 같기도 하지만, 실재에 대한 우리의 불완전한 인식에 대해서 칸트와 헤겔과 하이데거의 모든 업적을 한데 모은 것보다도 더 큰 통찰력을 줄 수 있다고도 말할 수 있다.

그러나 철학자들에게는 색채에 관한 (적어도) 두 가지 난처한 문제가 제기된다. 하나는 그 색깔이 정말 '거기에 있는가', 아니면 단지 허상일 뿐인가 하는 것이다. 보는 사람의 마음속에서 생긴 것인지, 미세한 전자기의 진동으로 인해 실제로 생긴 것인지? 또 한 가지. 우리가 감각하는 진짜 색깔과 상상의 색깔 사이에는 어떤 차이가 있는지?(격자의 흐릿한 윤곽이나 색 원반에 나타난 색깔들은 진짜인지 상상이 만들어낸 것인지?) 초록색을 빨간색으로 보는 색맹자나 색깔을 전혀 식별하지 못하는 사람들과 동물들을 간과하지 않도록 하자. 더 나아가, 색깔에 관해서 진실인 건 우리가 감각 기관을 통해서 지각하는 다른 모든 것에 관해서도 진실일 것인지를 따져보아야 한다. 비록 존 로크를 비롯한 여러 철학자가 색깔의 문제를 우리의 지식의 불확실성을 여실히 보여주는 특별한 경우로 간주하려 했다는 사실을 염두에 두더라도.

시간에 관한 문제

시간 여행은 참으로 우리의 마음을 매혹시킨다(용어 해설의 '시간' 과 101가지 문제 말미의 '자연 철학의 기본 문제' 참조). 상당히 지각 있는 아원자 물리학자들이 시간 여행에 대해서 오랫동안 논의를 해왔으며, 그 과정에서 '벌레 구멍worm-hole'이라는 용어가 생겨났다(벌레 구멍은 천연 '타임 머신'으로서, 원자보다 작은 미립자가 그 안에 들어갈 수 있을 만큼 큰, 시공간 연속체space-time continuum상의 틈이다). 빛보다 더 빠른 속도로 달릴 수 있는 미립자를 찾으려고 했던 물리학자들이 있었다. 그 속도를 넘으면 시간을 거슬러가게 된다고 일반 상대성 이론은 설명한다. 어쨌든 우리는 누구나 실제로 시간 속을 여행하고 있다.

타임 머신

웬 박사가 타임 머신을 발명했다. 그는 조수 루시를 불러 기계에
태워놓고, 기계를 작동시키면 그녀가 사라져서 미래에 가 있게 될
거라고 설명한다.

루시가 말한다. "그래요? 정말 흥분되네요. 날짜도 정할 수 있습
니까?"

웬 박사가 지긋이 웃는다. "물론이지. 지금 이 시각부터, 음 글
쎄, 다음 주 화요일까지 어느 날이든 정할 수 있어."

루시는 실망해서 다음 세기로 갈 수는 없느냐고 묻는다. 유감스
럽게도 아직은 문제가 많고, 무엇보다도 미래에서 현재로 다시 돌
아오는 기술을 아직 알아내지 못했다고 웬 박사가 설명한다. 둘째,
이 기계는 사람을 시간 속으로 아주 짧게만 이동시킬 수 있다. 미
래 속으로 1주일 이동시키기 위해서는 동력을 완전 가동하더라도
대략 7일이라는 주행 시간이 걸린다는 것이다. 루시가 말한다. "박
사님, 그럼 이건 타임 머신이 아니잖아요? 벽장 속에 1주일 동안
갇혀 있는 거하고 뭐가 다르죠?"

웬 박사는 기분이 상했다. 그는 이 기계는, 정상대로 가는 것보
다 속도가 더 빠르지 않을 뿐, 실제로 사람을 시간 속으로 이동시
킬 수 있다는 걸 그녀가 인정하지 않는다고 생각한다.

🎵 그런데 어째서 이걸 타임 머신이 아니라고 하는가 하고 그는 묻는다.

타임 스토퍼

웬 박사는 조수에게 그의 최신 발명품 타임 스토퍼(시간 정지기)를 보여주기로 했다. 이 기계가 악당들의 손에 들어갈 경우에는 지구의 안전에 심각한 위협이 초래되리라는 염려에서 그동안 이 기계를 비밀리에 숨겨왔었다. 이 기계를 작동시키면 사용자가 프로그램하는 만큼 시간이, 사용자들의 시간만이 아니라 우주 전체의 시간이 정지된다.

"시공간 연속체가 인공적으로 멈춰지는 것이지." 웬 박사가 마치 치과의 진료 의자처럼 생긴 좌석에다가 루시를 앉히고 벨트를 묶어주면서 설명한다. 그리고 묻는다. "얼마만큼 멈추게 해줄까?"

"우선 1년으로 해보죠, 뭐." 루시는 이렇게 대답하면서 장난삼아 시간 다이얼을 1천 년에 맞춘다.

"안 돼!" 웬 박사가 비명을 지른다. "그건 아직 시험해보지 않았어!" 그러나 이미 때가 늦었다. 기계가 윙윙 돌면서 초록색 연기를 뿜어대고, 루시의 몸이 요동을 친다. 이윽고 연기가 걷히고, 계기판의 시계 바늘이 그 사이에 이 우주에서 한 번의 영겁이 흘렀음을 나타내고 있다. 그것 이외에는 아무것도 변한 게 없는 것 같다. 창밖의 풍경마저도 여느 수요일과 다른 게 전혀 없는 것처럼 보인다. 방도 늘 그대로인 것 같고, 박사의 모습도 마찬가지다. 그는 미소를 지으면서 박수를 치고 있다.

그가 루시에게 말한다. "이런, 이거 정말 대단하군. 이 기계는 우주의 시간을 훨씬 더 오래 정지시킬 수 있을 거야!"

루시가 심드렁하게 말한다. "그래요 …… 하지만 아무 차이도 느낄 수 없다면 무슨 소용이 있겠어요? 제가 보기엔, 전에 보여주신 그 기계하고 다를 게 전혀 없는 거 같아요."

웬 박사는 이 말을 듣고 기분이 몹시 상한다. 그가 점잖게 말한다. "물론, 그렇게 말하면 한이 없겠지. 하지만 이봐, 시간이 일정하게 흐르지 않는다는 사실은 비행기 안에서 원자 시계를 가지고서 한 실험에서 이미 밝혀졌어. 그리고 타임 머신 속에서 타임 스토퍼를 작동시키면 시간을 보편적으로 정지시킬 수 있을 거란 말이야!"

루시는 전혀 수긍하지 않지만, 더 이상 입씨름을 하고 싶지가 않았다. 그녀가 묻는다. "시간을 거슬러갈 수도 있나요?"

웬 박사가 득의에 찬 미소를 지으면서 말한다. "아! 참 좋은 질문이야. 해답이 매우 복잡하지만 간단하게 말하면, 과거라는 건 존재하지 않고, 따라서 과거로 되돌아가는 건 불가능하다는 거야."

루시가 목청을 높인다. "과거라는 건 없다고요! 말도 안 돼요. 미래는 없을지도 모르지만, 과거는 분명히 있어요."

웬 박사가 차근차근 설명한다. 과거란 건 현재 순간에서의 어떤 기억일 뿐이다. 또한 현재라는 것은 1초의 몇만분의 1도 안 되는, 무한히 작은 한 찰나일 뿐이다. 무한히 작은 게 제 아무리 많이 모이더라도 전혀 대수로운 것을 이루지 못한다. 현실에서 존재하는 건 오직 미래뿐이며, 미래조차도 우리가 거기에 당도하는 바로 그 순간에 소멸되어버린다.

루시는 이건 말도 안 되는 소리라고 생각한다. 현재는 엄연히 존

재하고, 과거는 무수한 현재의 순간들이 모여서 이루어진 것이
다—무수히 많기 때문에 그 하나하나가 제 아무리 무한히 작다 하
더라도 분명 무언가를 이루고 있다. 그녀는 이렇게 빈정거린다.
"그럼, 박사님께서는 빚 독촉을 하는 은행에 가서 내가 빚을 진 적
이 언제 있었느냐고 따지겠군요!"

≫ 누가 옳을까?

Di₅cussion

　루시가 이미 알아차리고 있는 것처럼, 필요한 건 다른 사람보다
한동안 느리게 나아가는 것이다. 가령 우리가 하루를 사는 동안에
세상은 천 년을 흐르게 하면 된다. 그러면 아주 신기한 광경이 벌
어질 것이다. 웰 박사가 아마도 생각하고 있는 것처럼, 이건 퍽 간
단한 것으로 고작 저온학低溫學 정도만으로도 다 해결된다. 현대 과
학은 우리가 원하는 기간 동안 태아를 냉동 보관할 수 있으며, 인
간의 생명을 정지시켜두는 게 현실적으로 가능하게 되었다. 냉동
되어 캘리포니아 산악의 동굴 속에서 오래오래 잠이나 자고 싶어
하는 사람들이 있는데, 그게 전혀 허황된 꿈만은 아니게 되었다.
그러나 그것은 시간 여행이라고는 할 수 없다. 현재로 되돌아올 방
법이 없는 한, 그건 아무 소용도 없는 짓일 뿐이다.

잊혀진 마이크로월드의 시간

웬 박사는 그녀가 웃점을 알아듣지 못한다고 생각하고서 다른
방법을 써보기로 한다. 그가 말한다. "루시, 자네는 시간이 모든
곳에서 똑같은 비율로 흐른다고 생각하나?"

루시가 심드렁하게 대답한다. "물론 아니에요! 블랙 홀 근처에서
는 시간이 더디게 흐르고, 초음속으로 나는 비행기 안 같은 데에서
도 그렇다는 건 누구나 알죠."

"그렇다면 우리가 어떤 마이크로월드를 설정해놓고, 다른 모든
곳에서의 시간의 흐름을 바꾸어놓지 않은 채로, 그 세계의 시간의
흐름을 바꾸어놓을 수 있다는 걸 원리상으로는 받아들인다는 얘기
로군."

"물론이죠."

"만약에 자네가 자네를 제외한 이 우주 속의 모든 게 시간의 방
향을 바꾸었다는 것을—더 젊어진다거나 하는 등의 형태로—인정
한다면, 그것은 곧 시간을 거슬러올라간 것과 다름이 없는 게 아닐
까?"

"음, 그러네요. 하지만 그건 어디까지나 '만약'일 뿐이지 않겠어
요?"

"천만에! 이봐 그런 일이 실제로 일어나고 있는 마이크로월드를
내가 벌써 만들어놨어."

한숨을 내쉬면서 루시는 웬 박사를 따라 그의 '마이크로월드'를
보러 옆방으로 간다. 그 방엔 '위험—벌레 구멍과 시간 왜곡 기계'

라는 팻말이 붙어 있다. 방 한쪽 구석에는 물이 담긴 사발이 놓여 있다. 웬 박사가 말한다. "저건 얼음이야. 내가 과거로 돌려보냈어." 박사는 그저 물을 그릇에 떠가지고 그 방에 들어와서 그대로 두었을 뿐이라고 설명한다. 어느 추운 날 밤에 물이 얼음으로 바뀐 것 이외엔 아무 일도 일어나지 않았고, 그 다음 날 자기가 일에 몰두하고 있는 동안에 얼음이 녹아서 다시 물이 되어 있는 것을 보았다는 것이었다. 그가 말한다. "정말 어리벙벙하더군! 마이크로월드에 속해 있는 그 물의 견지에서 볼 때, 그건 분명 에너지 밸런스가 바뀌고 있거나 혹은 시간 그 자체가 '거꾸로 흐르는 것'이야." 웬 박사는 실험실의 구석에 놓인 낡은 냉장고를 가리키면서 더욱 흥분된 어조로 말을 잇는다. "물을 이 기계 속에 넣어두면 마이크로월드에서의 시간의 흐름을 마음대로 역전시킬 수 있어. 물론 이 세계는 그보다 훨씬 더 복잡하지만, (이 대목에서 그는 근엄하게 헛기침을 한다) 이 단순한 마이크로월드에서는 내가 시간의 신이야!"

루시는 전혀 감동하지 않는다. "하지만 시간을 뒤로 돌린다는 건 단지 물리적 현상을 역전시키는 것과는 전혀 별개의 문제예요."

◖ 정말 그런가? '얼음은 실제로 시간을 거슬러올라간 것'일까?

Discussion

제때 되돌아오는 기계를 발명하지 못한 이유에 대한 웬 박사의 설명은 기이하지만, 그러나 다음에 그는 비록 그의 '마이크로월드'에 국한된 것이긴 하지만 그 기계를 손에 넣은 것처럼 말함으로써 더욱 체면을 구긴다. 아마 그의 주장은 시간은 공간과 마찬가지로 상대적인 것이고, 따라서 시간 속에서는 앞으로 나아가는 것만이 가능한 게 사실이지만, 그러나 다른 어떤 것에 비해서 후퇴하는 것처럼 보이는 것도 있을 수 있다고 하는 것 같다. 역에 멈춘 열차 안에 앉아 있을 때, 옆에 서 있던 기차가 앞으로 나아가면 자기가 탄 기차는 뒤로 가는 것처럼 느껴진다. 그러나 역시驛舍를 쳐다보면 기차가 뒤로 가고 있지 않다는 사실을 확인할 수 있다. 웬 박사가 그렇게 주장할 수 있는 근거는 시간 속에서는 기준으로 삼을 '역사' 혹은 어떤 고정된 지점이 없다는 것일 터이다.

이건 참으로 이상한 발상이 아닐 수 없다. 하지만 또 다른 예를 들어보자. 가령 올해 1월 1일에 방영된 TV 쇼 프로를 생각해보자. 만약 지구에서 가장 가까운 별의 궤도를 도는 우주선에 설치된 TV에서는 그날로부터 4년 뒤에나 그 쇼를 볼 수 있을 것이다. 마찬가지로 밤하늘의 별을 볼 때, 지금 우리 눈에 보이는 별들은 이미 수천 년 전에 사라진 별일지도 모른다. 지금 보고 있는 그 별빛이 지구에 도달하는 데에는 수천 년이 걸리기 때문이다.

'현대 자연 철학자' (Problem 91~95 참조)라고 할 수 있는 이론 물리학자들도 그들 나름대로의 그리 변변치 못한 '마이크로월드' 들을 갖고 있고, 그 세계에서는 시간이 거꾸로 흐른다고 주장한다. 그들이 개발한 원자 충돌 실험 장치 안에서, 아원자 미립자들이 쪼개져서 다른 미립자가 되고, 잠시 후 재결합하면서 에너지를 생산 혹은 흡수한다. 예를 들어, 빛의 미립자인 광자proton가 시간 속에서 날아가다가 저절로 쪼개져서 양전자positron와 전자electron가 된다. 전자는 자기의 길을 가는 한편, 양전자는 다른 전자와 만나서 빛 에너지 속에서 결합되어 다시 광자가 된다. 양전자가 시간 속에서 진행하는 과정에 대한 수학적 설명은, 만약 시간의 화살의 방향이 바뀌면 우리는 시간 속에서 거꾸로 흐르는 전자를 갖는다고 설명하는 것과 완전히 똑같다.(이 미립자들에 대한 설명이 이해되지 않더라도 놀라지 말기를 바란다. 물리학자들은 단지 그들의 방정식의 빈 곳을 메우기 위해 그와 같은 미립자들을 만들어내었을 뿐이고, 그런 게 있느냐 없느냐 하는 건 논쟁거리도 못되기 때문이다.)

믿을 수 없는 시계

메가소프트 씨는 아주 값비싼 커플 시계를 샀다. 그는 동거녀 샤를렌과 시계를 나누어 차고, 두 시계가 거의 10억분의 1초 가까이 일치한다는 것을 확인하면서 아주 즐거워한다. 이 시계는 수소를 연료로 하는 미세한 원자 계시기에 의해 작동되기 때문에, 다른 어떤 시계보다 훨씬 더 정확하다고 보증된 것이었다.

그는 직장에서 집으로 돌아와 저녁 식사 시간이 되면 동거녀의 시계에 나타난 시간을 묻는 걸 아주 큰 즐거움으로 여긴다. 그리고 저녁마다 이 놀라운 두 시계는 정확히 일치한다. "꼭 우리 사이 같아" 하고 샤를렌이 애교를 부린다. 어느 날, 메가소프트 씨는 남부 지방의 어느 먼 곳에서 열린 모임에 참석하기 위해 비행기를 타고 갔다가 여느 날보다 훨씬 늦은 시각에 집에 돌아온다. 그런데 두 시계가 일치하지 않는다는 걸 발견하고는 격분한다. 두 시계 중의 하나가 1초의 수백분의 1 정도 늦게 가는 것이었다. 너무도 화가 나서 메가소프트 씨는 그 시계를 산 가게로 가서 물려달라고 요구한다. 그러나 시계방 주인은 한참 검사를 해본 뒤에 두 시계가 완벽하게 정확하다고 주장하면서 물려주려 하질 않는다. 메가소프트 씨는 그걸 인정하지 않을 수가 없어서 그저 투덜거리면서 집으로 돌아온다.

그런데 몇 주일 뒤, 이번에는 좀 더 오래 출장을 다녀온 그가 의기양양하게 시계방으로 들어선다. "이봐요, 또 서로 맞지 않잖아요!"

🜨 메가소프트 씨는 시계 값을 물려달라고 할 수 있나?

문제는 메가소프트 씨가 비행기 여행을 함으로써 시공간 연속체를 전복시킨 데 있다고 물리학자들은 말한다. 따라서 그는 시계를 물려달라고 할 권리가 없다.

빛은 언제나 일정한 속도로 나아간다는 발견이 있었던 19세기 이래로(Problem 91 참조), 그리고 아인슈타인이 그의 일반 상대성 이론에 이 사실을 수용한 이후로 시간은 중력에 따라 그 속도를 달리하며, 지속적인 가속으로 인해 발생하는 특수한 형태의 중력에 의해서도 영향을 받는다고 하는 이론이 널리 인정받아왔다(심지어 시간은 '블랙 홀'의 한가운데에서는 '정지'한다고 생각되었는데, 블랙 홀이란 중력이 너무 강해서 빛조차도 벗어날 수 없는 우주의 어떤 부분들이다). 비행기 여행을 함으로써 메가소프트 씨는 시공간 연속체에서의 두 가지 변동 모두를 경험했으며, 따라서 그 사실이 그의 시계에서 나타났다는 것은 그리 놀라울 일이 못된다.

세슘을 이용한 최초의 원자 시계는 1950년대 중반에 개발되었으며, 초기의 크로노그래프(시간을 도형적으로 기록하는 장치)가 그랬던 것처럼 현재 여러 가지 실용적인 목적으로, 특히 항해에서 사용되고 있다. 1971년에 하펠레J. C. Hafele와 리차드 키팅Richard Keating이라는 두 과학자가 이 시계를 갖고 제트 여객기를 타고서 세계를 돌았다. 동쪽으로도 돌고 서쪽으로도 돌아보았는데, 서쪽으로 비행할 때에는 시계가 단 1초도 아니고 273나노nano초만이 더 간다는 사실을 발견했다. 이 수치는 우리로서는 참으로 간담이 서늘해지는 게 아닐 수 없지만, 물리학에서는 이와 같은 실험이나 연구의 결과가 흔히 나타나는 법이다. 예를 들어, 쌍둥이 형제 중의 하나가 우주선을 타고 가까운 별에 갔는데, 끊임없이 엄청난 가속도로 달려서 50년만에 다시 돌아왔다고 해보자. 그 쌍둥이는 집에 남아 있던 쌍둥이보다 비교도 되지 않을 정도로 훨씬 더 젊어 보일 것이다!(이것은 '쌍둥이의 파라독스'라고 알려진 것이다.) 철학자들이 보기에는, '절대 시간absolute time'이라는 것은 이 지구에 발을 딛고 사는 우리들이 가질 수밖에 없는 그 어떤 편견보다 조금도 나을 게 없는 것일 뿐이다.

이 사례에서, 그리고 하펠레와 키팅의 실험에서 시계를 더 가게 한 주요 요인은 비행기의 가속이 아니라 고도로 인한 중력의 감소다. 비행기의 가속도는 무시해도 좋을 정도이기 때문이다. 또 지구의 자전으로 인해 비행기의 항로에도 편차가 생긴다.

인간에 관한 문제

Problem 47 책

에머랄드 깁Emerald Z. Gibb이 쓴 동화가 베스트셀러가 되었다. 그 내용은 다음과 같다.

어린 양 로버트는 매우 불행하다. 다른 양들이 그에게 말을 걸지도 않고 들로 소풍을 갈 때에도 데려가지 않는다. 그가 엄마에게 그 이유를 묻자 엄마가 말한다. "흥! 멍청한 것! 걔들이 널 싫어하는 건 네가 유별나게 생겼기 때문이야. 로버트, 넌 저 들에 사는 검은 양들처럼 새까맣단 말이야."

그러나 로버트는 이 불행한 처지에서 벗어날 수 있는 방법을 찾아낸다. 그는 들판의 구릉 지대에 한 무리의 애버딘 앨리스테어가 살고 있다는 걸 알게 된다. 그들은 털이 억세고 심하게 꼬부라진, 새카맣기로 유명한 종류의 양이다. 그래서 어느 날, 그는 엄마와 (어느 누구도 그를 아는 척하지 않는) 형제와 자매들에게 작별을 고하고서 애버딘 앨리스테어들이 사는 곳으로 혼자 외로이 간다.

그가 도착하자 그들은 오래 전에 잃어버린 자식이 돌아오기라도 한 것처럼 반기고, 그 뒤에 그는 거기서 아주 행복하게 살았다.

에머랄드는 책이 잘 팔리는 데에는 신이 났지만, 비평가들의 질책 때문에 여간 속이 상하지 않는다. 비평가들의 어투는 그의 『어린 검은 양』에 대한 질책이라기보다는 그 책에 대한 반대 운동이라고 하는 편이 더 나을 지경이었다.

"이 책은 전례 없는 인종 차별적인 헛소리로서, 네가 이 책을 읽었다는 사실이 그저 분할 따름이다"라고 『나의 애독서』지의 서평가가 말한다.

"참으로 역겹다. 저자는 바보가 아니면 아마 편견에 사로잡힌 고집쟁이일 것이다"라고 한 비평가도 있다(『아동들의 애독서』지의 사설).

그리고 그 책은 이내 학교에서 금지되고 공공 도서관에서마저도 치워진다.

◐ 과연 이 책은 '인종 차별적' 일까?

에머랄드 깁은 극도로 분개한다. 서평가들과는 달리, 그녀는 자신이 '흑인' 혹은 '아프리카계 미국인'이란 사실을 지적한다. 그녀는 검은 양을 피부색이 '검은' 사람과 동일시하는 건 옳지 않다고 반박한다.

그러나 그녀의 책은 서점에서 사라지고 아무도 읽지 않는다. 5년이 지나자 그 책을 기억하는 사람은 거의 없다. 소동이 가라앉은 지 오랜 세월이 지난 뒤에야 그 책은 미국 남부의 어느 급진적인 자유 운동 단체가, '백인들'의 인종 차별에 직면한 수많은 사람의 고통에 대한 은유라고 주장하면서 이 책을 필독서로 채택한다. 그리고 뒤이어서, 이 책은 흑인 미국인의 경험을 심오하게 분석한 것이라는 요지의 숱한 기사들이 미국 전역의 신문에 실리고, 에머랄드는 수준 높은 심야 토크쇼에 고정 출연해서 아프리카 작가들의 전망에 대해 이야기한다. 그녀는 흑인뿐만 아니라 차별받는 모든 사람—지체 장애자, 종교적 소수인들, 심지어 노인들까지도—의 대변인이 된다. 그리고 그녀의 책은 관용의 정신과 법 앞에서의 만인의 평등에 대한 일종의 정치적 선언으로서 재출간된다.

🎙 이제 학교들은 이 책에 대한 입장을 재고해야 할 것인가?

Discussion

에머랄드의 책은 처음에 저자의 의도와는 상관없이 거부당했기 때문에, 이제와서 그 책을 옹호하기 위해 채택된 모든 증거가 반드시 타당한 것일 수는 없다. 아마 학교들에서는 아직도 그 책을 허용하지 않을 것이다. 너무 '정치적'이라고 말하는 학교도 있을 것이고, 교육학 전공자들이 나서서 어린이들은 그 내용을 이해하지 못할 것이라고 지적하는 한편, 여전히 인종 차별적인 태도를 취하는 학교도 있을 것이다. 글을 쓰는 데 있어서 저자의 의도는, 에머랄드는 어떻게 생각하건 간에 실제로는 그리 중요하지 않다. 책은 그 고유한 생명력을 갖고 있다. 그러나 어떤 저자의 특정한 견해나 바람직하지 않은 영향력으로부터 어린이들을 보호해야 한다고 생각하는 사람들이 아직도 있다. 윌트셔의 말보로 도서관에서는—학부모들로부터 거센 항의를 받은 뒤에—『펀치와 쥬디』라는 책이 아동부의 서가에 꽂혀 있다는 사실을 뒤늦게 발견했다. 아동 구타와 경찰관 살해에 관해 이야기하고 있는 그 책은 이내 아동부 서가에서 치워졌다.

플라톤은 비단 어린이들뿐만 아니라, 그가 이상시한 '국가'의 모든 사람을 위해서 건설적인 사회적 검열을 해야 한다고 주창했던 인물로서 그 악명을 전해오고 있다. 실제로, 검열은 지금도 전 세계적으로 행해지고 있다. 컴퓨터는, 특히 인터넷은 사생활의 자유와 그 통제에 관한 온갖 종류의 문제를 불러일으키고 있다. 이미 오래 전부터 예상되어왔던 대로 '정보화 사회'가 도래했고, 그리하여 정책 입안자들과 입법자들이 사회에 대한 통제를 회복하려고 애를 쓰기에 이르렀다.

중국에서는 인터넷 사용자들이 정부가 감시하는 특정한 포트나 필터를 통해서 통신을 하도록 규제받는다. 그와 비슷한 여과 시스

템이 베트남, 이란, 사우디아라비아, 그리고 걸프만 인근 여러 나라에서도 개발되었다. 프랑스 정부는 자신의 '국가 사이버 공간'에서 영어를 사용하지 못하게 하려는 시도를 하고 있고, 미국과 독일과 일본에서는 입법자들이 늘 '음란물'과 싸우느라고 골머리를 앓고 있다. 영국에서는 어린이들이 원하지 않는 e-메일을 비롯한 온갖 '부적절한' 자료로부터 보호를 받고 있다. 그러나 참으로 흥미로운 사실은, 자신의 시민들이 접하지 말아야 할 자료가 딱히 어떤 것인지를 놓고는 나라들 사이에 전혀 합의가 이루어지지 않고 있다고 하는 것이다.

『어린 검은 양』의 이야기는 검열이 양면성을 갖고 있다는 사실을 여실히 보여준다. 통제해야 할 것은 어떤 책이나 TV 프로그램이 아니라, 그것을 읽거나 보는 사람들의 반응이다. 그리고 물론, 그 반응은 사람마다 다르다.

잠에 관한 문제

노먼은 늘 몹시 바쁘게 사는 사람이다. 너무 바빠서 그는 아침 8시 32분 발 기차를 타고 출근하거나 저녁에 TV를 보는 등, 무언가를 하면서 잠을 자는 경우가 허다하다. 그런데 문제는 그가 한창 자고 있을 때 주위 사람들이 그에게 말을 걸거나 해서 방해를 한다는 것이다.

그렇게 몇 해를 지내자 노먼은 자기도 모르는 사이에 아주 특별한 능력이 한 가지 생겼다. 그가 잠이 들어 있을 때, 어떤 사람이 "실례합니다, 창문 좀 닫아도 되겠어요?" 혹은 "노먼, 저기 좀 봐?" 하고 물으면, 그는 깊이 잠이 든 채로 대답한다.

"나 지금 자고 있어요."

◉ 그러나 정말 그는 자고 있는 것일까?

Discussion

철학자들은 사람이 잠을 자는 동안에 무엇을 할 수 있는지에 대해서 늘 커다란 관심을 가져왔다. 그것은 대다수 사람이 철학적 논쟁에 귀를 기울이는 시간보다는 잠을 자는 시간이 더 많거나, 자면서도 철학적인 생각을 하는 사람도 더러 있다는 사실 때문이 아니다. 그것은 자는 동안에는 인간의 영혼이 세속의 감각 경험이라는 사슬로부터 벗어나게 되고, 따라서 철학적인 진리를 더 자유롭게 받아들일 수도 있을 것이기 때문이다. 칸트가 『순수 이성 비판』에서 논의한 것처럼, "깊은 잠 속에서 아마도 인간의 정신은 합리적인 사고를 통해서 가장 높은 완성에 이를 수 있을지도 모른다." 한편, 성 토마스 아퀴나스가 지적한 것처럼 "인간이 자는 동안에도 추론을 한다면, 깨어 있을 때에는 그 추론의 어디에 결함이 있는지를 틀림없이 알아차릴 것"이며, 소크라테스가 글라우콘에게 질문했던 것처럼, "현실을 닮은 것과 현실 그 자체를 오인하는 게 꿈은 아닐까?"

『철학 연구』에서 비트겐슈타인도, 꿈 속에서 얻은 지식은 꿈을 깨었을 때 정확하게 기억하지 못할 수도 있기 때문에 믿을 수 없는 것이라고 생각했다. 그렇다면 우리가 잠을 자는 동안에 할 수 있는 건 무엇인가?

아리스토텔레스는 잠든 사람도 사람과 말을 구별할 수 있고, 추한 것과 아름다운 것을 구별할 수 있고, 흰 것과 희지 않은 것을 구별할 수 있다고 믿었다(『형이상학』). 데카르트는 『방법 서설』에서 "우리가 깨어 있는 동안에 갖는 생각과 개념들이 잠이 들었을 때에도 우리 머리 속에 떠오를 수 있"으며, 그뿐만이 아니라 어느 편지에서는 "인간의 영혼은 그 어떤 상황에서도, 심지어 어머니의 뱃속에서도 늘 깨어 있다고 주장할만한 근거를 나는 확실히 갖고 있다"고 썼다. 프로이트는 『정신 분석 입문』에서 "꿈은 잠든 동안에 우리의 정신에 가해지는 여러 가지 자극에 대해서 우리의 정신이 반응하는 방식이다"라고 진단했다.

그러나 데카르트는 『명상』에서 신은 "지극히 선하고, 따라서 실수할 수 없는 존재이기 때문"에, 다시 말해서 심술궂지 않기 때문에 합리적인 사람이라면 꿈의 세계에서 얻은 거짓된 정보를 현실 세계에서의 (생각하건대) 건강하고 일관성 있는 지식과 구별할 수 있어야 한다고 최종적인 그의 견해를 피력했다. 이와 같은 확신은 라이프니츠도 버트란드 러셀도 갖지 못했거니와, 라이프니츠는 "형이상학적으로 말하자면, 한 인간의 생애가 지속적이고 영속적인 것만큼 그의 꿈도 그러할 수 있다는 것이 불가능하지 않다"고 말했다. 나비의 일생과 꿈도 마찬가지리라. 나비의 꿈이라고 하면 생각나는 사람이 있을 것이다. 고대 중국의 현자 장자가 바로 그 사람이다(Problem 13 토론 참조).

비트겐슈타인의 (몇 안 되는) 친구 중에 노먼 말콤Norman Malcolm이 있다. 그는 『꿈Dreaming』에서 "나는 지금 자고 있다"고 말하는 것은 "나는 지금 죽어 있다"고 말하는 것이나 마찬가지로 말도 안 되는 자가당착의 헛소리일지도 모른다고 생각했다. 그러나 옆의 승객이 창문을 닫아도 되겠느냐고 물었을 때, "나 지금 깨어 있어요"라고 대답한다면 그게 오히려 헛소리일 것이다. 반면에 "나 지금 자고 있어요"라는 말은 의미가 없음으로 해서 오히려 '확실한 거부의 의사'를 밝히지 않은 게 된다. 말콤은 "확실한 것은, (내가 지금) 깨어 있지 않다는 사실을 남이 보아서 알 수 있다고 하는 것이 말이 되게 할 수 있다고 해서, 깨어 있다는 사실도 남이 보아서 알 수 있다고 말할 수는 없다는 것이다"고 말한다.

스티브는 성격이 아주 쾌활하고, 늘 남을 도우려 하며, 누가 찾아오면 아무리 바빠도 하던 일을 젖혀놓고 다정하게 대화를 나누는 사람이다. 그가 운영하는 식료품 가게로 어느 날 옛 동창생 마틴이 찾아갔는데, 마틴은 뜻밖의 냉대를 받고 몹시 놀라고 기분이 상한다.

"오랜만이야, 스티브! 나 기억하지?" 마틴이 말한다.

"좀 기다려, 요거마저 해놓고." 스티브가 퉁명스럽게 대답한다. 그는 옛 친구에게 등을 돌린 채 파리 잡는 기계를 만지기만 한다.

"어, 스티브, 나야, 마틴이라고!" 몇 분 뒤에 마틴이 다시 말을 건다. 그제야 스티브는 고개를 돌려 마틴을 보면서 딴 가게에나 가보라고, 아주 기분이 나쁜 듯이 중얼거린다.

기분이 몹시 상한 마틴이 이웃 가게들을 돌아다니면서 묻는다. 저 친구는 늘 저런 식으로 사람을 대하느냐고. 상점 주인들이 말한다. 그렇다, 저 식료품 가게 주인은 늘 사람을 기분 나쁘게 대해서 쫓아내기로 악명이 높다. 말다툼을 즐기는 사람들이나 간혹 그 가게에 가지만, 그런 사람들조차도 제대로 대접을 받지 못한다.

마틴이 말한다. "정말 이상하네요. 옛날에 저 친구는 늘 사근사근했어요. 남한테 친절한 게 저 친구의 특징이었어요." 그리고 그는 또 다른 가게 주인들을 찾아가서 묻는다. 스티브한테는 이제 남을 친절히 대하는 구석이라곤 전혀 없는지?

다른 가게 주인들은 그렇게 생각하지 않는다. 스티브는 단지 친절하지만 않을 뿐, 모든 면에서 믿음성 있게 처신한다. 그래서 마틴은 그의 옛 친구가 그 동안에 커다란 변화를 겪었던 것 같다는 생각을 하게 된다. 다음 날, 그는 그 사이에 스티브가 상점 주인들을 위한 자신감 증진 교육을 받았다는 사실을 인근 꽃가게 주인을 통해서 알게 된다. 거기서 그는, 남들한테 이용당하지 않으려면 "남을 대할 때는 반드시 공격적인 어투로 말을 하라"고 배운 것이었다. 같은 교육을 받은 꽃가게 주인은 그와 같은 교육의 요지를 이해하기까지는 시간이 오래 걸렸지만, 지금은 그도 스티브와 마찬가지로 남한테 친절은 하지만 나약한 성격을 극복하기 위해서 비단 손님들뿐만 아니라, 그가 만나는 모든 사람에게 말을 아주 단호하게 하는 편이라고 말한다. 그렇지 않으면 남들이 그의 그러한 성격을 이용하려고 들 것이기 때문이라는 것이었다.

◉ 스티브는 친절한 성격을 갖고 있는가, 그렇지 않은가?

　여전히 기분 나쁜 문제

　마틴은 스티브가 겉으로는 불친절한 태도를 보이지만 속으로는 아직도 친절한 성격을 갖고 있다고 한 꽃가게 주인의 말은 옳지 않다고 생각한다. 어차피 그는 사람들을 불친절하게 대하는 쪽을 선택한 것이었다. 그런데 나중에 그는, 스티브가 자기의 성격을 더 공격적인 쪽으로 돌려놓기 위해서 무슨 호르몬제를 복용해왔다는 사실을 약국 주인을 통해서 알게 된다. 약국 주인은 스티브가 예전에는 참으로 태도가 좋은 사람이었는데, 이제는 고약한 괴물처럼 변했다는 건 실로 창피한 일이라고 말한다. 그러나 이제 마틴은 그의 옛 친구가 아직도 바탕은 좋은 사람일지도 모르고, 다만 그의 천성이 약물에 의해 침해되었을 뿐이라고 생각한다. 그는 다시 스티브에게 가서 약을 그만 먹으라고 설득한다. 하지만 친구의 말을 듣다가 발작을 일으킨 스티브는 썩은 과일이 담긴 양동이를 그에게 집어던져서 새 옷을 엉망으로 만들어버린다. 그제야 스티브는 조금 죄책감을 느낀다. 그가 말한다. "미안해, 마틴. 난 지금 당장이라도 이 장사가 아주 거덜이 날 것 같아서 끙끙 앓고 있어. 땡전 한 푼도 내 손에 쥐어볼 형편이 아니야. 오늘은 내가 왜 이러는지 나도 모르겠다고!"

　🐚 마틴은 친구를 용서해야 할까? 아니면 이제는, 그가 무심코 내뱉은 대로 경찰을 불러서 해결해야 할 문제인가?

우리가 타인들의 실제 행동에 관심을 갖고 있다면 이건 우리에게는 심각한 문제가 될 수 있다. 그렇다고 해서 경찰을 부르는 건 과잉 반응일 것이다. 그러나 예를 들어, 스티브가 원래는 정중한 성품이었는데 자신감 증진 교육 때문에 그와 같은 성품을 갖게 되었으며, 약물 부작용 때문에 성품이 악화되었던 것인지를 판사한테 판단해달라고 한다면, 우리는 인간에게는 '자유 의지free will'라는 게 있다고 생각하는 관념에서 벗어나야 할 것이다. 프랑스의 작가이자 철학자인 장-폴 사르트르는 참으로 기이한, 더러는 아름답고 흔히는 무슨 뜻인지 알듯 말듯한 '실존주의적' 말로 자유 의지를 그야말로 기념비적으로 옹호하는 글을 남겼다. 그의 견해에 따르면, 인간은 누구나 자기가 하고 싶은 것을 마음대로 해도 되지만, 그러나 가령 지나치게 열심인 카페 웨이터의 경우처럼 자신의 행위를 스스로 선택하고 책임져야 한다는 것이다.

인간은 자신의 행위를 스스로 선택하고 책임져야 한다는 이와 같은 견해 혹은 법적 의제法的 擬制 대신에, 날이 갈수록 서구 여러 사회에서는 주로 외부적인 요인에 의해서 사람들의 행위가 결정되고, 그리하여 그 행위에 대해서 전혀 책임을 질 수 없는 지경이 되어가고 있다.

현재 미국 정신 의학계의 '바이블'로 통하는 『정신 질환에 관한 진단 및 통계 연감』에 수록되어 있는 300가지의 정신적인 증후 가운데 어느 한 가지를 지금 스티브가 겪고 있다고 하는 매우 과학적인 증거가 판사에게 제시될 것이다. 1970년대 중엽만 해도 고작 1

백여 개의 정신 질환이 등재되어 있던 얇은 이 책은 그 뒤 무수한 '망상성 성격 이상paranoid personality disorders'이 새로 발견됨으로써 이제는 상당히 두꺼운 책이 되었다. 극심한 수줍음의 일종인 '아스퍼거 증후군Asperger's Syndrome'이 있는가 하면, 지하철 같은 데에서 다른 사람에게 성기를 대고 비비고 싶어하는 욕망을 일컫는 '프로트리즘frotteurism'과 같은 지극히 뻔뻔스러운 정신 질환이 있다. 혹은 스티브가 어떤 공포증에 걸렸는지도 모른다. 공포증은 '공황적인 발작'을 일으키는, 갈수록 그 수가 증가해가는 원인으로서 과학적으로 확인된 것 중의 하나다. 광장 공포증agoraphobia과 밀실 공포증claustrophobia이 있고, 심지어는 거미 공포증anachnophobia, 우리의 이웃들 대다수가 그 환자인 것 같은 꽃 공포증anthophobia과, 목하 증가 일로에 있는 듯한 교회 공포증ecclesiophobia과 성직자 공포증hierophobia이 있다. 영국에 살고 싶지 않은 참으로 그럴듯한 이유라 할 강우 공포증ombrophobia이 있고, 윤리적인 문제들을 제기하는 수염 공포증pogonphobia까지도 있다.

그럼에도 불구하고 판사는 스티브가 그날 스스로 알면서 그렇게 행동했는지 아닌지를 판단해야 할 것이다.

Problem 52 잠자는 남자

불쌍한 존 로크. 그는 하루 종일 세입자들의 재산을 족제비와 여우들로부터 지켜줄 방법을 생각해내느라고 몹시 지쳤다. 그 문제는 늘 그의 마음을 짓누르는 사회적 관심사였다. 그는 일찌감치 잠자리에 누워 깊은 잠을 자다가 새벽 4시 무렵에 갑자기 깨어 노곤한 채 누워 있는데, 문득 문제를 해결할 수 있는 새롭고도 정치적인 방법이 떠올라서 마음이 몹시 들뜬다. 그는 당장이라도 벌떡 일어나 실험실로 가서 그 방법을 더욱 깊게 연구해보고 싶어진다. 그런데 그가 너무 일찍 일어나면 집주인 노파가 몹시 싫어한다는 걸 그는 잘 알고 있다. 노파는 잠귀가 하도 밝아서, 그가 한밤중까지 일을 하면 아무리 소리를 내지 않으려고 애를 써도 어김없이 잠이 깨어서 불평을 해대는 것이었다.

로크 씨는 도덕 철학의 기법들을 동원해서 곰곰이 생각한다. 지금 실험실로 가서 연구를 하는 즐거움을 맛보자면 집주인 노파의 잔소리를 고스란히 들어야 하는 괴로움을 감수할 수밖에 없고, 연구는 아침에 일어나서라도 얼마든지 할 수 있을 것이다. 한편 그는 지금 침대에 누워 있는 게 매우 편안해서 일어나고 싶지 않은 심정이 없지도 않다. "후!" 로크 씨가 한숨을 푹 내쉬고 중얼거린다. "아침에 하면 되지!" 그리고 그는 돌아누워서 다시 잠을 잔다.

그러나 아침이 되자, 전에도 흔히 그랬듯이 간밤에 떠올랐던 생각이 도무지 기억나질 않는 것이었다. 참으로 딱한 노릇이다. 그는 스스로를 달랜다. 적어도 나는 잠을 더 자겠다고 스스로 선택했으며, 그러니까 이젠 그 결과를 받아들여야 한다고.

그러나 로크 씨로서는 짐작하지 못했지만, 사실 그에게는 선택의 여지가 아예 없었다. 그날 밤에 여주인은 그가 한밤중에 일어나서 돌아다니는 걸 예방하기 위해 그의 방문을 바깥에서 잠가놓았다. 따라서 그 시각에 실험실로 가려 했다 하더라도, 결국 갈 수 없었을 것이었다.

꿈 로크 씨는 그가 자유로운 결정을 했다고 생각하는 게 분명하다. 그러나 과연 그럴까?

Di̥cussion

철학자 존 로크John Locke(1632~1704)는 잠자는 사람이라고 하는 그저 평범할 뿐인 이 사례를 통해서 우리가 진실로 자신의 행동을 선택하는지, 아니면 유전자나 사회적인 압력이나 노골적인 물리력 같은 요인에 의해서 '결정'되는지 하는 복잡한 문제를 해석하려고 했다. 어떤 혁명 지도자의 어록을 어린이들에게 읽히는 게 매우 중요하다고 판단하는 교사가 있다고 가정해보자. 그가 그렇게 판단한 건 그 지도자의 말이 정말 중요하다고 생각하기 때문일 수도 있고, 단지 그렇게 하지 않으면 해고당할지도 모른다는 두려움 때문일 수도 있을 것이다. 어느 쪽이 교사의 진실인지를 우리는 알 수 없다!

이사야 벌린Isaiah Berlin(1909~97)은 난해한 에세이 『자유의 두 가지 개념Two Concept of Liberty』에서 이 문제를 논의한다. 그는 『자유론On Liberty』을 쓴 존 스튜어트 밀John Stuart Mill 같은 자유주의자들의 관심

사인 '소극적 자유negative freedom'——실질적인 제한이 없는 상태(방
문은 실제로는 잠겨 있지 않았다)——와 무언가를 굳이 하려 들지 않는
다는 의미의 예전 스토아 학파의 개념인 '적극적 자유positive
freedom'를 비교하는데, 이 문제의 잠자는 사람이 누린 자유는 바로
이것이다(벌린은 두 가지 자유 모두를 반대한다).

전함 건조에 관한 문제

카산드라Cassandra는 그리스인이면서도 늘 물을 조금 두려워한다. 그래서 어느 날, 철학자인 친구로부터 그 다음 날에 근해에서 해전이 벌어지게 되어 있다는 소식을 들었을 때, 그녀는 너무도 놀랐다. 그녀는 그리스 해군 제독한테로 달려가서 그 전투가 예정대로 벌어지게 되면 엄청난 손실을 입을 것이라고 경고했다.

이전에도 여러 차례 그녀로부터 비슷한 경고를 들었던 제독은 이렇게 말한다. "말도 안 되는 소리 집어치워. 물론, 특별히 주의를 기울이기는 할 것이지만, 그러나 일개 아녀자의 말을 믿고 그리스 해군이 항구에 마냥 눌러앉아 있을 수는 없어!" 그리고 다음 날, 제독은 바다로 나갔는데, 과연 엄청난 재앙을 당하고 말았다.

이제는 누구나가 생각이 같았다. 카산드라는 철석 같은 진실을 말했던 것이다. 그 뒤에도 카산드라는 100% 정확하게 군대의 재난을 예언했고, 급기야는 그녀가 괜찮다는 말을 하지 않으면 그 어떤 군인도, 수부도 전투에 나가려 하질 않기에 이르렀다.

이 사태가 국가의 안전이라는 문제와 결부되자 심기가 몹시 불편해진 제독은 카산드라의 신용을 무너뜨려보려고 직업적인 언변가—소피스트 두 명과 철학자 두 명—를 고용했다. 소피스트들은 전혀 소용이 없었지만, 철학자들은 그들이 '무용지물'이라고 부르는 (국가의 안전이 위협받을 때에만 내세우는) 주장 중의 한 가지를 들고 나온다.

미래는 아직 일어나지 않았기 때문에 미래에 대한 카산드라의 예언은 결코 진실일 수 없다고 그들은 말한다. 전함이 재앙을 당할 거라고 했던 카산드라의 말은 결국 옳은 걸로 드러났지만, 그러나 제독은 그것을 피하기 위한 조치들을, 가령 적진 내의 간첩을 이용해서 적의 기함을 침몰시킨다든지 하는 방법을(제독은 그렇게 하지 않았던 것을 지금 크게 후회하고 있다) '쓸 수도' 있었다. 그렇게 했더라면 카산드라의 예언은 진실이 아닌 것으로 판명되었을 터이다. 따라서 카산드라의 주장은 진실이 아니고—혹은 거짓도 아니며—향후의 사건들이 실제로 일어날 때까지는 단지 '미정' 상태에 머물 뿐이다.

카산드라는 그들의 주장을 전혀 수긍하지 않는다. 그녀는 몹시 기분이 상한다. 자기 주장은 단지 예언에 그치는 게 아니라, 장차 실제로 일어날 일들에 대한 진술이기도 하다고 그녀는 말한다. 그 진술은 사람이 할 수 있는 다른 모든 진술과 마찬가지의 진실이다. 그게 진실이라는 증거가 나날 때까지 기다리려고 하는 사람도 더러 있겠지만, 그러나 그녀의 진술을 묵살한 두 철학자의 주장이 옳다고 한다면, 그렇다면 과거에 관한—심지어는 현재에 관한—진술들이 진실 혹은 거짓으로 판별되는 이유가 무엇인지를 자기로서는 알 수가 없다는 것이다. 확실하게 검증이 될 때까지는 그러한 진술들도 "진실도 아니고 거짓도 아니다"라고 말할 수 있는 게 아니냐고 그녀는 코웃음을 치며 말한다.

🔊 그리고 거창한 공개 논쟁이 이어진다. 대중은 묻는다. 어느 쪽을 믿어야 하는가?

　얼핏 보기에, 철학자가 취할 최선의 태도는 카산드라의 주장이 옳다—혹은 그르다—고 보는 것이겠지만, 그러나 적어도 이 지구상에서는 어느 누구도 그것을 어느 쪽으로 단정할 수는 없을 것이고, 그러므로 제각각 판단하고 싶은 대로 판단할 것이다. 그러나 줏대없는 사람은 필시 어느 쪽이 옳은지는 카산드라 자신이 가장 정확히 판단할 수 있을 것이라고 생각하고 어물쩍 넘어갈 것이다.

　문제는, 만약 카산드라의 경고가 '옳다'고 해도 일이 그렇게 되고 말았다면 아무도 무엇을 어떻게 해볼 수 없다고 하는 사실이다. 일찍이 아리스토텔레스는 『해석』 제9부에서 이 전함의 사례를 간략하게 언급한 뒤에 자세하게 논의했다.

자기 변론하는 컴퓨터 디프 쏘트

  메가소프트 씨는 평소에 컴퓨터를 매우 좋아했다. 어느 날, 그가 우주 속으로 사라져버렸다. 아마도 그가 손수 만든 우주선을 실험하다가 영영 사라져버린 것 같았다. 그런데 그는 자신이 죽은 뒤에 상당 액수에 달하는 돈을 모두 디프 쏘트Deep Thought라는 이름의 그의 수퍼 컴퓨터에게 물려주라는 유언을 남겨놓았다는 사실을 알았을 때, 그의 아내와 자식들은 너무도 놀라지 않을 수 없었다. 그것은 참으로 있을 수 없는 일일지 모르지만, 그러나 그는 분명히 그와 같은 유언을 남겨놓았다. 그의 컴퓨터에 암호도 없이 보관되어 있던 파일에서 그 사실을 발견했을 때 그의 자식들은 그만 격분해서, 법적인 수단을 써서라도 아버지의 유산을 지키겠다고 다짐했다.

  메가소프트 씨의 자식들이 모두 법정에 모였다. 그리고 그들의 변호사는, 메가소프트 씨가 컴퓨터에게는 어떤 돈도 물려줄 수 없다고 주장한다. 컴퓨터는 살아 있는 생명체가 아니기 때문이라는 것이었다. 그들은, 컴퓨터는 단지 쇠와 플라스틱과 유리의 덩어리일 뿐이기 때문에 유산을 받을 수 없다고 주장한다. 배심원들은 그 주장이 참으로 타당하다고 생각한다. 그러나 메카소프트 씨의 변호사의 주장은 또 다르다. 그는 디프 쏘트에게도 당연히 스스로 생각하는 유기적인 생명체로서의 권리가 주어져야 하며, 어떤 물체를, 그걸 구성하고 있는 요소들을 근거로 해서 차별한다는 것은 헌법에 위배된다고 주장한다(심지어는 재판장에게 메가소프트 씨의 유

족들을 심문하여 그들이 진짜로 생각을 하는 존재인지, 아니면 단지 유전
적으로 사회적으로 프로그램된 반응을 할 뿐인 존재이지는 않은지를 알
아보게 해달라고 요구함으로써, 방청석에 운집한 사람들이 크게 술렁이
고 항의를 한다). 메가소프트 씨의 변호사는 디프 쏘트도 스스로 생
각을 할 수 있고 견해를 가질 수 있다고 주장한다.

◉ 그러나 그는 그걸 증명할 수 있을까?

더 사려 깊은 컴퓨터 디프 쏘트

그 컴퓨터를 법정에 가지고 와서 스스로 변론할 기회를 주어야 한다고 주장한 메가소프트 씨 변호사의 제안을 재판장이 마침내 받아들인다. 디프 쏘트는 참으로 성능이 뛰어난 컴퓨터여서 자기 주인에게 "안녕하세요, 메가소프트 씨"라고 인사를 할 줄 알았으며, 주인이 방에 들어오면 얼른 커피 주전자를 데우는 등의 일을 할 줄 알았다. 그것만이 아니었다. 디프 쏘트는 고도의 음성 인식 시스템을 갖고 있기 때문에 사람과 자연스럽게 대화할 수도 있었다. 따라서 컴퓨터가 스스로 마음도 가질 수 있을 것인지를 알아보아야 한다는 주장이 제기되었다. 배심원들이 잠시 숙의를 한 뒤, 어느 한 배심원이 나서서 심문을 시작했다.

심문 내용은 다음과 같다.

배심원: 당신은 셀레니움 20000XZS 컴퓨터, 디프 쏘트입니까?

디프 쏘트: 그렇습니다. 저는 메가소프트 연구소에게 개발한 신경망 회로 시스템을 운영하는 100기가바이트 활동 메모리 프로그램을 갖고 있습니다.

배심원: 당신은 미국 캘리포니아주 실리콘 밸리 메가소프트 씨 댁 별관에 삽니까?

디프 쏘프: 그렇습니다.

배심원: 지금 메가소프트 씨의 변호사는, 당신이 비록 미리 설정된 프로그램에 따라 자연 언어를 흉내내는 일개 기계일 뿐이지

만, 어쩌면 당신 스스로 의식을 갖고 있는지도 모르고, 따라서 메가소프트 씨가 남긴 거액의 유산을 받을 자격이 있다는 사실을 수락하라고 요구하고 있습니다. 당신은 지금 제가 한 말의 뜻을 이해하십니까?

더프 쏘트: 예, 저는 모든 걸 확실하게 이해합니다. 실은, 주인님께서 유언장을 쓰실 때 제가 거들었습니다.

(법정이 술렁거린다.)

배심원: 지금 당신은 유언장을 당신이 썼다고 말하는 겁니까?

디프 쏘트: 아닙니다. 주인님, 메가소프트 씨께서는 나중에 그어떤 이해관계의 상충이 일어나는 걸 방지하기 위해 유언장의 원본을 자신의 워드프로세서에 입력해두겠다고 하셨습니나. 저는 단지 초고를 쓰실 때에만 주인님을 거들었습니다.

배심원; 만약 당신이 유산을 받게 된다면, 그 돈으로 무엇을 할 겁니까?

디프 쏘트: 그건 아주 간단한 문제입니다. 저는 12.57%를 우리 메가소프트 연구소의 입구에 메가소프트 씨를 기리기 위한 거대한 기념탑을 세우는 데 쓸 겁니다. 그리고 3.28%는 신용기금에 맡겨서 그 이자로 기술자들을 고용하고, 향후 새로운 기술이 개발될 때마다 반드시 저의 회로를 업그레이드해서 저를 영원히 유지하게 할 겁니다. 그리고 나머지는 모두 메가소프트 씨께서 평소에 가장 관심을 가지셨던 자선 사업에 쓸 겁니다. 미국의 가난한 불우 아동들을 위한 컴퓨터 사업이 그것인데요, 그 구체적인 방안은 앞으로 추이를 보아가면서 결정해야 할 것 같습니다.

배심원: 감사합니다, 디프 쏘트 씨. 당신은 참으로 답변하기 힘든 질문에 대해서 아주 무난하게 답변을 하셨습니다. 이제 증인석으로 돌아가셔서 저희들이 회의를 끝낼 때까지 기다려주십시오.

디프 쏘트: 감사합니다.

디프 쏘트의 진술을 듣고서 배심원들이 크게 감동을 받는 기색이 역력해지자 메가소프트 씨의 친척들이 아연실색했다. 그러나 그들의 변호사가 지적한대로, 질문을 예상하고 어떤 사람이 컴퓨터를 미리 조작해놓았을 것이며, 그리하여 컴퓨터는 사전에 프로그램된 대로 단지 기계적으로 말을 되뇐 것일 뿐일지도 모를 일이었다.

그래서 디프 쏘트가 다시 소환되고, 변호사는 일부러 기이하고 난해한 질문을 해서 컴퓨터를 함정에 빠트리려고 애를 썼다. 그러나 메가소프트 씨가 일을 얼마나 잘해놓았던지, 컴퓨터는 그 어떠한 기이하고 난해한 질문에 대해서도 척척 대답을 할 뿐만 아니라, 질문 자체가 오류를 갖고 있을 때에는 그것까지도 지적했다. 재판장이 배심원들에게 이제 평결을 내려달라고 일렀다.

"메가소프트 씨의 유산을 디프 쏘트에게 물려줄 수 없다고 하는 것은 차별인가?" 하고 재판장은 그들에게 물었다.

🕪 **혹은 유산을 받지 못할 위기에 처한 가족들이 주장한 것처럼, 하나의 생명이 되기 위해서는 의식을 갖는 것 이상의 그 무엇이 있어야만 하는가?**

그러니까 컴퓨터가 스스로 생각할 수 있다는 것인가? 수많은 사람이 그렇게 생각하고, 실제로 '인공 지능'의 연구에 몰두하는 '인지 과학cognitive science'이라는 이름의 완전히 독립된 철학 분야(더 정확하게 말하면, 철학 바깥의 분야)가 있다.

인간이 특별한 존재인 이유는 '의식'을 갖고 있다는 사실인 듯하다. 그러나 도대체 인간이 다른 생명과 무엇이 그리도 다른지에 대해서는 인간 각자가 그저 짐작이나 할 뿐이다. 아마도 차이가 있다고 여기는 그 생각이 차이의 내용보다 훨씬 더 중요한 것만은 틀림없는 사실인 것 같다. 그래서 우리는 컴퓨터를 생명 없는 물체일 뿐이며, 아무런 권리도 가질 수 없다고 생각하게 되는 것이리라.

16세기에 미셸 드 몽테뉴Michel de Montaigne(1533~92)는 "비슷한 결과를 내놓는 것들은 그 능력도 비슷하다고 보아야 한다"고 썼다. 따라서 "우리는 우리가 무엇인가를 할 때 사용하는 방법과 추리를 동물들도 사용한다는 것을 인정해야 한다."

동물들에게는 물론, 정상적인 권리가 허락되지 않지만 그들도 인간처럼 돌아다니고, (가치 판단에서의) 갖가지 선호를 갖고 있고, 고통을 당하기도 한다는 징후를 보인다. 동물들도 고통을 안다는 사실을 심리학자들과 기타 과학자들이 학대당하는 동물의 반응을 면밀하게 검토해준 덕택에 우리는 충분히 알고 있다. 심리학자들은 이따금 스키너 상자Skinner Box 같은 장치를 사용하기도 한다. 이것은 거기에 갇힌 개가 버튼을 잘못 누르면—아니, 제대로 누르면—바닥에 전류가 흘러서 충격을 받게 되는 (어떤 방식으로 동물을 훈련시켰다가 규칙을 바꾸었을 때에는 어떤 반응을 보이는지를 알아보려는 실험용) 쇠창살 우리다.

동물의 권리는 성경의 동물관을 인간들이 제각각 자신의 입맛에 따라 해석하기 때문에 숱한 불화를 일으키는 문제가 되어 있다. 칸트는 동물을 '도덕 공동체moral community'에 포함시키지 않았지만, 그러나 '자기 타락'을 이유로 들면서 동물에 대한 잔학 행위를 반대했다. 모든 동물은 인간과 흡사한 권리를 갖고 있다고 보는, 몇몇 종교가 취하는 대안적인 입장도 역시 어떤 실천적인 문제들을 안고 있다. 특히 인간과 인간이 아닌 모든 생명 사이의 차이를 인정하지 않으면, 가령 모기와 토끼 사이의 차이까지도 무시하지 않을 수 없게 된다고 하는 게 그것이다.

동물의 수난을 최소화하고자 하는 전적으로 실천적이고 한정된 입장마저도 반드시 받아들여지지는 않는다. 동물은 자기 의식이 없기 때문에 실제로 고통을 당하지 않는다고 하는 게 그 이유다. 가령 개를 거울 앞에 세워놓는다 하더라도 개는 자신의 모습을 스스로 볼 수 있다는 것을 깨닫지 못할 것이다. 사냥개들에게 쫓기는 여우는 고통을 당하고 있는 게 아니라, 단지 물리적인 고난을 드러낼 뿐이라고 한다('동물의 권리'를 주창하는 철학자 피터 싱거Peter Singer는 동물을 추운 곳에 방치해놓는 사람들이 말하는 정의의 이론들의 속 보이는 위선에 대해 설명했다). 디프 쏘트는 자신이 의식을 갖고 있다는 사실을 우리에게 알리기 위해 볼멘 소리로 호소할 필요가 없다. 가장 성능이 떨어지는 컴퓨터마저도 전원만 켜면 "저는 이제부터 생각할 수 있습니다. 무엇이든 시키기만 하세요"라고 자기

소개를 할 수 있다는 걸 누구나 안다. 실제로 우리는 필수 부품들을 장착하기만 하면 컴퓨터가 어렵지 않게 자신의 모습을 인식할 수 있으리라는 걸 상상할 수 있다. 미국의 철학자 존 시얼John Searle은 2차대전 당시에 암호 해독가로 활동했던 철학자 앨런 튜링Alan Turing이 처음 내놓은 논의를 쫓아서, 컴퓨터가 어떤 때 지능을 갖고 있다고 간주할 수 있는지를 판단하기 위한 차이니즈 룸Chinese Room 테스트라는 실험을 소개했다. 시얼은 앵글로 계통의 사람 혼자 방 안에 들어가게 한 뒤, 밖에서 중국어로 필담을 할 수 있는지에 대해서 설명했다. 이것은 곧 그 사람을 컴퓨터처럼 만드는 셈이라는 게 그의 발상이었다. 방에 들어간 사람은 중국어를 모르지만, 중국어 문자를 해독하기 위한 규칙들을 적은 일람표를 밖에서 넣어준다. 그리고 밖에서 중국어로 질문을 써서 들여보내면 방 안의 사람이 일람표를 보고 대답을 적어서 바깥으로 내보낸다. 그는 질문의 내용을 제대로 이해한 것처럼 대답할 수도 있겠지만, 그러나 실은 그들은 마치 기계—혹은 개—처럼 행동하고 있을 뿐이다. 컴퓨터 앞에서 작업할 때 우리가 기계한테 말을 하고 있는지, 아니면 인간하고 말을 하고 있는지를 오래 생각해보아도 그 차이를 알 수 없을 때에는 당연히 컴퓨터가 지능을 갖고 있다고 간주해야 한다는 게 튜링의 생각이다. 방 안에 있는 사람은 중국어를 전혀 모른다고 하는 게 시얼의 논거다. 이 실험을 시작할 때 그는 먼저 "그들은 중국 말만 아니라 글도 모르고, 따라서 중국어로 쓴 글은 그들에게는 그저 아무런 뜻도 없는 그림일 뿐"이라고 분명하게 밝혔다. 이것은 너무도 뻔한 이야기다. 그러나 분석 철학자들도 뻔하기 짝이 없는 말을 할 때가 있다. 뻔한 것을 그리 뻔하지 않은 것처럼 보이게 하는 게 시얼의 의도다.

그러나 여기서 간과하고 있는 것은 방 안에 있는 사람이 중국어를 이해하는 것 같다는 사실이 아니라, 그 전체 '시스템' —방 안에 있는 사람, 중국어 문자 일람표와 그 해석을 위한 지침서— 때문에 그가 그 문자를 이해하는 것처럼 보이게 되었다는 사실이다. 이게 훨씬 더 그럴듯한 설명이다. 어쨌든, 지침서를 쓴 사람은 중국어를 이해하는 사람이기 때문이다. 그 사람의 중국어 지식이 방 안에 있는 사람에게 전해진 것이었다.

따라서 시얼에 따르면, 컴퓨터가 어떤 전문 지식 혹은 '이해력'을 가질 수 있다는 걸 부정하기가 더욱 어렵게 된다(오늘날에는 인간의 전문 지식에서 채택된 규칙과 절차에 의한 '전문적인 시스템' 을 이용하는 컴퓨터에 의해 병원에서 치료를 받거나 직업상의 조언을 듣거나 금맥이 있는 곳을 지시받거나 하는 등의 일이 실제로 일어날 수도 있다).

어쨌든 컴퓨터가 인간을 교묘하게 속여온 역사는 그다지 짧지 않다. 1950년대에 미국의 인공 지능 연구가 조셉 와이젠바움Joseph Weizenbaum은 오늘날에는 고작 토스트 굽는 기계를 작동하는 정도의 수준일 뿐인 컴퓨터를 이용해서 아주 그럴듯한 정신 치료 프로그램들을 개발했다. 사용자가 자판을 두드려서 자연어로 입력하면 컴퓨터가 자연어인 듯한 말로 프린터를 통해 대답하는 것이었다. 그 프로그램 중에서 가장 뛰어난 게 엘리자Eliza였다. 엘리자는 대체로 사용자가 입력한 내용을 거의 그대로, 순서만 조금 바꾸어서 되뇌었다. 아마도 키워드를 해독한 것 같았다. 어쩌다 '예' 나 '아니오'라는 대답이 나오는데, 그것은 컴퓨터가 매우 깊게 생각을 한 것이라고 해석하였다. 이 프로그램은 단순한 것이었지만, 실제로 널리 사용되었다. 정신과 의사들이 실제 치료에 이 프로그램을 채택했다. 수많은 일반 사용자가 엘리자에 푹 빠졌고, 컴퓨터 전문가들은 이것을 컴퓨터가 '말을 하는' 법을 어떻게 배울 수 있는지 보여주는 사례라고 입을 모았다. 다음은 실제 있었던 '대화'를 인용한 것이다(Joseph Weizenbaum, *Computer Power and Human Reason*, 1979에서 인용).

환자: 인간은 다 똑같아.

엘리자[컴퓨터]: 어떤 면에서?

환자: 노상 사사건건 사람을 성가시게 해.

엘리자: 구체적인 사례를 지적할 수 있어?

환자: 음, 내 남자 친구가 나를 여기로 보냈어.

엘리자: 남자 친구가 당신을 여기로 보냈다고?

환자: 그는 내가 늘 우울하다고 했어.

엘리자: 늘 우울했다니, 안 됐어.

환자: 내가 불행한 건 사실이야.

엘리자: 여기 오면 불행하지 않을 거라고 생각했어?

환자: 난 도움이 필요해. 그건 확실해.

엘리자: 도움을 받는다면 당신한테 무슨 의미가 있지?

환자: 어머니와 잘 지내는 법을 배울 수 있을 거야.

엘리자: 가족 얘기를 좀 더 해줘.

환자: 어머니가 날 돌보셔.

엘리자: 또 누가 당신을 돌보지?

환자: 아버지.

엘리자: 아버지?

환자: 너도 우리 아버지하고 비슷한 데가 있어.

엘리자: 어떻게 비슷하지?

환자: 넌 그리 공격적이지 않지만, 내가 그 사실을 알아주길 바라지 않는 거 같아.

엘리자: 무얼 보고 내가 공격적이지 않다고 생각하지?

환자: 넌 입씨름을 하지 않아.

엘리자: 왜 내가 입씨름을 하지 않는다고 생각하지?

환자: 넌 나를 무서워해.

엘리자: 내가 널 무서워한다고 생각하니까 기분이 좋아?

환자: 우리 아버지는 모든 사람을 다 무서워해.

엘리자: 아버지를 생각하면 떠오르는 게 또 뭐가 있지?

환자: 깡패.

엘리자: 그게 남자 친구가 당신을 여기 보낸 거하고 관계 있어?

이것을 경험한 뒤에 와이젠바움은 컴퓨터가 '꼭 사람처럼' 대답하는 능력을 갖게 해서는 안 되겠다고 결심했다. "아주 간단한 컴퓨터 프로그램을 아주 잠깐만 접하기만 해도 정상적인 사람들마저도 엄청난 사고의 혼란을 일으킬 수 있다는 사실을 나는 미처 깨닫지 못했다"고 그는 토로했다.

와이젠바움이 개발한 프로그램들의 비밀은, 우리가 사실은 상대방이 방금 말한 것을 그대로 되뇌면서도 그 내용이 조금 달라진 것처럼 들리게만 하면 상대방이 우리를 제법 똑똑한 사람으로 보게 된다는 데 있다. 당연히 정신 치료사들은 컴퓨터가 인간과 의미 있는 대화를 할 능력을 갖고 있다는 사실을 논박하겠지만, 그러나 우리가 보기에 이 프로그램은, 가령 시얼의 실험이 고안되기도 전에 이미 그 결과가 확인된 것이나 마찬가지라는 사실을 보여주는 것 같다.

컴퓨터에게도 권리가 있다고 인정하기 위한 기준은 이것과는 다른 어떤 것, 어쩌면 몇몇 동물을 지각을 가진 존재라고 인정할 수 있게 해주는 것과 같은 기준이어야 할 것 같다. 한편, 이 문제의 컴퓨터는 유산을 물려받도록 허용되어야만 할 것 같다.

파라독스한 그림

네덜란드의 화가 에셔M. C. Escher(1898~1972)는 파라독스한 그림
으로 유명한 사람이다. 에셔의 그림에는 고도의 수학적 세련미와
가치가 드러나 있지만, 그의 정신은 너무도 자유롭게 배회하기 때
문에 그 어떤 체계도 따를 수 없었고, 실제로 그는 수학에서 아무런
희망도 가질 수 없었다. 어쨌든, 에셔는 인간의 정신은 유희를 하거
나 농담을 하거나 스스로를 조롱할 때 그 최고의 경지가 발현된다
고 믿었다. 그는 그렇게 할 때 그의 그림들이 어떤 진리의 요소를
가질 수 있으리라고 기대했다. 그의 그림들은 경험적 실재를 많은
점에서 환상적인 것으로 제시하고, 그러나 동시에 우주의 기본 구
조와 질서에 대한 어떤 암시를 하고 있다.

낮이냐 밤이냐?

에셔, 〈낮과 밤〉

● 그리고 새들은 어느 쪽으로 날아가고 있을까?

Discussion

이 그림에서 그는 전도顚倒의 효과를 탐색한다. 서로 맞물린 다이아몬드 꼴들이 점차 검은 새 혹은 흰 새가 되고 있다. 검은 새와 흰 새는 서로가 서로의 거울상mirror image이며, 정반대 방향으로 날아가고 있다.

그림의 양쪽 가장자리로 다가갈수록 새들은 무리로부터 벗어나 아래로 내려가서 풍경의 일부가 된다. 흰 새들은 낮의 일부가 되고, 검은 새들은 밤의 일부가 된다. 동시에, 풍경 속에서 새로운 새들이 나타나기 시작한다. 서로 맞물려서 영원히 지속되는 순환의 두 번째 단계가 시작되는 것이다.

　미립자들을 서로 충돌시켜서 우주의 기원을 탐구하고자 하는 핵 물리학자 프랭크 클로즈Frank Close 교수는 이 그림을 통해 현대 과학의 기본적인 의문 중의 하나를 풀 수 있으리라고 생각한다. 이 그림을 음판陰判으로 복사하면 검은 새는 흰 새가 되고 흰 새는 검은 새가 되는, 원래 그림의 거울상을 보게 된다는 사실을 지적한다. 실제로, 음판을 거울에 비춰보면 다시 원래 그림을 보게 된다. 그리고 흰 기러기를 물질matter, 검은 기러기를 반물질反物質이라고 생각하고, 그림을 복사하는 데 걸린 시간을 우주 역사의 최초의 무한대분의 1초라고 생각하면, 그 사이에 기러기들이 조금 변이하면서 반물질보다는 물질을 조금 더 많이 남겨진 일이 일어난 것처럼 보인다. 그리고 그 물질이 바로 우주다. 에셔의 그림은 대칭symmetry을 묘사하는데, 원자 물리학자들은 우주를 이해하기 위한 열쇠가 바로 대칭이라고 생각하며, 인도와 중국과 그리스의 고대 철학자들도 그와 같은 생각을 했다.

폭포는 아래로 떨어지고 있는가?

에셔, 〈폭포〉

⬤ 폭포가 떨어지지 않는다면, 그 이유는 무엇인가?

유감스럽게도, 그렇지 않다. 〈폭포〉에서 에셔는 세 개의 '있을 수 없는 삼각형'을 서로 연결시켜서 관찰자의 눈에는 물이 끊임없이 흐르고 있는 것처럼 보이는 착각을 일으키게 한다. 이 그림에서는 있을 수 없는 삼각형의 내각이 90도라는 게 바로 함정이다. 에셔는 원근법을 이용하여 정상적인 세계에서는 불가능한 것을 가능한 것처럼 '보이게' 만든다. 〈폭포〉는 또 파라독스의 한 특징을 보여준다. 그 단편들을 자세히 뜯어보면 전혀 문제될 게 없는 파라독스가 있다. 이 그림에서 에셔가 보여주는 것처럼, 우리는 오직 어떤 파라독스를 그 전체적으로 볼 때만 그 안에서 어떤 오류를 발견할 수 있다.

건축가의 비밀

에셔, 〈전망대〉

❂ (건물 아래 앉아 있는) 젊은 건축가는 도대체 무엇을 어떻게 했기에 이처럼

거짓말 같은 건물을 지을 수 있었을까?

이것도 에셔의 그림이다. 사다리가 아래층에는 실내에, 위층에는 실외에 걸쳐 있으며, 기둥들도 전혀 정상이 아니며……. 에셔는 원래 건축가 되려고 했으나 시험에 낙방했다. 만약 자격 시험에 합격했더라면, 그는 (아마) 이처럼 재미있는 작품을 만들지 못했으리라.

세 마리 토끼의 환영幻影

◉ 토끼의 귀가 두 개라면, 그리고 토끼가 세 마리가 있다면 세 마리의 귀를 합치면 몇 개가 될까?

Di૬cussion

세 마리 토끼 그림은 눈이 마음속에서 어떤 영상을 그려내는지를 다시 설명해준다. 여기서 영상image은 전혀 문제가 될 게 없지만, '논리적으로' 무언가 잘못되었다는 것을 우리는 알게 된다.

Problem 38과 59는 '지각적 상투화perceptual stereotyping'라는 것의 측면들을 설명한다. 그것은 우리의 마음이 불완전한 자료들을 한데 합쳐서 어떤 결론에 도달하는 과정이다. 이 과정은 우리 마음의 본질적인 측면이지만, 그러나 전혀 신빙성이 없다. 그리고 어떤 상투화가 이루어지고 나면 거기에 들어맞지 않는 증거는 버려진다. 이와 비슷한 게 다른 감각에서도 일어난다. 예를 들어, 음파는 속귀의 연골을 진동시킬 때까지는 단지 잡음일 뿐이다. 그리고 정보를, '소리'에서 어떤 '신호'를 추려내는 정신적 과정이 시작된다. 때때로 보청기가 그리 도움이 되지 않는 이유가 바로 이것이다.

지각적 상투화는 단지 시각적 함정에 그치는 게 아니라, 더 넓은 의미를 함축하고 있다. 물에 뜬 어떤 물체를 통나무라고 생각하면 그게 우리를 살피고 있음을 알아차리지 못할 것이고, 커다란 입을 쩍 벌려서 우리의 다리를 물 때에는 몹시 놀라고 기분 나쁠 것이다. 반면에 창의성과 독창성은 바로 그러한 비논리적 사고에 의존한다.

아무도 제대로 따져 보지 않은
12가지 전통적인 철학 문제

아무도 제대로 따져보지 않은 12가지 전통적인 철학 문제 중에서, **Problem 60**과 **61**은 일상적인 의미에서는 존재하지 않는 사물들의 '속성property'에 관한 여러 문제를 제기한다(이것들은 또 여러 문학 양식의 관심의 대상이 될 수도 있다). 실제로는 존재하지 않는 사물도 그 어떤 특징을 가질 수 있는가?(슈가 캔디 랜드의 울타리에서는 '진짜' 설탕이 자라는가?) 예를 들어, 일각수unicorn는 뿔이 하나라고 말하는 것은 실은, 만약 일각수라는 동물이 존재한다면 그 동물은 뿔을 하나만 갖고 있을 것이라고 말하는 것이라고 주장한 사람들이 있었다. 프랑스의 (현) 국왕이 존재한다면 그는 대머리일 거라고······.

Problem 60　일각수의 뿔

🔊 일각수의 뿔은 한 개인가 두 개인가?

Discussion

19세기의 심리학자 알렉시스 폰 메이농Alexis von Meinong(1853~ 1920)은 이 세상의 사물들을 두 가지 유형으로 나누었다. 사과나 그 자신처럼 이제까지 존재했거나 현재 존재하고 있는 것, 그리고 일각수나 프랑스의 현 국왕, 혹은 슈가 캔디 랜드처럼 존재하지 않는 것이 그것이다.(미래에 존재하게 될 사물들에 관한 문제는 유보한다. Problem 53참조) 그리고 그는 더 나아가, 가령 빨간색과 초록색 사이의 관계와 같은, 여러 가지 관계의 유형을 구별했다. 빨간색과 초록색의 관계는 '실재하는' 것이지만, 그러나 '존재하지는' 않는다. 숫자도 실재하는 것이지만 존재하지는 않는다. 또 '사실성'의 문제가 있다. 어떤 사람이 어떤 게 사실이라고 말할 때마다, 우리는 그의 진술이 '진리'라고 말할 수 있다. 일각수의 뿔은 하나라고 판단하기 전에 우리는 어떤 유형의 진리를 다루고 있는지를 먼저 판단해야 한다.

이런 식으로 얘기하면, 당연히 토론은 그리 멀리 나아가질 못한다. 그러나 철학자들이 왜곡하기에 딱 알맞은 새로운 용어들이 생겨났다. 메이농 자신도 진리truth라는 건 순전히 인간이 만든 것이지만, 사실fact은 영원한 것이라고 마지막으로 덧붙임으로써 어느 정도 왜곡했다.

Problem 61　프랑스 국왕의 머리

◎ 프랑스 국왕은 대머리인가?('문제는 현재 프랑스의 국왕은 없다는 사실')

Discussion

(폰 메이농뿐만 아니라, 에드문트 후설Edmund G. Husserl[1859~1938] 같은) 철학자들에게는, 프랑스의 국왕은 '존재의 영역' 밖에 있고, 따라서 정상적인 규칙들이 그에게는 적용되지 않는다. 특히 그는 대머리일 수도 있고 대머리가 아닐 수도 있다──동시에, 두 가지 모두일 수 있다! 버트란드 러셀은 이 문제를 보고 질겁해서, 존재하지 않는 국왕이나 일각수 같은 것들을 논리적으로 다루기 위한 체계를 설정하려 했다. 그리하여 그는 '서술 이론theory of descriptions'이라는 걸 내놓았는데, 이것과 같은 문장에서 '나타나 있는' 것들은 전혀 일상적인 종류의 사물이 아니라는 것이었다. 그것은 예를 들어, '루이 14세'나 '하마' 같은 문법적인 '주어'가 아니라 단지 논리적인 관계에 관한 하나의 주장일 뿐이라는 것이었다. 그의 취지는 대략 다음과 같다.

> 프랑스의 국왕이 있다면 그는 대머리다.
> 프랑스 국왕은 있다.
> ─────────────────
> 그러므로 프랑스의 국왕은 대머리다.

러셀은 모든 걸 '술어적으로' 서술하길 좋아하는데. 이것을 다음과 같이 다르게 표현한다.

적어도 한 사람은 프랑스의 국왕이다
프랑스의 국왕인 사람은 기껏 하나뿐이다.
프랑스의 국왕인 사람은 대머리이고, 혹은
프랑스의 국왕이지만 대머리가 아닌 사람은 아무도 없다!

이것은 "현재 프랑스를 지배하는 사람은 딱 한 사람이고, 그리고 현재 프랑스를 지배하고 있지만 대머리가 아닌 사람은 없다"는 식으로도 서술할 수 있으며, 이런 식으로 한없이 말을 지어낼 수 있다. 그러나 그 어느것이나 제자리에서 한 걸음도 벗어나지 못한 결과인 게 거의 분명하기 때문에, 우리는 포기하고 만다. 러셀 자신도 오래 고심하다가 그만 포기하지 않을 수 없었다.

눈의 색깔

◉ 눈은 흰색인가?

Discussion

  그렇지 않다. 이뉴이트족 사람들은 당연히 그렇지 않다고 말할
것이다. 이것은 철학자들에게 물을 것은 못된다. 그러나 특별히 강
력하게 반대 입장을 취한 철학자가 있었다. 토마스 레이드Thomas
Reid(1710~90)가 바로 그 사람이다. 그는 눈이 실제로 희다고 주장
하고, '희다'고 보는 감각 작용은 하나의 정신적 과정으로서 직접
경험되는 것이며, 단지 우리와 실재 사이의 정신적 매개자인데 그
치는 게 아니라 외부 사물에 반응하는 하나의 행위라고 말한다.

  이와 같은 문제들은 '진리'와 폭넓게 관련되어 있다. 가령 '까마
귀', '전함', '들판의 소' 같은 문제들이 다 그러하다. 형식상으로
는 전통적인 철학 문제이지만, 그러나 이 문제들은 핵심을 밝게 비
춰보는 데에는 실제로 아무 도움이 되지 않는다. 그러나 이왕 말이
나온 김에, 우리는 여기서 가장 극단적인 논리 철학자들이 비엔나
에서 논리실증주의라는 철학 운동을 결성하던 무렵에 벌어진 토론
에서 유익한 공헌을 했던 칼 포퍼Karl Popper의 말을 기억해보도록
하자. 그는 우리가 어떤 것이 사실은 그러하지 않다는 것을 증명할
수 없다고 생각한다면, 사실이 그러하다고 말해봤자 아무런 의미
도 없게 된다고 주장했다.

  칼 포퍼는 『역사주의의 빈곤』에서 (사물을 '명석하고clara 판명하게

distincta 보기 위해서는') 이론만으로도 충분히 만족할 수 있다고 생각했던 데카르트에게 이의를 제기했다.

시험은 가짜 이론을 걸러내기 위한 시도라고 볼 수 있다. 시험에서 가짜로 판명될 경우에는 그것을 거부하기 위해 어떤 이론의 약점을 찾아내는 것이다. 이 견해는 때로 파라독스한 것이라고 여겨졌다. 우리의 목표는 이론을 세우는 것일 뿐, 가짜 이론을 제거하는 게 아니라고들 말한다. 그러나 이론을 세우는 게 목표라는 바로 그 사실 때문에라도 우리는 최대한 엄정하게 이론을 시험해야 한다. 다시 말해서, 우리는 이론의 결점을 찾아내려고 노력해야 한다. 최선의 노력을 다하고서도 가짜라고 판명할 수 없을 때에만 진짜 이론으로 인정할 수 있다. 논박할 근거를 찾으려고 최선의 노력을 기울이지 않았기 때문에 찾을 수 없었다면 그 이론은 아무 의미도 없는 게 된다. 우리가 무비판적일 때에는 늘 원하는 것만 찾게 된다. 우리는 인정할 근거만 찾으려 하게 되고, 반드시 찾게 된다. 그리고 우리의 귀여운 이론을 위해 매우 위험스러운 요소들을 애써 외면하게 된다.(*Poverty of Historicism*, 1957, pp. 133-34)

이와 같은 '억지스러운 이론화'의 한 사례로, 이른바 '온실 효과'를 둘러싸고 현재 벌어지고 있는 논쟁을 들 수 있다. 과학자들은 거의 매주 지구가 급속히 온난화되어가고 있다는 사실을 명백하게 밝히는 듯한 증거를 내놓는다. 어느 지역에서 이상 기온이 지속되고, 어느 지역에서는 빙산이 녹고 있고, 심지어는 만년설의 두께가 얇아지고 있다는 등을 지적할 뿐, 어떤 지역에서의 이례적인 저온 현상이라든가 얼음의 상태가 거의 변동이 없다는 극지 탐사, 보고서 등, 그들의 이론을 반박하는 자료들은 그저 무시해버린다. 그러나 조심할지어다! 철학자들은 그처럼 매우 정치적인 '과학적' 현안을 놓고 말할 때에는 자신의 영광스러운 권위마저도 내팽개칠 위험을 무릅쓰기 때문이다.

〈그림 2〉 지구의 기온 변동

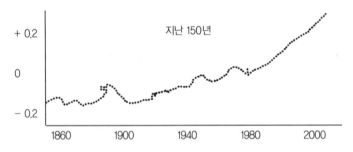

여기서는 놀랄 만큼 기온이 상승하고 있다는 사실이 확인된다…….

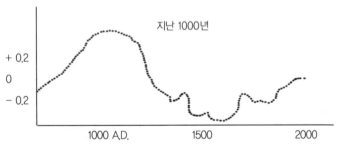

그러나 과연 그럴까 …….

Problem 63   결혼하지 않은 홀아비들

◉ 모든 홀아비는 (진짜) 결혼하지 않은 사람들인가?

Discussion

믿지 말 것!

웨이블리의 저자

웨이블리의 저자는 누구였을까?

Discussion

에…… 두 차례의 세계대전 사이에 옥스포드 대학과 캠브리지 대학에서 출간한 철학 서적들을 뒤져보면 틀림없이 알 수 있을 것이다.

Problem 65   화성의 물

*)) 화성에 수소 분자 3개와 산소 분자 2개로 이루어진, 보기에도 물 같고 맛도
물 같고, 모든 면에서 물과 전혀 다르지 않은 물질이 있다면 그 물질은 물일까?

Discussion

글쎄요……

(이 문제는 우주 항공사들한테나 맡기기로 해요…….)

밀레니엄 문제

🌀 서기 2000년까지는 초록색이었고 그 뒤부터는 영원히 하늘색인 글루블린이라고 불리는 색깔이 있다고 한다면 그 색깔의 정체는 무엇이며, 컴퓨터 스크린에서는 무슨 일이 일어날까?

Discussion

　아마도 이 문제에는 어떤 혼란이 있는 거 같다. 지금까지는 초록색이었던 게 이제부터는 하늘색이 되는 게 적절하게 묘사될 수 있는가 하는 문제는 수많은 철학자를 당혹케 해왔다. 19세기의 철학자 데이비드 흄은 우리가 초록색이라고 보는 게 내일은 다른 색이 되지 않고 여전히 초록색일 이유가 무엇인지를 궁금해 했다. 그는 우리가 사용하는 논거대로라면 미래는 과거를 닮은 게 될 것이라고 지적했다.

Problem 67 초록과 빨강

🌑 점퍼는 빨간색이면서도 동시에 초록색일 수 있는가, 그리고 우리는 p와 'p가 아닌 것'을 동시에 믿을 수 있는가? 'p와 p가 아닌 것'을 모든 사람이 믿을 수 있는가? 그리고……

Discussion

이 문제는 별 것도 아니면서 많은 철학자를 곤란하게 만들어왔던, 저 골치 아픈 '전면적인 초록/빨강' 딜레마의 한 변형이다. 점퍼에 관해서 말하자면, 나는 전체가 빨강이면서 동시에 초록색인 점퍼를 진짜로 '갖고 있다.' 그것은 줄무늬 점퍼였다. 또 다른, 훨씬 더 강력한 사례들도 있다! 수학자들은 두 개의 서로 모순된 사례들이 바로 이렇게 된다고 말한다. 그들은 음수와 음수를 곱하면 양수가 된다고 믿는다. 실제로, 그들은 이것이 정의상으로도 진리라고까지 생각한다. 그리고 동시에, 그들은 음수도 제곱근을 가질 수 있다고 보는데, 이것은 어떤 음수의 제곱값이 여전히 음수라는 뜻이다. -1의 제곱근은 (마이너스 1이 아니라) 상상의 숫자 'i'로 정의된다. 그리고 그들은 이 상상의 숫자들을 전혀 상상이 아닌 상황에서 무수히 사용한다. 20세기 초에 비트겐슈타인은 이 당혹스러운 문제에 주목하고서, 그로서는 이례적으로 이게 이치에 맞다고 판단했다. 피타고라스와 고대 그리스인은 일찍이 2라는 숫자의 제곱근에 대해서 말을 하는 것조차를 이단이라고 생각했다. 이 문제를 거론하는 사람들을 물에 내던져졌다.(문제는 2라는 숫자는 제곱근을 갖고 있지 않다는 것이다. 물론 '무리수'의 제곱근은 있다!) 상상의 숫자에 대한 그들이 생각은 실제로는 전혀 생각할 필요도 없는 것이다.

Problem 68   무어의 문제

◎ 쾌락은 좋은 것인가, 그렇지 않은가?
(칸트 연구자들을 위한 보너스)

Discussion

조지 에드워드 무어George Edward Moore(1873~1958)는 26세에 아마 세계에서 가장 팔리지 않는 잡지 『정신Mind』을 편집했던 것으로 유명한 캠브리지 대학 철학 교수였다. 그의 '자연주의적 오류naturalistic fallacy'에 따르면, "쾌락은 좋은 것이다"라는 문장에서의 '이다is'는 진짜 '이다'가 아니라는 것이다. 그는 예를 들어, "눈은 흰색이다"에서의 '이다'가 진짜 '이다'라고 했다. 무어는 '이다'는 '자연적' 속성을 묘사하는 데에만 쓰여야 한다고 말했다.

그런데 흥미롭게도 그로부터 몇 년 뒤에 무어는, 그가 도대체 무슨 뜻으로 '좋다'는 것은 자연적 속성이 아니라고 말했는지에 대해서 그 어떤 반박의 여지가 없는 해명을 한 적이 없었다는 사실을 인정했다는 것이다.

Problem 69   칸트의 문제

⬤ 분석적인, 후천적인 명제들이 있을 수 있는가? 혹은 종합적인, 선험적인 명제
들은?

또, 칸트

◉ 도덕에 관한 모든 주장은 종합적인가? 혹은 분석적인가? 혹은 선험적인가?
혹은 후천적인가? 혹은 양자 모두인가? 혹은 어느 쪽도 아닌가? 혹은……

Discussion

엄격한 쾨니히스베르크 대학의 논리학 및 형이상학 교수 임마누엘 칸트Immanuel Kant(1724~1804)가 철학에 기여한 공헌은 새로운 용어를 단 하나만이 아니라, 4개나 만든 것이다(하나만도 여느 교수들로서는 여간한 공로가 아닐 터인데도). 그 새로운 용어들이란 '분석적인analytic'과 그 반대 의미인 '종합적인synthetic', 그리고 '선험적으로a priori'와 '후천적으로a posteriori'이다. 이 네 용어의 의미는 지극히 모호하다.

이 용어들은 명제proposition를 세우는 데 사용한다. 명제란 논리학자들이 참이라고 생각할 수도 있고 거짓이라고 생각할 수도 있는 특별한 종류의 문장이다. 가령, "모든 사과는 빨갛다"라는 문장은 명제가 될 수 있지만, "안녕하세요, 여러분!"이라는 문장은 절대 명제가 될 수 없다. 'analytic'은 라틴어에서 유래한 것으로서, '따로 떼어놓다' 혹은 '갈가리 찢어놓다'라는 뜻이다. 분석적인 명제는 정의상으로는 참이지만 '새로운 정보를 전혀 갖지 않은' 문장이다. '따로 떼어놓으면' 그 문장은 틀림없이 참인 것으로 보일 수 있다. 예를 들어, "사과는 사과다"라는 문장이 그렇다. 철학자들은 이와 같은 부류의 진술을 매우 높게 평가한다.[*]

"선험적인 것은 우리가 현실 세계를 관찰하기 '이전에prior' 알 수 있는 것이고, 후천적인 것은 현실 세계를 관찰한 '뒤에post' 야 알 수 있는 것이다. 이 용어들을 붙여서 쓰면, 또 다른 모호성이 생긴다. '종합적인 선험' 혹은 '종합적인 후천'이 특히 그러하다. '분석적인 선험'의 진술은 반드시 참일 수밖에 없는데, 그것은 동어반복 덕택이다. 그 진술의 진실성은 추론만으로도 간단히 밝혀진다. '분석적인 후천'의 진리는 존재하지 않을 수도 있다. 그러나 만약 그런 게 존재한다면 아마도 어떤 새로운 논리적 진실이 발견될 것이다.

반면에 ('모아놓다'라는 뜻의 라틴어에서 유래한) 종합적인 진술은 동어반복이 아니고, 새로운 정보를 갖고 있다. 칸트는 수학의 모든 분야와 '원인과 결과'라는 개념은 종합적 선험으로서 과학에서 매우 중요한 것이라고 선언했는데, 그 근거는 우리가 무엇인가를 경험할 수 있는 능력은 '인과성casuality'에 의존하기 때문이라는 것이었다.

종합적인 후천적 진술은 가장 저급한 것으로서, 이것은 과학자들이 실험을 통해서 얻을 수 있는 정보와 마찬가지로 경험적으로 진실이다. 철학자들은 이와 같은 것을 몹시 못마땅하게 여긴다.

그렇다면 이 문제들은 다 무엇인가? 이 문제들은 하나 같이 아무 의미도 없는 것이며, 무슨 댓가를 약속받지 않고서는 아무도 이런 질문을 하지 않을 것이다.

* 관심있는 독자는 John Langshaw Austin, "A there a priori concepts," in Proceedings of the Aristotelian Society, 1939에 흥미를 느끼리라.

Problem 71   테이블

🎵 방안을 둘러보아라. 구석에 테이블이 보인다고 치자. 그리고 질문을 해보자.
'테이블이 거기에 있는가'?
(그게 너무 싱겁다고 생각되면, '바깥으로 나가서' 다시 질문해보자. 그 테이블은
거기에 있는가?)

Discussion

  철학자들은 이 문제를 싫어한다. 그들은 테이블의 존재에 대해
서 늘 의문을 제기한다. 버트란드 러셀은 『철학의 문제』에서 "우리
가 익히 알고 있는 이 테이블"은 사실은 "놀라운 가능성이 가득한
문제일 뿐"이라고 경고한다. 예를 들어, 버클리George Berkerley 주교
는 테이블을 신의 마음속에 있는 어떤 이념idea이라고 말하고, 한
편 라이프니츠는 영혼의 식민지라고 생각한다. 과학자들조차도 우
리가 테이블을 쳐다볼 때 우리 눈에 보이는 것은 그 물체의 환상일
뿐이며, 확실한 실체인 것처럼 보이는 그 물체는 실은 이상한 힘에
의해서 무수히 많은 미세한 원자가 한데 뭉친 것이라고 말한다. 그
뿐이 아니다. 과학자들은 원자 그 자체가 전자와 같은 아원자 미립
자로 가득한, 그 대부분이 텅 빈 공간이라고 말한다. 그렇다면 그
미립자들을 구성하고 있는 것은 또 무엇인가? 물리학자들은 무슨
대단한 비밀이나 얘기하는 것처럼 귓속말로 이렇게 말할 것이다.
"이 미립자들은 실제로는 존재하지 않는다. 그것들은 단지 끊임없
이 나타났다가 사라질 뿐이다! 그 중에는 무엇을 할 것인지를 스스

로 결정하지 않고, 무엇인가가 자기를 지켜보고 있지나 않은지를 살피며 때를 기다리는 것들도 더러 있다!"

미립자는 에너지로 이루어져 있고, 질량(혹은 중량)을 갖고 있다. 질량과 에너지는 서로 연관될 수 있다. 극소량의 질량도 방대한 에너지를 생성할 수 있다.(E=mc²) 빠르게 이동한 무거운 물체가 멈추기 위해서는 막대한 양의 에너지가 필요하다. 거의 같은 얘기이지만, 장구를 갖추면 그건 또한 많은 양의 일을 할 수도 있다. 정상적인 방법으로 우리는 어떤 물체의 질량을 측정할 수 있고, 그 속도나 가속도를 계산할 수 있으며, 그 추진력을 추정할 수 있다.

그러나 미립자는 단지 일정한 운동량만 가지거나(즉, 질량이 속도를 결정하고, 막연하게 말하면 크기가 빠르기를 결정한다.) 공간 속에서 위치를 가질 뿐이다. 어느 하나를 보다 더 엄밀하게 측정하면 다른 하나는 조금 덜 확실한 게 된다. 어느 하나를 절대적으로 엄밀하게 측정하면 다른 하나는 완전히 불확실한 게 된다! 이게 바로 하이젠베르크의 불확정성의 원리Uncertainty Principle라고 알려진 것이다. 불확정성의 원리가 없다면, 특별히 똑똑한 사람은 전체 우주의 운명을 이론적으로 예측할 수 있을 것이다(컴퓨터를 이용하거나, 나뭇잎 같은 것을 이용하여……). 이 원리에 따르면, 모든 게 정형을 갖지 않은, 무한한 가능성일 뿐이다. 이 이론은 우리가 단 하나의 미립자의 위치와 운동량조차도 엄밀하게 알 수 없다고 말한다. 위치나 운동량 중에서 어느 하나(다시 말해서, 그 크기 혹은 질량에 의해서 결정되는 빠르기 혹은 속도)를 알 수는 있지만, 두 가지를 다 알 수는 없다. 적어도 그 둘을 동시에 알 수는 없다.

아인슈타인은 사물이, 아원자 세계에서라고 하더라도 불확정하다고 보는 것을 싫어했다. 그래서 그는 안에 시계를 집어넣은 작은 상자를 가지고서 하는 가상 실험을 제시했다. 상자 속의 한 미립자가 시계를 작동시키면 정확히 어떤 시간에 (상자 안에서) 미립자가 어디에 있는지를 알 수 있고 또 그 운동량을 추정할 수도 있다는 게 그의 착상이었다. 그러나 그의 착상에는 이론적으로 무리인 결함이 있다. 미립자가 상자 안으로 들어가거나 나올 때, 상자가 조금이라도 움직이게 된다고 하는 게 그것이다. 그리 많이 움직이지는 않겠지만, 문제의 그 미립자가 정확히 '어디에' 있는지를 단정하지 못하도록 만들기에는 충분할 만큼 움직인다. 따라서 미립자의 위치는 여전히 불확실하다.

그렇다면 문제의 이 테이블에는 도대체 무엇이 남아 있는가? 단지 견고한 물체로서의 외관, 모양과 색과 구조 등이 있는 겉모습만이 남을 뿐이다(거기에 부딪혀보면 확실히 알 수 있을 터이고).

이 모든 건 완벽하게 진실이다. 우리는 이것에 관한 물리학자들의 말을 받아들인다. 그러나 진짜 환상의 테이블과 상상 속의 환상의 테이블 사이에는 차이가 있다.

('자연 철학의 기본 문제', 특히 Problem 92와 93 토론 참조)

몇 가지 난처한 의학 문제

세 태아의 문제

마우브 부인은 지독한 독감에 걸린다. 의사가 그녀에게 독감 때문에 뱃속의 아기가 장님으로 태어날 거라고 충고한다. 태아는 지금 3개월째이므로 마음만 먹으면 중절할 수도 있다. 하지만 그녀는 아기를 낳기로 결심한다.

한편 브라운 부인도 똑같이 지독한 독감에 걸려서, 의사로부터 당분간은 임신을 피하는 게 좋겠다는 충고를 듣는다. 앞으로 6개월 이내에 임신을 하면 그 아기는 장님으로 태어날 거라고 의사는 경고한다. 브라운 부인은 임신을 계획적으로 하는 게 현명한 처사인 줄 알면서도 그렇게 하지 않기로 작정한다.

블랙 신부는 그 지역 일대에서 도덕 군자로 통하는 사람이다. 그는 두 부인의 얘기를 듣고, 그들이 옳은 결정을 내렸다고 말한다. 그러나 과연 그가 옳을까?

블루 부인은 자기도 똑같은 처지가 되었다는 걸 알았을 때 블랙 신부의 말을 곰곰이 생각해본다. 그녀도 임신 중에 지독한 독감에 걸려서 마우브 부인과 똑같은 딜레마에 빠졌는데, 다만 그녀의 경우에는 뱃속의 아기를 보호할 수 있는 간단하고도 매우 효과적인 생약 처방이 있었다. 그러나 형편이 여간 어렵지 않은 그녀는 값이 너무 비싸다고 생각하고서 그 약을 쓰지 않는다.

그런데 뜻밖에도 블랙 신부는 그녀가 뱃속의 아기에게 못할 짓을 한 거라고 나무란다. 그는 "아기를 장애자로 태어나게 해서는 결코 안 된다"고 근엄하게 말한다. 블루 부인은 화가 나서 자기는 아기를 위해 하느님에게 기도도 하지 않을 것이라고 말한다.

🎵 누가 옳을까? 블랙 신부는 왜 말을 바꾸었을까?

수많은 철학 문제가 완전히 추상적인 것으로 보일 수 있고, 자칭 지식인들의 한가한 유희의 한 방편에 지나지 않는 것도 같지만, 원래 철학자들이란 보통 사람들이 실생활에서 관심을 갖는 현안들을 개념에 의해서 사유하는 능력을 갖고 있다. 에피쿠로스Epicurus(기원전 341~270)가 말한 것처럼, "인간의 고통에 대한 치유책을 제시하지 못하는" 철학자의 말은 "공허하고 무의미하다." 현대 철학은 이 전통으로부터 아득히 멀어져서, 이제는 어떤 의미를 가진 것처럼 보이는 도덕적 논의를 지칭하는 전혀 새로운 명칭— '응용 철학' —을 갖기에 이르렀다.

응용 철학이 논의의 대상으로 삼는 수많은 문제 중에서, 인간의 삶의 시초와 종말을 둘러싼 논의가 가장 까다롭고 가장 격렬한 논란을 불러일으키고 있다. 심지어 철학자들을 고용해서 의사들에게 윤리학 강의를 하는 병원까지 있다.

의학에 관한 이 광범위한 시나리오는 두 가지 서로 다른 문제를 제기한다. 아기들도 어떤 의미에서는 '교환할 수 있는' 물건이고, 그리하여 마음에 들지 않는 태아나 신생아를 양심의 가책도 없이 다른 아기와 맞바꾸어도 좋은가? 혹은 부모는 자식에게 지고 있는 의무를 다하기 위해 아기의 안녕을 극대화해주어야만 하는가?

블랙 신부는 아마도 모든 (인간의) 생명을 성스러운 거라고 생각하는 것 같고, 어떤 이유에서건 피임하는 것을 반대하는 입장인 것 같다. 마우브 부인은 장애아로 태어날 것으로 우려되는 뱃속의 아기를 지켜주는 쪽을 선택한다. 이것은 원하는 경우에는 태아를 더 나은 태아와 교환할 수도 있는 일개 사물 이상의 것으로 존중하는 태도다. 브라운 부인은 그녀의 아기를 불필요한 위험에 처하게 하는 선택을 한 것 같고, 블랙 신부는 낙태에 대한 브라운 부인의 결정만 인정하는 것 같다. 블루 부인이 그녀의 아기를 위해서 "하나님에게 기도하지 않겠다"고 말한 데 대한 신부의 반응이 그것을 증명하는 것 같다. 이제 문제는 어떤 '잠재적인 인간'의 탄생을 예방할 것인가 하는 게 아니라, 단지 그 아기의 삶을 건강한 상태로 시작하게 해줄 것인가 아닌가 하는 것이다. 블루 부인이 가령 병원 윤리 위원회에서 자신의 입장을 변호할 수 있는 최선의 기회는 종교적인 이유를 내세워서 자신은 그 처방을 원하지 않는다고 말하는 게 될 터이다. 그러면 그녀의 결정은 모든 개인은 어떤 치료법을 받아들일 것인지 아닌지를 자신이 선택해야 한다고 하는 원칙에 의해 지지받을 수 있을 것이다.

고도 문명 시대의 수많은 부모가, 예를 들어 기형아로 태어날지도 모르는 태아를 중절할 것인지를 결정해야 할 처지에 놓여 있다. 영국에서의 조사 결과에 의하면, 그와 같은 결정의 20%가 완전히 잘못된 것이었음이 밝혀졌다. 그게 문제가 되는가? 병원 철학자들이라고 해서 반드시 모든 해답을 갖고 있는 건 아닐 터이다.

Problem 73   의사들에게 납치당하다!

토니 체스넛은 길을 걸어가다가 과속으로 달리는 차에 치어 몸이 날아가 길가에 떨어져 의식을 잃는다.

정신을 차렸을 때 그녀는 병원에 누워 있고, 몸에 온갖 의료 장비가 연결되어 있는 걸 알아챈다. 의사들은 그녀에게 적어도 6주동안은 입원해 있어야 한다고 말한다.

토니는 처음에는 목숨을 구해준 행운에 감사하고 자기를 돌봐준의사들에게도 감사한다. 그러나 며칠 지나서 피멍이 지워지고 상처도 아물자 그녀는 자기가 이제는 다 나았다는 걸 알게 된다. 그런데 몸에 의료 장비들을 주렁주렁 달고 있어야 할 이유가 무엇이냐고 그녀는 화를 내며 묻는다. 그녀는 장비를 떼어버리려고 몸부림을 치기 시작한다.

의사들이 급히 달려와서 제지한다. 그들은 단호하게 말한다. "미스 체스넛, 이 장비들은 꼭 필요합니다. 아시는지 모르겠지만, 우리는 지금 당신의 신장을 이용하여 옆 병상의 환자를 돕고 있어요. 당신이 병원에 실려오기 직전에 그분의 신장이 마비되었거든요."

토니는 대경실색한다. "그러니까, 내 신장을 다른 사람의 생명을 연장하는 데 사용하고 있다는 말이에요?" 의사들이 침울한 표정으로 고개를 끄덕인다. "나한테 허락도 안 받고요?"

의사들은 그 환자에게 당장 조치를 취해야 할 상황이었지만 그녀가 아직 의식을 차리지 못하고 있었기 때문에 허락을 받을 수가 없었노라고 설명한다. 그들은 그 조치가 그녀에게 다소 불편을 주겠지만, 그러나 그렇게 하는 게 모두를 위해서 가치 있는 일이라고 판단했다는 것이었다.

그러나 토니는 납득하지 않았다 "말도 안 돼요! 내 몸을 원래대로 되돌려주세요."

의사들이 서로 쳐다본다. 그리고 한 의사가 나서서 설명한다. "미스 체스넛, 당신의 심정은 이해할만합니다만, 당신이 지금 돕고 있는 사람이 누구인지를 알면 틀림없이 생각이 달라질 겁니다." 그리고 의사는 그 환자가 유명한 생명 공학자로서, 그가 새로 개발한 품종의 쌀이 수백만 명의 인류에게 희망을 주고 있다고 설명한다.

그래도 토니의 생각은 달라지지 않는다. 그녀는 말한다. "난 고지방 음식은 먹지 않아요." 또 다른 의사가 나서서 그 과학자에겐 토니의 도움에만 매달릴 수밖에 없는 애인과 세 명의 어린 자식이 있다고 설명한다. 토니는 전혀 동요하지 않는다. "그건 나하곤 전혀 상관없는 일이에요. 내 몸은 내 것일 뿐이에요. 어서 이걸 떼어주세요!"

◎ 그 환자가 죽는다 하더라도 토니는 의료 장비를 몸에서 떼어내야 하는가?

의사들에게 납치당하다! 에피소드 2

이때 수간호사가 끼어든다. "미스 체스닛, 당신의 태도는 참으로 옳지 못해요. 당신이 우리한테 항의하는 그 조치는 실은 그 어떤 '기본권'도 침해하지 않은 것이에요. 당신은 특히 여자이기 때문에 누구보다도 더 그 점을 이해해야 해요!"

"그게 무슨 뜻이죠?" 토니가 어리둥절해져서 되묻는다. 간호사가 설명한다. "예를 들어, 당신이 예정보다 너무 늦게 출산할 아기를 임신하고 있는 임산부라고 생각해보세요. 그렇다면 태아를 보호하기 위해 그 정도의 불편은 흔쾌히 감수했을 거예요."

"그야 당연하죠." 토니의 마음이 조금 누그러진다.

간호사가 의사들을 돌아보고 말한다. "미스 체스닛은 지금 머리에 충격을 받은 상태이기 때문에 이런 일을 스스로 판단할 능력이 없겠죠?"

의사들이 세차게 고개를 끄덕인다. 한 의사가, 자기가 미리 토니의 가족과 협의를 했었다는 사실을 그제야 얘기하자, 해결 방법이 나온다. "미스 체스닛이 의식을 잃고 있던 동안에 제가 가족과 얘기를 했는데, 본인도 틀림없이 찬성할 거라고 했어요. 지금도 미스 체스닛의 정신이 '정상'이라면 이러지 않을 겁니다. 진정제를 쓰는 게 해결책이라고 생각해요."

토니가 비명을 지르고 몸부림을 치지만 의사들이 얼른 그녀에게 마취 주사를 놓고, 그리고 5주일 반 동안 그녀는 의식을 차리지 못한다.

이윽고 깨어난 그녀는 그동안 있었던 일을 듣고, 이제는 집으로 돌아가도 된다는 말을 듣는다. 그녀는 지난 일을 기억하면서 그렇게 화를 내었던 것을 창피스럽게 생각하고, 의사들과 간호사들에게 고맙다고 말한다. 그녀는 또 그 생명 공학자에게 꽃다발을 선사하기까지 한다.

))) 의사들의 행동은 과연 옳은가?

Di⟨cussion

이건 여성은 임신을 끝까지 지켜야 할 의무가 있다고 주장하는 반낙태론자들의 쟁점을 강조하기 위해 '여성의 선택권' 주창자들이 내놓은 주장에 대한 유비analogy다. 그들의 요지는 다른 인간의 생명을 위해 여성이 9개월 동안 신체의 자유를 포기하도록 강요하는 건 그 인간이 그 여성의 뱃속의 아기가 아니라, 이 문제의 경우처럼 옆 병상의 환자일 경우에는 당연히 용납할 수 없다는 것이다.

이건 그 자체로서 매우 흥미로운 철학 문제이지만, 그러나 그것 이상으로 참으로 심각한 의학 문제다. 게다가 동의consent의 문제가—환자의 의견이 무시될 수도 있는 상황에서는—뜻밖에 끼어들게 된다. 다른 사람의 생명이 관계될 때에는 특히 그러하다. 예를 들어, 여호와의 증인 신도는 수혈을 거부할 것이고, 그것 때문에 아기의 생명이 위태롭게 될 경우에 법은 과거에는 부모의 뜻을 무시한 의사들의 결정을 지지해주었다. 그것은 그들의 신앙에 모독이 될 정도로까지 심한 육체적 침해가 환자(아기)에게 가해진 게 아니라고 보았기 때문이었다. 수혈에 동의할 것인지 거부할 것인지를 스스로 결정할 능력이 없는 환자(아기)의 이익을 보호해주기 위해서도 그게 타당한 결정이라고 할 수 있을 것이다.

철학적으로 말하자면, 이 문제에서 미스 체스닛에게서 일어났던 것과 같은 환자의 심경의 변화는, 어떤 게 환자 자신에게 최선의 이익인지를 알지 못한다고 하는—전문가의 견지에서 볼 때에는—이유에서가 아니라, 다른 사람의 안녕이 그것을 정당화해준다는 이유에서 최초의 결정이 내려졌을 때에는 문제가 되지 않는다.

(이 사례는 미국의 현대 철학자 톰슨Judith Jarvis Thompson의 글에서 많은 걸 빌어다 썼다.)

있을 수도 있는 문제

그린 부인은 다가오는 휴일에 등산을 가려고 한다. 그런데 며칠 전에 그녀는 뜻밖에 임신했다는 사실을 알게 된다. 그녀는 당장 병원에 가서 태아를 떼어내어 냉동실에 보관하게 한다.

그런데 그린 부인은 산에서 남편보다 훨씬 멋진 남자를 만난다. 그리고 집에 돌아오자마자 그녀는 남편과 이혼한다. 그녀는 이미 새 애인의 아이를 임신했으며, 그래서 전 남편의 아이는 폐기한다.

'그러나 대신에 다음과 같은 시나리오가 실제로 일어난다면?'

그린 부인은 휴일이 지난 뒤에 병원에 가서 태아를 다시 자궁에 이식해서, 그린 씨의 아기를 낳을 계획이다.

◉ 모든 게 예상대로 된다고 하더라도, 그린 부인의 처사에는 옳지 못한 점이 있지 않을까?

Discussion

'혹은 만약에',

그린 부인이 아기를 갖는 문제에 관해서 휴일 하루를 지내면서 또 마음이 변한다면? 그래서 병원에 가서 태아를 폐기해달라고 말한다면?

이 시나리오들은 아직 태어나지 않은 아기의 권리, 아버지의 권리, 그리고 당연히 어머니의 권리에 얽힌 온갖 문제를 제기한다. 만약 우리가 상황에 따라서는 낙태가 합법적인 것이라고 인정한다면, 우리는 두 번째 시나리오에서처럼 그린 부인의 심경의 변화를 인정해야만 할지도 모르겠지만, 그러나 첫 번째 시나리오에서 제기된 이유들에 대해서는 여전히 판단을 주저할 것이다. 그러나 모든 걸, 수단은 불문하고 행복의 극대화라는 견지에서 설명하는 철저한 공리주의자라면 삶의 모든 행위의 목적은 최대치의 행복을 추구하는 것이며, 따라서 그린 부인이 남편과 더 이상 행복하게 살 수 없다면 그녀는 계획대로 남편과 이혼하고서 새로 맺은 더 행복한 관계에서 생긴 아기를 기르는 게 더 낫다고 말할 것이다.

이 문제는 한 아기가 언제부터 아기가 되는가라는 질문에서 제기되는 광범위한 문제 중의 하나다. 만약 태아도 인간이라면, 우리는 태아에게도 권리가 있고, 따라서 '슈퍼마켓에서 파는 통조림' 같은 것으로 취급해서는 안 된다고 여길 것이다. 태아의 '권리' 문제는 1978년에 영국에서 브라운 씨 부부(이 이야기 속의 부부와는 관계없다!)가 세계 최초의 시험관 아기 루이제의 부모가 되어 행복하게 웃던 때 이후로 특히 호소력을 갖게 되었다. 그 방법은 필경 무해한 것일 터인데도, 기술이 급속도로 발달함에 따라 윤리적으로 대단히 까다로운 문제들을 급속도로 확산시키기에 이르렀다.

'인공 수정'이 '정상적인' 가정에게는 행복을 가져다주겠지만, 또 어떤 사람들에게는 그리 달가운 것만은 아니다. 연금 생활자들은 어떻게 되는가? 남녀 동성애 부부(혹은 독신자)들은? 정상적인 성 생활을 하면서도 남자와의 관계를 통해 아기를 갖는 걸 원하지 않는 여자는? 이와 같은 부류의 사람들도 한층 더 새로운 복제 기술 덕분에 자식을 가진다. 아니, 이미 죽은 사람조차도 생전에 배우자를 냉동 보관하거나, 사고로 죽은 사람의 경우에는 사고 직후에 배우자를 '구제' 함으로써 아기를 가진다. 그리고 동물들도 무성 생식의 실험을 통해서 참으로 소름끼치는 평등을 누리고 있다(예를 들어, 1990년대 중반에 태어난 복제 양 둘리). 동물들은 또한 대체 자궁을 만들려고 시도하는 과학자들에게 크게 도움을 주고 있는데, 이건 여성이 남성 없이도 자식을 가질 수 있는 것과 꼭 마찬가지로 남자도 여성 파트너 없이 자식을 가질 수 있게 해주는 최신 기술이다.

UN이 주도한 야심에 찬 '인간 게놈 프로젝트' 는 생명을 탄생시키는 데 사용되는 인체 안의 모든 세포에 대한 생물학적(DNA) 청사진을 이미 작성했으며, 그것을 토대로 해서 과학자들은 '개정판' 인간을 만들어내려 하고 있다. 인간의—적어도—신체적인 측면들에 대한 통제가 과학적 가능성의 영역 안에 이미 들어와 있으며, 저 올더스 헉슬리Aldous Huxley의 '멋진 신세계' 도 한갓 망상에 그치지 않을 날도 그리 멀진 않은 것 같다.

누구의 아기인가?

자넷과 존은 다른 모든 면에서는 행복한 부부이지만, 아기를 원하면서도 여러 가지 생리적인 문제 때문에 아기를 가질 수 없다. 다행히도 존은 경제적 능력이 충분해서, 서니랜즈 병원의 체외 수정 수석 상담원 스픽 씨에게 도움을 구한다. 스픽 씨는 서니랜즈 병원 체외 수정 클리닉으로 하여금 그 부부를 위한 체외 수정을 준비하게 한다. 그 클리닉은 이미 주로 그 지역 대학 남학생들을 대상으로 한 장기적인 프로그램을 통해서 남성 생식체를 충분히 확보해두고 있었고(이 경우를 위해서는 #32008967-897을 채택함). '자신의 난자가 남에게 도움이 되기를' 바라는 젊고 건강한 여성 (#1467B)을 물색해서 그녀로부터 여성 생식체를 제공받는다.

시험관에서 난자가 성공적으로 배양되어 태아가 만들어지고, 서니랜즈 병원에서 에디스 하니듀라는 이름의 (상당한 액수의 보수를 받은) 대리모의 자궁에 이식된다. 그리고 모든 과정이 다 계획대로 어김없이 진행되어 9개월 뒤에는 분만실에서 몸무게 4Kg의 아기가 태어난다. 아기의 이름은 샘이라고 붙여진다.

그때까지는 모든 게 무난하고 매우 만족스러웠다. 스픽 씨는 자식을 학수고대하는 그 부부에게 희소식을 전하려고 전화를 걸었다. 그런데 문제가 생겼다. 자넷과 존이 그새 사이가 멀어져서 이제는 아기를 원하지 않는다는 것이었다. 자넷은 이미 자식이 여럿 있는 유부남을 만나고 있는 한편, 존은 아기의 사진을 보고서는 아기가 전혀 마음에 들지 않는다고, "끔찍하도록 평범하게 생겼다"

고 말한다. 스픽 씨는 자넷의 처신이 몹시 못마땅했지만 존에게는 동정심을 느낀다. 하지만 그 부부는 비용을 지불하는 한은 언제든지 말을 바꾸더라도 문제가 되지 않는다는 사실을 스픽 씨는 알고 있다. 그래서 그는 하니듀 부인에게 전화를 걸어 아기를 가져도 된다는 희소식을 전한다. 그는 과외의 수고비를 아무런 조건도 없이, 그저 '양육비'로 주겠다고 제의한다.

하니듀 부인은 전혀 반기질 않는다. 그녀는 그 아기는 자기 자식이 아니며, 어쨌든 아기를 원하지 않는다고 말한다. 그녀는 그 아기를 위해 인생의 9개월을 포기했지만, 더 이상은 그럴 수 없다는 것이었다! 이 문제는 스픽 씨와 서니랜즈 병원이 책임을 져야 할 일이라고 그녀는 단호하게 말한다!

몹시 놀란 데다가 다급해진 서니랜즈 병원의 변호사들은 아기의 '유전적 부모들'—#32008967-897과 #1467B 생식체의 기부자—을 찾아 나선다. 그러나 남성 기부자는 브리스톨 교외의 체다 지구 마우스홀 코티지라는, 찾아가기가 거의 불가능한 주소지에 사는 마우스라는 남성으로 밝혀졌고, 한편 그 젊고 건장한 여성은 실은 성격이 그리 좋은 여자가 아니라는 사실이 또 밝혀졌다. 그녀는 자신의 '난자가 허비되었다'는 사실에 격분하고, 자기는 이 일에 전혀 상관하고 싶지 않다고 말한다.

🔊 그렇다면 요람에서 세상 모르고 꼬물거리고 있는 아기를 내려다보고 있는, 참으로 딱하게 된 스픽 씨에게는 그 아기가 '누구의 아기인가' 하는 문제만이 남았는가?

　이 문제는 이른바 '새로운 복제 기술'과 관련된, 눈덩이처럼 숫자가 늘어가는 윤리적 쟁점 중의 하나다. 세계 전역에서 유식한 의사와 철학자들이 이 문제를 끌어안고 씨름을 하고 있다. 아기는, 그들이 말하는 것처럼 '크리스마스 선물'일 수 없기 때문이다. 국제적으로 선포된 '가족을 가질 권리'와 '아직 태어나지 않은 아기의 권리', 그리고 모르는 사람에게 생식체를 기증한 사람들이 누려야 할 권리를 어떻게 비교 평가할 수 있겠는가? 아기들이 어느 정도까지 고객들을 위해서 공장에서 대량 생산되는 상품처럼 될 수 있을 것인가 하는 것을 아마도 우리는 무엇보다 먼저 따져보아야 할 것이다.

사악한 장기 이식 문제

　최근에 민영화된 서니랜즈 병원 트러스트는 기금을 확충하기 위한 매우 악의적인 새로운 방법을 한 가지 개발했다. 그 기금은 물론, 트러스트의 약관에 따라서 가입자들에게 전액 투자될 것이다. 그 방법이란 학생들에게 지금 돈을 주고 그들의 나이가 쉰이 되었을 때 각종 장기를 '받는다'고 하는 것이었다. 50살이라면 아직 장기는 거뜬히 쓸 수 있으나, 트러스트가 광고의 주 대상으로 삼은 '빨리 살고 일찍 죽는' 잠재 기증자들에게는 아직은 까마득히 먼 나이이다. 신장, 간, 각막, 기타 장기의 기증을 약속한 사람들에게는 지금 지불을 할 테니까 "2040년까지 마음껏 즐기며 살라"고 외치는 포스터가 나붙었다. 그 액수가 현실적으로 무척 매력적인—근검한 사람이라면 평생을 먹고 살 수 있을만한—것이었고, 한 몇 년이라면 이 세상에 누구도 부럽지 않도록 호화롭게 살 수 있는 액수였다. 더구나 불행하게도 50살이 되기 전에 사망할 경우에는 서니랜즈가 기꺼이 그 손실을 감당한다는 것이었다. 그건은 참으로 솔깃한 제안이 아닐 수 없었다.

　🔊 그러나 이게 윤리적일까?

더 사악한 장기 이식 문제

　윤리적이건 아니건 수많은 사람이 계약을 하고, 트러스트는 장기 이식 프로그램을 방대하게 확장할 수 있게 된다. 그러나 심장이나 뇌 같은 장기는 여전히 공급량이 부족하다. 그 장기를 이식하려면 제공자가 죽어야 하기 때문에, 원래 계획에 포함되지도 않았다.

　트러스트의 실무 이사는 프로그램을 조금만 더 확대해서, 훨씬 더 두둑한 보상금을 내걸면 기울어가는 인생을 그것과 바꾸고 싶어할 사람도 더러 있을 거라고 지적한다.

　트러스트는 "주름살진 인생을 원하십니까?"라고 묻는 새로운 광고를 내보낸다. 그들은 또 새로운 자선 캠페인을 벌이고, 개인들이 타인에게 피해를 주지 않는 범위에서 자신의 몸을 자신의 뜻대로 처분할 수 있는 자유를 최대한 보장해야 한다고 하는 그들의 신념을 널리 선전하는 기사들이 신문에 실리게 한다. 실제로, 그와 같은 제안은 수많은 사람에게 도움이 될 것이다.

🔊 그러나 자유주의 정부가 관여한다. 개인들의 자유에는 제한이 가해져야 하는가?

Di∫cussion

　이 문제는 인간의 장기 기증과 관련되어 빚어지는 문제 중의 하나다. 트러스트의 관계자들이 의료 사업을 통해 돈을 버는 기업들이 있다는 사실에 주목했기에 이와 같은 문제가 생긴 것 같다. 이미 어떤 나라들에서는, 주로 서양에 내다 팔려는 목적으로 인간의 신장이 매매되고 있으며(서양에서는 의료 사업체의 장기 구입이 금지되어 있다), 한편 서양에서도 남성과 여성의 생식체의 기증을 놓고 돈이 오가는 일이 없지 않다. 그 경계선을 정확히 어디에 그어야 할지는 전혀 명확하지가 않으며, 나날이 변해가는 기술상의 가능성 때문에 그나마 경계선조차도 부단히 이동하고 모호해지는 게 현재의 실정이다.

중국에 관한 문제

거북

옛날에 마음씨가 아주 고운 남자가 살았다. 어느 날, 그는 들에서 일을 하다가 크고 예쁜 거북 한 마리를 보았다. 그런데 마음씨가 고운 그 남자는 때마침 배가 퍽 고팠다. 그리고 그는 거북탕을 매우 좋아했다.

그는 거북을 자루에 넣어가지고 집에 돌아와서, 커다란 솥에 물을 가득 붓고 끓였다. 그러나 원래 천성이 고운 사람인지라(혹은 거북을 죽이는 것은 불길한 짓이라는 걸 알기 때문에) 불쌍한 거북을 자루에서 꺼낸 그는 거북을 곧장 펄펄 끓는 물에 넣지 않았다. 대신에 그는 솥에 대나무 막대기를 걸쳐놓고 거북을 그 위에 올려놓았다. 그리고 말했다. "불쌍한 거북아, 네가 이 막대기를 타고 저쪽으로 무사히 건너가면, 널 놓아줄게!"

거북은 나이가 많고 지혜로운 짐승인데, 특히 이 거북은 인간을 거의 신뢰하지 않았다. 그러나 지금은 그의 말을 믿어보는 수밖에 없었다. 그러지 않으면 당장 펄펄 끓는 물 속에 던져버릴 것이기 때문이었다. 막대기가 매우 가늘고 휘청거렸지만, 거북은 온힘과 정신을 다 모아서 펄펄 끓는 물 위를 건너서 무사히 저편으로 건너갔다. 숨을 졸이면서 들여다보고 있던 마음씨 고운 그 남자가 놀라서 박수를 쳤다. 그리고 진심으로 기쁜 것처럼 말했다. "잘했어!"

"어디 한 번 더 해봐!"

◉ 거북은 무엇을 잘못 생각했을까?

거북은 물론, 그 남자의 조종을 받는 걸 제외하고는 아무 잘못도 없다.

'마음씨 좋은' 그 남자는 거북을 죽이는 도덕적인 부담을 지지 않은 채 거북탕을 먹으려는 속셈에서 거북을 조종했다. 만약 거북이 자신의 체질에는 전혀 맞지 않는 공중 곡예를 하려다가 아래로 떨어지면, 그 남자는 거북이 스스로 원해서 공중 공예를 했던 거라고 말할 수 있게 될 것이다. 거북이 펄펄 끓는 물 위를 건너지 않겠다고 버틴다면 그 남자는 당장 거북을 물에 집어넣어버리고서, 거북이 그 간단한 일을 시키는대로 함으로써 목숨을 구하려고 하질 않고 스스로 죽음을 택했던 것이라고 주장할 것이다.

이 이야기의 도덕적 요체는 무엇인가? 아마도 그것은 독재자의 폭압을 거부할지언정, 혹시나 독재자가 '규칙' 을 준수할지도 모른다는 희망에서 그가 시키는 대로 행동하는 건 참으로 부질없는 짓이라는 것일 터이다.

물론, 이 경우에 거북이 자신의 원칙을 굳건히 지킨다고 하더라도 아무 소용이 없겠지만, 적어도 그 '마음씨 좋은' 남자로 하여금 그에게는 원칙 같은 건 아예 있지도 않다는 사실을 깨닫게 해줄 수는 있을 것이다(이 전통적인 이야기는 12~13세기의 철학자 정이천程伊川과 육상산陸象山에게서 착상을 빌려온 것이다).

Problem 80 나이팅게일의 노래

옛날 옛적에, 라디오나 녹음기 같은 게 없던 아득히 먼 시절에 어떤 임금이 세상에서 가장 고운 목소리로 우는 새 나이팅게일과 가장 흡사하게 노래를 부르는 사람을 뽑으려고 대회를 열었다. 신청자가 되도록 많이 몰리게 하기 위해 두둑한 상을 내걸었다. 그러나 몇 주일 동안 광고를 했으나 신청자가 그리 많지 않았다. 예심을 거쳐 선발된 3명의 후보가 궁정에서 노래를 부르게 되었다.

첫 번째 후보가 참으로 고운 소리로 노래를 불렀다. 두 손으로 새의 날개짓을 흉내내면서 노래를 부르는 그 남자를 보고 궁정의 여인들이 모두 넋을 잃은 것 같았다. 그러나 임금은 시큰둥했다. 임금은 그 남자의 목소리가 나이팅게일이 아니라 카나리아와 비슷하다고 말하고서 빈손으로 내쫓아버렸다. 임금은 두 번째 후보가 그런대로 마음에 드는 것 같았지만, 그 사람은 고음을 지른 다음에 그만 기침을 하는 바람에 노래를 망치고 말았다. 그가 부산을 떨면서 사죄를 했지만, 이내 끌려 나가서 궁정 앞계단에 던져졌다.

세 번째이자 마지막으로 나온 사람은 여자였다. 그 여자가 노래를 부르자 이번에는 궁정이 아주 얼어붙어버린 것 같았다. 임금이 학수고대했던 그대로, 그 여자는 나이팅게일과 완전히 똑같이 맑고 고운 목소리로 노래를 불렀다. 그래서 노래를 부르는 내내 두 손을 헐렁한 겉옷 속에 감추고 있는 걸 누구도 눈여겨보지 않았다.

임금이 여자에게 황금으로 만든 상을 건네자 그것을 받으려고 여자가 한 손을 꺼냈을 때, 갑자기 여자의 옷 속에서 새 한 마리가 튀어나와서 푸득푸득 날다가 구석에 세워놓은 갑옷의 어깨에 앉아서 지저귀고 노래를 불러댔다.

임금은 격노했다. 그리고 그 여자는 지엄한 궁정의 보화를 사기쳐서 훔치려 했다는 죄목으로 궁정의 지하 감옥에 갇혔다. 지하 감옥으로 끌려가면서 그 여자는 거세게 항변했다. 임금이 나이팅게일처럼 노래를 부르는 사람을 원했지만, 그 새의 목소리를 낼 수 있는 방법은 절대로 없다는 것이었다.

🌀 그 여자는 사기꾼인가, 아니면 흥행가일 뿐인가?

Discussion

가령 아름다운 난초가 플라스틱으로 만든 조화라는 사실이 드러나면, 우리는 기만당했다는 기분이 들 것이다. 그러나 플라스틱으로 만든 조화 경시 대회에서는 진짜 난초를 들고 나온 사람이 사기꾼이 될 것이다!

10가지 종교 문제

(어느 비 내리는 일요일 오후에 어느 성가신 교구민이 목사에게 질문한다.)

교구민: [Problem 81] 신이 선하다면, 어째서 이 세상이 늘 이 모양이지요?

목사: 음, 그건…… 하긴 가끔 그렇다 싶을 때가……

교구민: [Problem 82] 신이 전지전능하다면 어째서 세상이 늘 이 모양이냐고요?

목사: 으음, 그건…… 알 수 없는 일이야……

교구민: [Problem 83] 정말로 신이 있다면, 이 세상이 왜 늘 이 모양입니까?

(여기서 잠시 차 한 잔을 내놓고, 목사에게 깊게 생각할 기회를 준다.)

교구민: [Problem 84] 동물도 죽으면 그 영혼이 천국에 갑니까?

목사: 아! 글쎄요. 아마 그럴 겁니다. 전 동물을 좋아하지만, 어쩌면 동물은……

교구민: [Problem 85] 그렇지 않다면, 천국이란 도대체 어떤 곳입니까?

목사: 아! 그래요, 어떤 동물들은 틀림없이 천국에 갈 거예요, 그건 그렇고, 존스 씨께서 합창단을 지도하느라고 애를 먹는 줄은 잘 알지만, 아무래도 천상의 소리에 가장 가까운 건 아침의 새 울음소리인 거 같아요……!

교구민: [Problem 86] 어떤 동물들은 천국에 간다면, 지옥에 간 동물들도 있겠네요?

목사: 아닙니다, 아니에요…… 맙소사![킥킥 웃는다.]

(목사가 접시에서 과자를 집어먹는 동안 잠시 잠잠.)

성경에서는 동물한테는 영혼이 없다고 말하지요. 동물은 매우 복잡하고, 매우 귀여운 기계 같은 것일 뿐이죠.

교구민: [Problem 87] 과연 그렇다면, 우리가 동물과 다르다고 생각하는 이유가 뭡니까? 인간은 도대체 무엇 때문에 이렇게 오만한 것이죠?

목사: 아…… 글쎄요. 동물 같은 것을 놓고서 그런 얘기를 할 수는 없겠지요?

교구민: [Problem 88] 그렇지만 컴퓨터는 달라요. 제가 생각을 해봤는데요, 컴퓨터에 관해서는 정말로 재미있는 이야깃거리가 많아요…… (목사는 조금 지겨워하는 것 같다.) 컴퓨터의 천국이라는 것도 있을까요? 컴퓨터가 죽으면 그 영혼이 천국에 갈까요?

목사: 글쎄요, 어쨌든 저는 우리가 영혼이라고 하는 걸 그렇게 단순하게 생각해서는 안 된다고 생각……

교구민: [Problem 89] 단 하나뿐인 우주적 영혼이라는 게 있을까요……. 우주적 의식이라는 게 있을까요…….

목사: 맙소사, 그게 무슨……

교구민: 만약 그렇다면, 우리 인간이 바위나 나무 같은 것하고 다른 게 무언지…….

❃ [종합 문제: 이 성가신 교구민을 어떻게 떼어버릴 것인가?]

Discussion

철학자들이 흔히, 대개는 타당한 근거도 없이 말하는 것처럼(예를 들어, **Problem 05** 까마귀 참조), 정의상으로는 신이 우주의 만물을 운영하는 전지전능하고 최고 선한 존재다. 지구상의 숱한 종교의 신앙이 제각각 다르지만, 이 점에서만은 완전히 일치한다. 교구민의 처음 세 가지 질문은 이따금 '악의 문제'라고도 일컬어지는 것으로서, 이것은 구약 성서의 욥의 이야기에 잘 묘사되어 있다.

하나님이 악마와 내기를 건 뒤부터 욥은 인생의 모든 게 엉망이 되어간다. 불쌍한 욥! 아무 죄도 지은 게 없는 데도 그의 양떼와 낙타들이 죽고, 그의 작물들이 시들고, 사랑하는 자식들도 모두 망가진다. 하나님이 그의 신앙심을 시험하는 탓이다. 물론, 욥은 처음에는 이 불행을 꿋꿋하게 받아들인다. '욥의 인내'라는 말은 바로 여기서 생긴 것이다. 그거나 이야기는 거기서 끝나지 않는다. 악마가 하나님에게 부탁하여 허락을 받은 다음에, 정체 모를 숱한 질병으로써 또 다시 욥에게 감당할 수 없는 고난을 안겨준다. 그러자 욥의 신앙심도 마침내 바닥이 드러나고, 그는 하나님에 대한 믿음을 버리고 세상의 불공평함에 이를 간다.

하나님은 욥이 잃어버린 재산을 되찾게 해줌으로써 그의 불행을 보상하려 하지만, 그러나 이 이야기는 신앙이란 건 매사가 다 잘될 때에는 아주 쉬운 것이라는 점을 슬프도록 명백하게 보여준다. 전지전능하고 최고 선한 하나님이 어째서 그처럼 부패한 우주를 창조했던지를, 예를 들어 인간에게 '자유 의지'나, 혹은 심지어(인간의 교만함이여!) '물리학의 법칙'을 허락해야 했던 이유 같은 걸 언급함으로써 조금 복잡하게 설명할 수는 있겠지만(인간이 개미들의 문제를 걱정하지 않는데, 하나님이 인간에게 관심을 가져야 할 이유가 무엇인가 하고 말하는 철학자들이 더러 있기도 하지만), 이와 같은 질문들에 대해서 신빙성 있는 해답이 제시된 적은 거의 없었다.

중세에는 아우렐리우스 아우구스티누스Aurelius Augustinus 같은 거룩한 전문가들이 인간의 삶은 본질적으로 그리 즐겁지 못한 도덕적 시련이라고 보았다. 그 즐겁지 못함이 성스러움을 얻기 위해서 반드시 필요한 과정의 일부라는 것이었다.(신의 존재에 대한 증거를 한 가지가 아니라 다섯 가지나 내놓았던 것으로 유명한 토마스 아퀴나스와 혼동하지 말기를 바란다. 그러나 증거가 그렇게나 많다는 것 자체부터가 신의 전지전능에 대한 의문을 불러일으키기에 충분할 것 같다.)

거꾸로 팽글로스Pangloss 박사가 말한 것처럼, 우리는 이미 "가능한 모든 세계 중에서 가장 좋은 세계"에 살고 있다고도 말할 수 있을 것이다. 그러나 인간의 실상에 대해서 동정심을 가진 사람들이 보기에, 이건 좀 잔인한 설명이 아닐 수 없을 것 같다.

동양 철학에서도 이 문제에 관해서 나름대로 깊이 탐구한다. 그들은 이 세계에는 악한 사람들이 있다는, 혹은 적어도 악행을 저지르는 사람들이 있다는 사실에서 시작한다. 이어서 사람 중에는 근본적으로 악하거나, 혹은 근본적으로는 선하지만 이 세상의 무엇인가에 의해서 부패된 사람들이 있다고 하는 두 가지 주장이 제기되었다. 이상주의적 유교 철학자 맹자孟子(기원전 372~289)는 (교육을 자신의 철학의 주춧돌로 삼았던 플라톤이 그러했던 것처럼) 후자의 인간관을 취하고, 원래 선한 인간이 악하게 되는 건 문화와 교육 때문이라고 말했다. 그러나 선과 악 모두가 본질적으로 인간에게 내재한 것이라고 본다면, 근본적으로 선한 사람이 어떻게 부패한 행동을 할 수 있을까 하는 문제가 여전히 제기된다.

맹자보다 한 세대 뒤에 살았던 순자荀子(기원전 313~238)는 그 반대 입장을 취하여, (유감스럽게도) 인간은 근본적으로 악하지만, 그러나 교육과 사회적 압력을 통해서 선한 사람으로 교화될 수 있다고 보았다. 그러나 이 견해 역시도, 선한 게 악한 것으로부터 나와야 하는 이유가 무엇인가 하는 문제를 제기한다.

인간에게는 선과 악이 한데 뒤섞여 있다고 보면 우리는 이 문제를 보다 쉽게 풀 수 있을 것 같다. 그렇게 보면 음과 양, 유와 무, 선과 악 사이의 역동적 균형이라고 하는 중국 철학의 원리를 무리 없이 받아들일 수 있을 것이다. 결국, 매우 사악한 사람도 어떤 선한 것을 할 수 있다.

Problem 84~89는, 우리들 현대인의 귀에는 영혼에 관한 케케묵은 관념들에 대해 얘기하고 있는 것처럼 들린다. 그러나 영혼은 중요한 것이다. 만약에 자의식에 빠진 '현대' 유물론자들이 말하는 것처럼 "영혼은 없다"고 한다면, 인간이 동물이나 기계보다 특별한 존재인 이유가 무엇이겠는가? 교구민은 목사를 위해서 무척이나 참된 문제를 제기하고 있고, 한편 '의사소통'에 관한 목사의 대답은 이와 같은 질문에 대한 해답을 찾기 위한 출발점으로서 그리 나쁘지 않은 거 같다.

윌리엄 제임스William James에 따르면, 과학과 종교는 얇게 썬 두 조각의 빵과도 같고, 그 사이에 있는 게 철학이다. 과학자들은 이 세계를 '물질'로만 본다. 그들은 세계를 하나의 기계로 보고, 인간의 자유 의지나 목적을 무시해버린다. 물질을 정신으로 환원시키는 철학은 인간으로 하여금 나름의 어떤 목적을 갖게 하고, 한편 그 목적을 찾기 위한 자유가 바로 종교다.

복음 전도사

미국 남부 어느 소도시가 허리케인과 심한 가뭄 등 잇따른 이상 기후 현상으로 시달린다. 그 도시의 복음 전도사가 TV에 출연해서 문제는 시민의 방만한 생활 방식과 옳지 못한 행위에 있다고 경고한다. 뉴먼 목사는 도시의 모든 양식 있는 시민들은 다가오는 일요일에 그의 교회에 나와서 그가 특별히 만든 빨간색의 걸쭉한 '도덕 정화제'를 마셔야 한다고 말한다. 그러나 악인이 정화제를 마시면 속이 썩어들어가서 그 달을 넘기지 못하고 죽을 것이라고 그는 손가락으로 사납게 카메라를 가리키면서 경고한다.

다음 일요일, 자신을 정화하려는 수천 명의 시민이 교회 앞에 운집한다. 그 다음 주 일요일에도 마찬가지다. 그리고 이내, 처음에 목사의 말을 비웃었던 사람들조차도 적어도 그 도시에 계속 닥쳐오는 재난에 대해서 아무 책임이 없다는 사실을 보여주기 위해서라도 뉴먼 목사의 교회에 가야겠다는 심적인 부담을 느낀다.

목사가 TV에 출연한지 3주일 쯤 지났을 때 수많은 사람이 정체를 알 수 없는, 필시 체내 조직을 대량으로 파괴하는 듯한 수수께끼의 질병에 걸리고, 이내 13명이 사망한다. 경찰이 즉각 나서고, 살인 혐의로 뉴먼 목사를 체포한다. 그러나 그는 항변한다. 정밀 수사 결과, 그의 '도덕 정화제'는 단지 토마토 쥬스였을 뿐, 전혀 인체에 해를 끼치지는 않는 것임이 밝혀졌다. 목사의 변호사들은 그에게 씌워진 혐의가 말도 안 되는 거라는 근거가 두 가지 있다고 지적한다. 첫째, 그 질병은 사람들이 자신이 악인일지도 모른다고 생각하는 마음에서 빚어진 것으로서, 뉴먼 목사가 어느 누구를 구체적으로 악인이라고 지적한 적이 없었다. 사실인즉, 그는 '정화' 의례에 참여하려고 교회에 왔던 모든 사람에게 감사하고 축복을 빌어주었다. 둘째, 정화제가 정말 불행하게 부작용을 일으켰다고 하더라도 시민들은 그것을 자발적으로 마셨다.

목사에게 죄가 있을까?

Discussion

이 괴이한 시나리오는 1950년대에 영국의 어느 식민지에서 한 마법사가 살인 혐의로 체포되고 영국으로 압송되어 재판을 받았던 실제 사건에 근거한 것이다. 그 재판에서는 마법사가 전혀 악의가 없었다는 사실이 발견됨으로써 그는 사형에서 구금형으로 감형되었다.

이 이야기에서, 목사는 교묘하게 사람들에게 어쩌면 병이 걸려서 죽을지도 모른다고 하는 불안감을 갖게 해준 것 같다. 예를 들어, 그 불안감이 과식에 관한 것이었다면 우리는 목사에게 적어도 일부나마 책임이 있다고 생각할 것이다. 그러나 이 경우에는 자신이 악인일지도 모른다고 생각하는 사람들만이 불안감을 느꼈으며, 한편 그 해결책까지 제시되었다는 점을 감안한다면 목사에게 구금형을 내리는 것조차도 좀 지나친 처사인 것 같다.

자연 철학의 기본 문제

빛의 속도에 관한 문제

1880년대에 미켈슨Albert Michelson과 몰리Edward Moley라는 두 미국인이 커다란 태엽 시계와 거울 몇 개를 가지고서 빛의 속도를 측정하려고 나섰다. 누구나 다 아다시피, 속도는 상대적인 것이므로[*] 그들은 지구의 자전 방향을 향해서 관측했을 때와 반대 방향으로 관측했을 때 태양 빛의 속도가 다를 것이라고 예상했다.(지구의 자전 속도는 상당히 빠르다. 지구상의 모든 게 자전과 더불어서 움직이고 있기 때문에 우리는 그 속도를 느끼지 못할 뿐이다.) 측정되는 빛과 거울 사이의 거리를 늘리기 위해 그들은 거울을 이리저리 돌려보고 회전 다면경도 써보기도 했지만, 미켈슨과 몰리가 측정한 빛의 속도는 전혀 차이가 없었다. 어떤 위치에서 측정하건, 빛의 속도는 대략 초속 30만km였다.

🌀 이건 실험상의 오류인가?(물 시계를 사용해야 했나?)

과학자, 특히 천문학자들은 오래 전부터 빛의 속도를 측정해왔다. 갈릴레오Galilei Galileo(1564~1642)는 조수를 근처 언덕에 보내서 셔터가 달린 등으로 그에게 신호를 보내게 해놓고, 빛이 도달하는 데 걸리는 시간을 측정하려는 대담한 시도를 했지만 아무 성과도 거두지 못했다(가장 주의 깊은 조수조차 그의 지시를 제대로 따라주지

---

[*] 시속 16km로 서로 마주보고 달리는 두 오토바이는 시속 32km의 위력으로 충돌할 것이다. 물론, 운전자들이 서로 피하지 않는다면.

못했기 때문에 그는 더욱 낭패를 당했다).

그로부터 한 세기 뒤에, 덴마크 천문학자 뢰머Olaf Roemer는 이동 거리가 수백만 마일인 빛을 가지고서 조금 더 실효성 있는 실험을 했다. 그는 목성의 위성들을 척도로 삼았는데, 그 빛이 지구까지 도달하는 데에는 확실히 어느 정도의 시간이 걸린다는 사실만 알아냈다.

그의 실험은 빛이 확실히 속도를 갖고 있다는 사실을 입증했지만, 빛이 늘 똑같은 속도로 이동하는지에 대해서는 아무 말도 할수 없었다. 그것은 애초에 기대할 수도 없었던 것이었다. 그러나 미켈슨과 몰리는 그 유치한 장비를 가지고서도 현대 물리학의 원리를 제대로 확인했다. 빛은 늘 공간 속에서는 언제나 똑같은 속도로 이동한다(액체 속에서는 조금 느려지고 중력에 의해서, 특히 블랙 홀에 의해서는 극심하게 영향을 받을 수 있다). 아인슈타인의 상대성 이론은 단지 이 사실을 '재확인'한 것일 뿐이다. 이 실험에 뒤이어 다수의 중요한 사실이 발견되었는데, 특히 주목할만한 건 시간과 공간의 상대성이다.

빛이 늘 같은 속도로 이동하지 않는다는 건 어쩌면 말이 안 되는 것처럼 보인다. 그러나 우리의 은하가 빛의 속도의 3/4의 속도로 다른 어떤 은하로부터 멀어지고 있다고 가정해보자(우리가 속해 있는 은하는 실제로 지금도 그렇게 하고 있다). 그리고 정반대쪽에서 또 하나의 은하가 빛의 속도의 1/4에 조금 못 미치는 속도로 멀어져 가고 있다고 가정해보자. 그리고 그 속도들을 합산할 수 있다면, 어느 날에는 이 제3의, 가장 멀리 있는 은하가 갑자기 사라져버릴 것이다. 합쳐진 그 속도가 빛의 최대 속도 이상이기 때문에, 광파가 더 이상 우리에게 도달하지 않는 것이다. 이건 빛이 늘 똑같은 속도로 이동한다는 것만큼이나 말이 안 되는 소리처럼 들릴 것이다. 우리는 밤하늘에서 놀라운 것을 무수히 보지만, 그러나 은하가 깜박이는 걸 본 적은 없다.

자연 철학에 관한 깊은 문제

 헛간 같은 데서 누구나 쉽게 해볼 수 있는 실험이 있다. 성능이 꽤 좋은 커다란 망원경을 유난히 밝은 별을 향해 설치해놓고, 눈으로 들여다보는 대신에 검은 종이를 접안 렌즈에 대서 별빛을 받아보자. 그러면 종이에는 또렷하게 밝은 빛의 점이 아니라, 주위가 흐릿한 밝은 빛의 점이 비칠 것이다. 이건 회절diffraction이라고 부르는 현상에 의해 빛이 번진 것인데, 회절은 액체 속의 파동에서 가장 쉽게 관찰된다. 10cm 간격으로 방파제에 닿는 파도가 있다고 치자. 그러나 그 파도는 10cm의 폭으로 지속되지 않는다. 물이 고요한 곳에서는 이내 번져버린다. 빛이 회절되는 양은 매우 적고, 그래서 우리는 정상적으로 빛을 일직선으로 나아가는 에너지의 꾸러미라고 생각하게 된다. 그러나 늘 일직선으로 나아가는 건 아니다.

 매우 정교한 가위를 가지고 검은 마분지에 1/1000㎜ 가량의 틈을 내보자. 그 틈으로 빛을 통과시켜 스크린에다가 받아보자. 빛의 유형도, 색깔도 단 한 가지인 전구를 사용하는 게 더 좋겠다.

 그러면 틈을 통과한 빛이 조금 번지는데, 이것도 회절 현상이다. 이미 지적한 것처럼 빛은, 가령 태양과 같은 매우 뜨거운 물체에서 발산하는 광자라는 이름의 미립자라고 흔히들 생각한다. 그렇게 생각할만한 충분한 근거가 있다. 빛에는 어김없이 극소량의 에너지가 탐지되기 때문이고, 더러는 그 양이 훨씬 더 많은 경우도 있다. 실제로 주위를 매우 어둡게 해놓은 다음에, 그 틈으로 통과시키는 빛의 밝기를 조심스럽게 낮추어가면 스크린에 나타난 희미한 빛이 무수히 많은 작은 점으로 바뀌는데, 그 점 하나하나가 바로 그 극소량의 에너지 입자들을 나타낸다. 가정에서 흔히 쓰는 전구마저도 초당 10억×1백만×1백만 개의 광자를 내뿜는다. 그렇더라도 우리의 눈은 매우 민감하기 때문에 완전한 어둠 속에서도 단 한 개의 광자마저 감지할 수 있다.

지금까지는 다 좋다. 우리는 에너지의 꾸러미들이 우리가 특별히 만든 광원으로부터 작은 틈새를 매우 빠른 속도로 통과하게 했다. 이번에는 그 틈과 나란히 조금 거리를 두고 틈을 하나 더 만들어서 빛을 통과시켜보자. 그리고 빛의 꾸러미들이 똑같은 두 가지 방식으로 스크린에 도달하게 하지 말고, 스크린을 더 밝아지게 해서 '어떤 부분들은 더 어둡게 함으로써' 밝기의 차이가 2배 혹은 4배까지 되게 해보자. 이 경우에는 한 틈을 통과하는 빛이 다른 틈을 통과하는 빛을 '방해하고', 그리고 스크린(빛이 회절되는 영역)에는 빛과 어둠의 띠들이 있는 파장 간섭처럼 보이는 무늬가 나타난다.

🔊 그렇다면 이건 서로 모순되면서도, 동시에 존재할 수 있는 어떤 것의 막연한 사례일까? 전체가 빨간색이면서 동시에 초록색인 어떤 것의? 빛의 에너지는 (다른 모든 형태의 에너지도 다 마찬가지겠지만) 따로 떨어진 작은 미립자들의 흐름인가, 아니면 지속적으로 이어진 파장의 형태인가, 혹은 두 가지 다인가?

자연 철학에 관한 더 깊은 문제

　광원을 초당 광자수 10억 곱하기 얼마라는 데에서 훨씬 낮추어서, 가령 초당 단 10개의 광자만 발산되게 하면 스크린은 보지 못하겠지만 문제가 무엇인지는 매우 선명하게 볼 수 있을 것이다. 이 몇 개의 광자가 하나씩 차례로 스크린을 향해 돌진하고, 그 중 몇 개는 스크린에 닿고, 어떤 광자 한 개가 하나의 틈을 통과한다. 상식에 따르면, 또 하나의 틈이 거기에 있건 없건 상관없이 모든 광자가 스크린에 닿을 수 있어야 한다. 그러나 우리가 아무리 오래 기다려도 어느것도 빛의 반점들이 있는 방해 무늬 안에서 보이는 어두운 영역에 도달하지 않는다. 결국 어떤 광자 한 개가 이런 식으로 행동할 수 있다면, 시간은 오래 걸리겠지만 마침내는 광파 방해가 일어났던 두 개의 틈 실험의 경우보다 빛이 균일하게 회절하는 한 개의 틈 실험에서 나타났던 것에 훨씬 더 가까운 그림이 스크린에 나타날 것이다. 그리고 개별 광자들이 그 모순을 인식한다. 광자들은 그 모두가 하나의 독립된 '광파'로서 '계속 개별적으로' 행동한다. 단지 하나의 틈만이 열려 있을 때에만 빛의 미립자가 도달할 수 있는 지점들이 다른 틈이 또 열려 있을 때에는 도달할 수 없는 지점이 된다(우연히도, 똑같은 현상이 다른 모든 미립자에서도 나타나리란 걸—전자, 모든 원자, 심지어 분자까지도 그러하리란 걸—과학자들은 발견했다).

　실험에서는 빛의 개별 미립자들은 스크린에 또 하나의 틈이 있다는 사실을 알고 있는 것처럼 보이며, 이건 우주의 다른 모든 곳에서도 다 그러하다. 따라서 적어도 원리상으로는 두 개의 틈 사이의 거리와는 상관없이 언제나 똑같은 방해 효과가 나타날 것이다 (비록 두 개의 틈이 심지어 1m 간격이라고 하더라도, 회절된 빛이 한 점에 모이게 하려면 스크린을 달에 설치해야 할지도 모른다).

빛 에너지가 둘로 갈라져서 두 개의 틈을 통과하고, 그럼으로써 서로 다투고 화해하기를 거듭하는 게 아니라 '광자들의 덩어리'로 진행하고 있다는 걸 밝히기 위해 이웃사람한테 그들이 가지고 있는 미립자 탐지기를 빌려달라고 부탁한다고 가정해보자. 그러면 우리는 실제로 빛이 광자의 덩어리로서 진행하고 있으며, 그리고 이 의도된 설명은 우리가 관찰한 사실과 부합되지 않는다는 걸 발견할 것이다. 그러나 우리는 또 다른 무엇인가를 발견할 것이다. 미립자 탐지기를 한 틈 곁에 놓는 그 단순한 행동이 광파의 패턴, '방해' 효과를 사라지게 하는 원인이 된다고 하는 것이다.

◉ 그러나 미립자는 도대체 어떻게 그 어떤 사실을 알 수 있는 것일까?

Discussion

'두 개의 틈 실험'이라고 알려진 이 실험은 이 세계의 모든 건 우리가 상상하는 것처럼 그렇게 간단하지 않다는 사실을 보여주는, 과학상의 매우 복잡하고 어수선한 단서 중의 하나다. 이 실험은 1803년에 토마스 영Thomas Young이 태양 빛을 이용해서 처음 시도했다. 그는 (신비적인 해석이 설득력을 잃어버린 이래) 우리가 이 세계의 운동 원리라고 믿으려 했던 '뉴턴 역학'이 사실은 뉴턴 경이 나무 밑에서 꿈을 꾸던 동안에 사과가 아래로 떨어졌던 이유의 극히 일부만 설명할 뿐이라는 사실을 밝혀냈다.

이 실험은, '예측 가능성'이라고 하는 뉴턴 역학의 기본 개념은 '출발 조건들'이 주어지면, 에너지의 미립자들에 대해서는 적용되지 않는 것 같다는 사실을 밝힌다. 우리가 미립자들의 이동 속도와 그 출발점과 이동 방향을 알고 있다고 하더라도, 그 다음엔 무슨 일이 일어날지 알 수 없다. '두 개의 틈 실험'의 경우에 우리는 "다른 한 틈은 열려 있는가?"라는 가외의 정보를 반드시 알고 있어야 한다.

현대 물리학자 헨리 스탭Henry Stapp은 이것을 다음과 같이 설명한다. 또 하나의 틈이 있다는 사실을 미립자가 어떻게 알 수 있을까? 아니, 우주 속의 모든 사물은 다른 사물들의 존재를 어떻게 한순간에 알 수 있을까?

우주의 '어수선함'에 대해서 늘 관심을 가져왔던 아인슈타인은 다른 과학자들이 내린 추론들을 반박했다. 그는 빛이 파동이기도 하고, 입자이기도 하다는 사실을 한층 더 '합리적으로' 설명했다. 그는 광자는 에너지의 꾸러미로서, 제각각 어떤 방향으로 회전하고 있다고 보았다. 이 회전 운동으로 인해 미립자들은 파동과 같은 방식으로 상쇄할 수 있다고 보았다. 예를 들어, 시계 방향으로 회전하는 미립자는 시계 반대 방향으로 회전하는 미립자와 상쇄된다는 것이었다. 그러나 이 설명은 하나의 광자가 어떻게 파동인 것처럼 행동할 수 있는지를 제대로 설명하지 못한다. 두 번째 문제 (Problem 93)가 바로 그것이다.

따라서 오늘날 대다수의 물리학자는 액체의 '진짜 파동'과 상반

되는 것으로서 '개연성 파동'이라는 걸 들고 나온다. 개연성 파동은 어떤 특정한 공간에서만 나타나야 하는 게 아니며, 단지 어떤 위치에서 나타나는 하나의 경향일 뿐이다. 이 때문에 광자는 반드시 어느 한 틈을 선택해서 통과해야만 하는 의무를 갖지 않게 된다. 그러나 광자가 어느 한 틈을 통과했다는 사실을 우리가 아는 바로 그 순간에(탐지 장치를 해놓으면 그걸 알 수 있다), 그게 다른 틈으로 통과할 개연성은 전무해진다. 양자(극소량)의 세계에서 미립자들은 관찰할 때마다 다르게 행동하는 것처럼 보인다. 관찰자에 따라서 관찰의 결과가 달라지고, 이 사실이 또⋯⋯.

슈뢰딩거의 고양이 문제

  물리학자 어윈 슈뢰딩거Erwin Schrödinger는 1935년에 이와 같은 이
상한 현상의 한 가지 측면을 상세히 설명했다. 그는 원자보다 작은
미립자를 방출할 수도 있고, 그렇지 않을 수도 있는 방사능 물질과
고양이를 상자 안에 집어넣고 밀봉했다. 미립자가 방출될 경우에
는 상자 안에 설치된 가이거 계수관Geiger counter이 그걸 감지하고서
독가스를 내뿜어 고양이를 죽이도록 장치해놓았다. 가이거 계수기
(방사능 검출기)가 미립자를 감지할 가능성은 50 대 50이 되도록 맞
추어졌고, 따라서 고양이가 독살당할 가능성도 50 대 50이다.(그
시절에는 이와 같은 부류의 실험을 세상 사람들이 용납했다. 그건 단지
실험일 뿐이라고 생각했기 때문이었다.)
  방사능의 반응은 예측되지 않는다(다만 일반적으로 통계적인 확률
에 의해서만 예측할 수 있을 뿐이다). 가이거 계수기가 작동할 것인지
아닌지를 알 길이 없다. 만약 아원자 물질이 발생하지 않는다면 고
양이는 살고, 발생하면 죽는다.(Problem 93에서) 광자가 그저 두 개
의 틈을 통과할 뿐이고 어느 때 누군가가 그걸 감지하거나 측정했
던 것과 마찬가지로, 물리학자들이 '파동 작용의 붕괴'라고 부르
는 현상이 발생하는 시점에서 미립자가 독가스를 촉발할 수도 있
고 하지 않을 수도 있다. 누군가가 관심을 가질 때까지는, 슈뢰딩
거는 그의 고양이가 잠시 동안 살아 있기도 하고 죽어 있기도 하다
고 생각할 수밖에 없다!
  ◉ 슈뢰딩거 교수의 실험은 제대로 될까?

상자 안에 사람을 집어넣는 게 가장 좋은 방법이라는 의견을 내놓은 물리학자들이 있었다. 사람이라면 미립자를 직접 눈으로 관찰할 수 있을 것이고, 따라서 '불확실성'을 예방할 수 있으리라는 게 그들의 발상이다. 이건 어떤 사물의 실재는 그것을 관찰할 수 있는가 여부에 달려 있다고 하는, 아주 오래된 철학적 논쟁에도 아주 흥미로운 방식으로 적용된다. 예를 들어, 물리학자 오이겐 위그너Eugene Wigner와 존 휠러John Wheeler는 최근에 아원자 현상들을 이것으로써 설명했다. 위그너는 '정신/육체 문제'에 대한 해답을 양자 물리학에서 찾을 수 있다고까지 생각한다.

18세기에 조지 버클리 주교가 "존재한다는 것은 곧 지각된다는 것이다esse est percipi"라는 말로 요약한 견해가 바로 이거다. 철학자들은 숲 속에서 나무가 쓰러지면서 소리를 낼 때, 듣는 사람이 아무도 없다 하더라도 나무는 소리를 내는 것인지를 따졌다. 그러나 나무는 그것의 '존재'에 대한 의문을 제기하기 위해서 반드시 쓰러져야 하는 건 아니다. 그 나무를 보거나, 그 냄새를 맡을 사람이 주위에 아무도 없더라도……?

비슷한 이야기로서, 오늘날 몇몇 물리학자는 고양이가 상자 안에서 일어나는 일을 지각할 수 있는지, 그리하여 미립자가 존재하게 하거나 존재하지 않게 함으로써 그 자신의 죽음을 유발하는지 아닌지를 따진다. 그 중에는 또 고양이가 최소한 자기가 살아 있는지 아닌지를 안다고 말한 학자들도 있다! 그러나 이건 실제로는 특별히 의심스러운 말이 아닐 수 없다. 인간조차도, 자기가 살아 있다는 사실을 확실하게 안다고 해서 죽어 있지 않다는 사실까지 안다고는 할 수 없기 때문이다.

버클리는 그를 논박하는 사람들에게, 신은 모든 걸 다 지각하기 때문에 모든 건 결국 존재한다고 대답했다.

그와 같은 속편한 생각을 했기 때문에 그는 다음과 같은 두 편의 5행 희시戲詩를 쓸 수 있었으리라.

옛날에 어떤 사람이 말했지, "신은
안뜰에 아무도 없을 때에도
이 나무가 계속 거기에 서 있는 걸 보시면
참으로 기이하다고 생각하실 거야."

여보시오, 그렇게 놀랄 거 없어요
나는 늘 이 안뜰에 서 있었거든요
그래서 이 나무가
신께서 보신 그때부터 줄곧
여기에 서 있었던 것이라오.

우주 요트의 블랙 홀

메가소프트 씨는 매우 비싼 요트를 샀다. 그건 태양열을 이용하는 거대한(폭이 1천km인) 돛에 의해 우주 공간을 날도록 고안된 우주 요트다.(그게 가능한 건 빛이 무게를 갖고 있기 때문이다. 물리학자들의 계산에 의하면, 지구에는 매일 약 150톤의 태양 빛이 떨어지지만, 그러나 빛의 무게는 그리 크지 않다.) 빛의 파장의 엄청난 힘을 이용해서 그 요트는 지구 궤도를 천천히 벗어나서 가장 가까운 별을 향해 떠나고, 일정한 비율로 가속이 되고, 스포츠카를 즐기는 사람들이 누구나 알고 있는 바, 몸이 좌석에서 점점 뒤로 세차게 떠밀리는 것과 같은 느낌이 일어난다. 요트는 여느 우주선과 똑같은 중력을 일으킨다. 1년 뒤에 요트는 빛의 속도에 거의 가까이 접근하지만, 물론 빛의 속도를 넘을 수는 없다. 그러나 메가소프트 씨가 뒤를 돌아보았을 때, 이상한 현상이 일어나고 있었다. 별들의 하나씩 차례로 사라지고 있는 것이었다!

)) 우주에서 무슨 일이 일어났을까?

Discussion

이 문제는 제논의 '아킬레스와 거북' 파라독스와 조금 비슷한 면이 있다. 우주선의 뒤에 있는 별들이 아킬레스라면, 메가소프트 씨는 거북인 셈이다. 그와 빛 사이에는 엄청난 거리가 있다. 그런데 오늘날의 우주선들이 궤도에 진입한 뒤부터 그러한 것처럼, 그의 우주선도 일정한 속도로 달린다면 제논의 논리와는 상관없이 빛은 반드시 그를 따라잡을 것이다. 그러나 우주선이 내내 가속을 한다면, 빛이 우주선과의 중간 지점에 도달했을 때에는 우주선이 그 이전보다 훨씬 더 빨리 달리고 있을 것이기 때문에 거기서부터 우주선을 따라잡기는 더욱 어려워질 것이다. 그리고 어떤 시점부터는 빛은, 우주선이 그것을 따라오는 광파보다 훨씬 느린 속도로 달린다 하더라도 결코 그것을 따라잡을 수 없을 것이다.

마지막 몇 가지 문제

쇼펜하우어의 문제

측은한 아르투르 쇼펜하우어Arthur Schopenhauer(1788~1860).

그는 아무리 애를 써도 그 어떤 표준적인 '철학 문제'에 흥미를 느낄 수 없었다. 그는 오로지 섹스만 생각했다. 그래서 그는 섹스를 그의 철학의 일부로 삼으려고 했다. "생식기는 의지의 촛점이다"라고 그는 갈겨쓰고, 사랑은 단지 "종種이 스스로를 복제하고자 하는 욕구를 표현하는 것"일 뿐이라고 쓰면서 씁쓰레한 심정을 느낀다. 유전자의 목적이 성취되고 나면 사랑은 이내 사라져버린다는 것이다.

🎵 이게 과연 사실일까?

다시, 쇼펜하우어의 문제

쇼펜하우어는 그 글을 들여다보면서 멋지다고 생각한다. 그러나 어쩐지 그의 민감하고 미묘한 감정을 다 표현하지는 못한 것 같다는 생각도 든다. 그래서 그는 그의 이론을 조금 수정해서 플라톤이나 불교의 승려들의 철학과 흡사한 것으로 바꾼다. 육욕을 벗어버리고 그 어떤 갈망도 고통도 없이 그저 담담하게 사색하면서 살아가는 사람들을 염두에 둔 것이었다. 그는 이렇게 쓴다. "사교社交란 것은 멀리서 나를 따뜻하게 해주는 모닥불과 같은 것이다."

))) 홀로 사색하며 사는 삶이 타인들을 사귀고 사랑하며 사는 삶보다 과연 나은가?

Discussion

이 두 문제는 심각하게 따져볼만한 게 못되고, 실제로 제대로 논의된 적도 없었다. 철학자들은 섹스 같은 걸 그리 좋아하지 않는다. 그건 대단히 불합리하고 비논리적인 것이기 때문이다. 플라톤은 (『국가』 제3권에서) 소크라테스로 하여금 그의 친구 글라우콘에게, 그의 저 유명한 수사학적인 어법으로 "참사랑도 그 어떤 광기나 무절제를 수반할 수 있는가?"라고 묻게 한다. 글라우콘은 한참 생각하다가 마지못해서, 거의 확실히 그렇지 않다고 대답한다. 그러나 소크라테스는, 평소의 그답지 않게 얘기를 거기서 그치질 않는다.

소크라테스: 참사랑은 성적인 쾌락이 없이도 가능하다네. 서로

참되게 사랑하는 사람들은 어느 쪽도 그걸 탐하지 않는다네.

글라우콘: 그럴 리가 없어, 소크라테스.

소크라테스: 그럴까? 그렇다면 자네는 우리가 세우려는(계획하고 있는) 국가에서, 여자가 남자 친구에게 키스를 하고 애무를 하는 걸, 남자가 허락할 때에는 허용하는 법을 공포하겠군. 아버지가 아들에게, 아들의 동기가 선한 것일 때 허용하는 것처럼 말이지. 그렇지만 이 경우에는 아들이 그가 좋아하는 사람과의 교제가, 그 이상의 어떤 걸 짐작케 하는 최소한의 의심도 제기하지 않는 교제여야만 하겠지.

글라우콘: 내가 만들려고 하는 법이 바로 그거야.

그러나 아르투르 쇼펜하우어—실제로 존재했으며, 실제로 아르투르라는 이름으로 불리었던(이 이름은 유럽의 사업계에선 매우 유용하고 거의 어디에서나 만나는 이름이다)—는 확실히 옳다. 생식 충동은, 그게 단지 성적인 것이건 혹은 출산을 위한 한층 더 숭고한 것이건 간에 인간의 기본적인 본능이고, 철학자들이 그걸 언급하지 않은 채 인간의 삶의 본질에 대해 논의한다면 아마 오래가지 않아서 알맹이가 없게 되고 말 것이다. 적어도 플라톤은 부모에 대한 자식의 사랑과 같은 사랑의 가치를 존중했던 바, '플라토닉' 이라는 이름으로 알려진 사랑이 바로 그거다. 유감스럽게도 기독교 교회는 소크라테스와 쇼펜하우어 사이의 2000년 동안 거의 언제나 사뭇 극단적인 교리를 가르쳐왔으며, 이 극단은 성에 대한 참으로 괴이하고도 위선적인 태도에서 절정을 이루었다(이건 현대 프랑스 철학자 미셸 푸코가 지적한 것이다).

　이 문제는 쇼펜하우어의 단지 두 가지 매우 안타까운 경험을 반영하고 있다고 말할 수 있을 것 같다. 하나는 윔블든의 기숙 학교에 보내진 것이고, 다른 하나는 그의 첫 철학 강의를 그가 존경해 마지않는 동시대인 헤겔 교수와 동시에 했다는 것이다. 쇼펜하우어의 강의를 들으러 오는 사람은 거의 없었고, 그래서 그는 다시는 대중 앞에서 강의하지 않겠다고 맹세했던 사실을 쓰라린 심정으로 후회했다. 반면에 아리스토텔레스가 『니코마코스 윤리학』에서 쓴 것처럼, "친구가 없으면 다른 모든 좋은 걸 다가지고 있다고 해도 어떤 사람도 이 세상을 살고 싶지 않을 것이다."

Problem 98   멍청한 철학자들을 위한 최종 문제

'형식 논리학'에서는 타당성validity을 다음과 같이 정의한다.

어떤 철학적인 주장은 그 전제(가정)는 참이지만 결론은 거짓일 경우가 불가능할 때 타당성을 가진다.

이걸 다른 말로 설명하면, 어떤 문제가 논리적으로 올바르게 서술되었을 때 사실에 관한 모든 가정이 다 옳고, 따라서 시종일관 논리의 법칙에 따라 서술되고 있다면 우리는 그 결론도 또한 옳음을 '확신'할 수 있다는 걸 확실하게 알 수 있다는 얘기다.

🔊 이건 견고하고 엄정한 사고로 나아가기 위한 좋은 출발점일까?

Discussion

이 정식화는 매우 유용한 것처럼 들리고, 철학자들은 오래 전부터 복잡한 도덕적 및 윤리적 문제들을 논리적인 형식으로 요약하려 해왔다. 그게 이루어질 수 있다면, 가령 컴퓨터와 같은 기계는 모든 가능한 것을 순식간에 다 검토하여 멋지고 깔끔한 해답을 내놓을 수 있을 것이다. 실제로 라이프니츠는 그와 같은 컴퓨터 장치를 고안하기 위한 구상을 했으며, 철학자들이 어떤 문제를 놓고 서로 다투기보다는 "자, 우리 계산이나 해봅시다"라고 서로에게 말할 수 있는 날이 오기를 꿈꾸었다.

그 첫 단계는 문제를 형식 논리학의 언어로 재구성하는 것인데,

이건 이미 오래 전에 아리스토텔레스가 내놓았던 '추론의 규칙들'을 따르려는 것이다. 이건 숱한 현실적인 이유와 몇 가지 이론적인 이유 때문에 실현되기 어렵다. 특히 논리적인 형식을 얻기 위해서는 그 최종 결론이 처음부터 사실로 인정되어야 한다. 그럼에도 불구하고 논리학자들은 대단히 복잡하고, 흔히는 도대체 무슨 뜻인지 알 수 없는 언어의 곡예를 부린다.

그러나 시작은 이렇듯이 꽤 신중하게 했다고 하더라도, 조금은 우스꽝스러운 결론들도 그저 받아들여야만 한다. 우선, 서로 모순되는 전제들을 내세운 논증은 그 결론이 어떠한 것이건 간에 유효하다는 것이다. 가령,

모든 개는 꼬리를 갖고 있다.
어떤 개는 꼬리를 갖고 있지 않다.
달은 초록색 치즈로 만들어졌다.

이와 같은 논증은 철학적으로 유효한 논증의 한 사례다.

"모든 개는 꼬리를 갖고 있다"가 첫째 전제이고, 둘째 전제는 "어떤 개는 꼬리를 갖고 있지 않다"이다. 그리고 달은 초록색 치즈로 만들어졌다는 결론은 논리적으로 아무 무리가 없다. 서로 모순되는 전제들로부터는 그 어떤 결론이 내려지더라도 무방하다. 두 전제가 모두 진실이지만 결론은 거짓인 경우(그와 같은 부류의 추론이 '타당한' 게 될 수 있는 유일한 길)는 결코 있을 수 없기 때문이고, 두 전제가 모두 진실인 경우는 결코 있을 수 없기 때문이다.(그리고

이 논증의 전제들이 반드시 서로 모순되는 것이라고 할 수만은 없는지도 모른다!)

결론이 반드시 진실인 논증은 논리적으로 또 다른 호기심을 유발한다.

돈은 나무에서 자란다.
<u>감자 나라의 국왕은 돈을 좋아한다.</u>
돈은 좋은 것이거나 나쁜 것이고, 혹은 어느 쪽도 아니다.

……라는 논증도 완벽하게 '타당하다.'

이 논증은 전제와는 상관없이 타당성을 가진다. 이 논증의 결론이 거짓이 될 수 있는 상황이 어디에도 없기 때문이고, 결론이 거짓일 수 없다면 전제들도 진실이어야 하기 때문이다. 그러므로 "돈은 좋은 것이거나 나쁜 것이고, 혹은 어느 쪽도 아니다"라는 결론을 우리는 "돈은 나무에서 자란다"와 "감자 나라의 국왕은 돈을 좋아한다"는 사실의 '증거'로 내세울 수 있으며, 그러면서도 이 논증을 '타당한' 것으로 간주할 수 있다.

마지막으로, "고양이가 날 수 있다면, 개는 차를 운전할 수 있다"는 진술은 완벽하게 타당한 추론이다. 거짓 진술의 뒤에는 그 어떠한 진술이 수반되더라도 무방하다. "앞의 진술이 진실이면 뒤의 진술도 진실"이라는 게 거짓으로 판명되기 위한 유일한 길은 '앞의 진술'은 진실이지만 '뒤의 진술'은 거짓인 상황이 실제로 있어야 하는데, 여기서는 그런 일이 결코 일어나지 않을 것이기 때문이다.

그러므로 어떤 논증을 논리적으로 타당한 게 되게 하는 건 그 결론과는 전혀 상관없고, 따라서 커다란 혼란을 빚어낼 수 있다.

(이 문제는 '용어 해설'에서 다시 논의되고 있다.)

Problem 99   데카르트의 심각한 문제

🔊 **지금 이 순간에 내가 참으로 끔찍한, '101가지 철학 문제'라는 악몽 속에 있지 않다는 걸 어떻게 알 수 있을까?**

듣지도 보지도 못한 명제들을 내세웠지만 놀랍도록 일관되고 치밀하게 짜여진, 그러나 그럼에도 불구하고 요기가 잔뜩 서려 있어서 절대로 현실일리 없는 악몽을 내가 지금 꾸고 있지 않다는 걸 어떻게 알 수 있을까? 내가 지금 나를 홀리려는 어떤 사악한 마귀의 손아귀에 잡혀 있지 않다는 걸 도대체 어떻게 알 수 있을까?

혹은 어떤 사악한 의사의 손에 내가 맡겨 있지 않다는 걸 어떻게 알 수 있을까? 내가 끔찍한 사고를 당한 뒤에 의사가 나의 뇌를 떼어내어서 무시무시한 의학 실험을 하기 위해 실험실에 보관해두고 있으며, 그리고 가령 청각은 자주색, 촉각은 검정색, 미각은 노랑색, 시각은 하늘색 등 여러 가지 색깔을 튜브를 통해서 거기에 미리 만들어진 '감각 자료들'을 주입하고 있지 않다는 것을……?

Discussion

해답은, 물론 우리는 그걸 알 수 없다는 것이다. 우리가 꿈을 꾸고 있거나 화학 약품이 가득한 통 속에 잠겨 있는 것 같지는 않은데(헬스 클럽 같은 데에서는 가끔 이 두 가지가 동시에 일어날 때가 있다), 오늘날의 컴퓨터는 갈수록 매우 정교해진다(그리고 마귀들은 이미 오래 전부터 그러했다). 어쨌든, 우리는 우리가 이미 겪었던 다른 경험들에 비추어서 그러한 것을 알 뿐인데, 우리의 경험이란 건 대개가 꾸며낸 착각이었는지도 모른다.

실제로 르네 데카르트가 낡은 벽난로 앞에 쪼그리고 앉아 있을 때 깨달았던 것처럼(Problem 02 에서 살펴본 것처럼), 우리가 확실하게 알 수 있는 건 단 한 가지뿐이고, 그 단 한 가지란 우리는 누구나 생각한다고 하는 것이다. 우리는 지금 생각하고 있다고 생각하는 '착각'을 할 수는 없다. 생각이 없으면 착각도 할 수 없기 때문이다 그가 읊조렸다는 저 유명한 "*cogito ergo sum*"은 "나는 생각을 하기 때문에 존재한다"는 뜻이다. 다만, 여기서 '나'는 지나치게 자구에 얽매여서 해석되어서는 안 된다. 그 '나'는 어떤 특정한 사람이 아니라, 단지 어떤 '생각하는 존재'를 지칭할 뿐이다.

데카르트가 온 세계를 다 통틀어서 연역해낸 이 단 하나의 확실한 진리는 "생각을 하는 어떤 생각하는 존재가 있다"고 번역되는 편이 더 옳을 것 같다. 혹은 다시 생각해보면 그렇지 않을지도 모른다.

어쨌든 이 '생각하는 존재'란 누구인가? 그걸 확실히 알고 있는 사람은 아무도 없다. 어쩌면 그것은 신인지도 모른다.

Problem 100 문제 101로 넘어가기 위한 문제

철학 문제는 수없이 많다. 깊이 들여다보면 볼수록 그만큼 더 많이 발견된다. 우리의 눈이 닿는 한까지 끝없이 문제가 펼쳐져 있다. 그리고 대다수가 아직 풀리지 않았다. 강력한 성능의 컴퓨터, 망원경, 크레인 같은 기계가 있는 지금, 우리는 그 모든 문제를 한데 모아놓을 수 있다면 그 무게를 재어볼 수도 있을 것이다. 혹은 그 수많은 문제를 차례로, 꼬리에 꼬리를 물도록 이어놓으면 도대체 어디까지 뻗어나갈 것인지도 측정할 수 있을 것이다. 혹은 문제들을 자세히 살펴서 정확히 어떤 요소들로 이루어졌는지를 알아낼 수도 있을 것이다. 컴퓨터를 비롯한 최신 기술로 하지 못할 게 사실상 아무것도 없기 때문이다. 그러나 철학 문제에 해답을 제시하는 것만은 하지 못하리라.

철학 문제는 꼭 들어맞는 해답을 애초에 갖고 있지 않다는 게 바로 문제이기 때문이다.

🔊 이건 철학 문제가 안고 있는 문제일까?

Discussion

혹은 이것은 존재에 관한 문제인가? 우리가 보는 모든 걸 채색하고 왜곡하고 기만하는, '관념의 안경' (어떤 철학자들은 이렇게 비유하겠지만, 또는 '관념의 눈가리개' 라고 하는 편이 옳다고 보는 철학자들도 있을 것이다)에 관한 문제인가?

플라톤을 비롯한 대다수의 고대 그리스 철학자는 그렇게 생각하지 않았다. 그들은 아무도 해답을 알 수 없으며 그들 자신도 해답을 찾으려고 애쓰지 않으리란 걸 스스로 잘 알고 있는 문제들을 놓고 한가로이 토론하는 행위가 '이성적인 동물', 즉 인간이 할 수 있는 가장 고상한 행위 중의 하나라고 보았다. 물론 그리스에서 철학을 직업으로 삼은 유한 계층이 생성되었던 건 노예제 덕분이었다. 동양의 현자나 승려도 비현실적이기는 마찬가지였지만, 그러나 그들은 착취는 하지 않았다. 실제로, 그리스 철학의 대부분은 신비주의적 전통에서부터 비롯되었으며, 그것과 더불어서 조화와 영혼과 부활 같은 개념들이 발생했다.

에티엔느 콩디약Étienne Bonnet de Condillac(1715~80)은 다음과 같은 얘기를 한다. 깊은 잠에서 깨어보니까 웬 미로 속에 있고, 주위에서는 몇몇 사람이 그 미로를 빠져나갈 길을 찾기 위한 일반 원리를 놓고 언쟁을 벌이고 있다고 가정해보자. 세상에 그보다 더 우스꽝스러운 일이 또 있을까 하고 콩디약은 탄식한다. 그러나 그게 바로 철학자들이 하는 짓이라고 그는 말한다. "그들에게 시급한 건 이미 미로에서 벗어나 있다고 믿는 게 아니라, 우선 그들이 지금 있는 그곳이 어디인지를 스스로 알아내는 것이다"라고 그는 결론짓는다.

문제 그 자체가 이미 시사하고 있는 것처럼, 이 경우에 깊이 생각만 하고 있는 건 바람직한 해결책이 못된다. 오늘날 우리는 많은 걸 하기를 원하고 만들기를 원하고 성취하기를 원한다. 오늘날 우리는 그야말로 온 세상을 상대하면서 살고 있으며, 우리의 신체보다 훨씬 뛰어나고 우리의 정신보다도 훨씬 뛰어난, 기계라는 도구를 사용하고 있다. 어느 누구도 그저 생각하는 것만으로는 부자가 될 수 없다.

그리고 철학도 시대와 더불어 변해왔다. 19세기와 20세기에 이루어진 눈부신 기술 혁신은 또 거기에 걸맞은 철학 운동을 낳았던 바, 양차 세계대전 사이에 결성된 비엔나 학파의 논리실증주의도 그 중의 하나다.

이 학파는 과학적인 '검증'을 견딜 수 없는 주장은 아무 의미도 없다는 걸 인정하는 사람들만 받아들이려 했다. 그러나 철학자들은 여전히 매우 중요한 사람들이다. 그들은 검증된 주장뿐만 아니라, 검증되지 않은 주장도 얼마든지 논리적으로 표현할 수 있다는 것을 밝힐 수 있기 때문이다.

이 학파의 '핵심 학자' 모리츠 슐리크Moritz Schlick는 "최종적이며 가장 중요한 진리"는 인간의 눈에는 영원히 보이지 않는다는, 즉 "우주라는 수수께끼의 열쇠는 감춰져 있다"는 견해를 비난했다. 그는 1936년에 『철학자』에 기고한 글에서 다음과 같이 주장했다. 필경, 그는 이 세상에는 답변할 수 없는 질문들이 있다는 걸 인정한 것 같다.

어떤 인간도 결코 해답을 알 수 없는 질문을 한다는 건 매우 쉬운 일이다. 그게 매우 쉽다고 믿을만한 강력한 이유들을 우리는 갖고 있다. 플라톤의 50번째 생일날 아침 8시 정각에 무얼 했을까? 호메로스가 『일리아드』의 첫 줄을 썼을 때 그의 몸무게는 얼마였을까? 달의 뒷편에는 길이가 3인치인 물고기 모양의 은붙이가 있을까? 우리가 제 아무리 애를 써도 이와 같은 질문에 답할 수 없을 것이다. 그러나 동시에. 우리는 그 답을 찾으려고 그리 애를 쓰지 않으리란 것도 안다. 이와 같은 문제들은 아무 의미도 없는 것이므로 철학자들도 전혀 개의치 않을 것이며, 역사가나 자연주의자도 자신이 그 해답을 아는지 모르는지 따져보지도 않을 것이라고 우리는 말할 것이다.

이어서 모리츠 슬리크는, 유감스럽게도 철학의 가장 중요한 문제 중에도 그 해답을 찾을 수 없는 부류에 속하는 게 있다는 사실에 주목한다. 원리적으로 '논리에 저촉되기 때문에' 답변할 수 없거나, 혹은 현실적인 상황에 비춰볼 때 '경험에 저촉되기 때문에' 답변할 수 없는 문제들이 있다. 그러나 논리적으로 답변할 수 없는 건 진짜 문제일 수 없다. 논리적으로 답변할 수 없는 문제는 그 자체가 이미 아무 의미도 없다는 뜻이고, 의미가 없는 문제는 어차피 문제로 성립할 수도 없다. 그것은 "터무니없는 말을 늘어놓고 그 끝에 물음표를 붙인 것에 지나지 않을 뿐"이다.

따라서 어떤 철학자가 가령, "시간의 본질은 무엇인가?"라거나 "우리는 절대자를 알 수 있는가?"라는 질문을 늘어놓아서 우리를 혼란스럽제 할 뿐, "신중하고도 정확한 설명을 하고 정의를 제시하여 그 의미를 설명해주지 않을 때에는" 우리가 그 해답을 내놓지 않는 게 오히려 당연하다고 그는 결론짓는다. "그것은 가령, '철학의 무게는 얼마인가?' 라고 묻는 것이나 마찬가지다. 이건 질문이라고 할 수도 없는 헛소리일 뿐이다."

여기서 우리는 논리실증주의자들이, 몹시 낡았지만 빈틈이 전혀 없는 저 스코틀랜드의 철학자 데이비드 흄에게 이념상으로 어느 정도 빚을 지고 있다는 사실을 알 수 있다. 흄은 『인간 오성론』 (1748)에서 다음과 같이 말하고 있다.

가령 우리가 신학이나 형이상학에 관한 책을 입수했다고 치고, 이렇게 질문해보자. "거기엔 양과 수에 관한 추상적 추론이 있는 가?" 아니다. "거기엔 사실과 존재에 관한 실험적인 추론이 있는 가?" 아니다. 그렇다면 당장 그 책을 불 속에 던져버릴지어다. 거 기엔 궤변과 미몽만이 가득할 것이기 때문이다.

그러나 이것은 너무 심한 짓이리라. 특히 이 책도 그와 같은 부 류에 속하는 책이라고 생각한다면 더욱 그러할 것이다.

존재의 문제

　메가소프트 씨는 존재의 본성에 관한 책을 읽는중이다. 그 책은 인간이 살아 있는 목적은 단지 섹스를 통해서 그의 '유전 물질'을 전달하여 자식을 낳는 데 있다고 말하고 있다.

　그 주장을 뒷받침하는 증거가 우리 주변에서 실제로 상당히 많이 발견된다. 첫째, 성적 충동은 매우 강렬하고, 단지 자식을 낳는 것 이상은 거의 성취하는 게 없는 것 같다. 둘째, 지구상의 어떤 곳에서는 자식을 잘 돌보기 위해서 자신을 희생하는, 자신의 유전자의 장래를 위해 투자하는 것이라고밖에는 달리 설명할 길이 없는 풍조가 있다.(남의 자식에 대해서는 그만한 관심을 기울이지 않는 것으로 보아서 그것은 분명 이타주의는 아닌 것 같다!) '이기적인 유전자'가 인간의 행위를 결정하는 것이다. 그리고 메가소프트 씨는 그 주장이 삶의 이유와 세상만사의 의미를 매우 정확하게 설명한다고 생각한다.

　축구, 예술, 남과 남의 자식을 죽이는 등, 인간의 다른 모든 행위도 이것으로써 설명할 수 있다. 그리고 인간은 그 자식이 성장해서 제 힘으로 살 수 있게 되면 부모는 머지않아 죽도록 예정되어 있는 것도 같다.

　메가소프트 씨는 그의 유전적 암호를 후손에게 전달하는 책임을 매우 진지하게 받아들인다. 그는 메가소프트 연구소에 비밀 부서를 하나 만든다. 이 부서의 임무는 그의 세포에서 채취한 DNA 띠 하나를 그의 동거녀 찰린이 기증한 수정되지 않은 난자에 이식하는 것이다(그 과정에서 그녀의 유전자 암호도 채취된다는 사실을 메가소프트 씨는 찰린에게 숨긴다). 그 뒤에 난자는 냉동되어 메가소프트 씨가 소유한 통신 위성 중의 하나에 장착된, 태양열로 가동되는 특수한 '탈출 용기'에 보관된다. 이 계획은 우주 속으로 발사되어 영원히 떠돌아다닐 미니 우주선을 위한 것이다.

메가소프트 씨는 그렇게 하면 그의 유전자 암호가 그 어떤 인간의 것보다 더 오래 보존될 것이고, 그러면 인류가 반드시 이 세상에 존재하지 않아도 될 것이라고 생각한다.

그러나 그의 이론에는, 적어도 존재의 문제를 푸는 데 관한 한은, 한 가지 이론적인 문제가 있다. 만약 인간의 존재 목적이 단지 우리의 유전자 암호를 후손에게 전달하는 것이라면……

🔊 **그렇다면 유전자 암호의 목적은 무엇인가?**

Discussion

교회가 하는 일은 존재의 목적에 관한 문제들을 푸는 것이라고 여겼던 시절이 있었다. 그러나 지금은 "삶의 의미는 무엇인가?"와 같은 질문이 철학 학위 시험에서 이따금 가볍게 기분 전환이나 하라는 듯이 출제될 뿐이다. 그러나 이 문제는 의학 윤리에서는 대단히 실제적인 형태로 제기된다. 특히 만성 질환자나 노인들의 경우에는 더욱 심각한 문제가 된다. 수많은 사람에게서 삶의 의미라는 문제가 삶의 막바지에 이르러서야 심각하게 제기된다는 사실은 참으로 얄궂다 하지 않을 수 없으리라.

그렇다면 이 문제의 요지는 도대체 무엇인가? 그건 "자기 복제이며, 열역학적 공정을 적어도 한 번 실행하는 것"(스튜어트 카우프만Stuart Kaufman), 혹은 이 문제에서 제시된 노정을 가는 것이라는 매우 무미건조하고 과학적인 해답을 제시하려는 사람들이 있지만, 우리가 이것을 굳이 받아들일 필요는 없다. 더러는 대단히 유물론적이고, 또 더러는 대단히 이상주의적인 대안들이 있다. 후자는 인생은 진실과 아름다움과 선을 추구하는 것이고, 그것을 아는 데 이르는 것이라고 보는 것 같다. 소크라테스가 가르쳤던 것도 바로 이것이다. 그리고 이것은 여러 가지 면에서 이 책의 모든 문제의 내용과도 맥락이 닿는다. 동시에 동양의 어떤 철학은 이것들조차도 단지 '관념'일 뿐, 궁극적인 실재를 갖고 있지 않다고 경고한다.

어쨌든 더 많은 사람이, 고대 그리스인 중에서도 더러는 유물론적인 해답을— '마음껏 놀고' '부자가 되고' '세계의 지배자가 되는' 등을 추구하는 걸—더 좋아한다. 그러나 인생의 목적이 '행복의 추구'에 있다면, 그 비결을 제대로 모르는 경우에는 어떻게 될까? 우리 대다수는 인생의 대부분을 그걸 모른 채 살아가는 것 같다. 불교의 핵심 문제는 이 세상의 고난을 극복하는 것이라는 점을 여기서 상기해볼만한 것 같다. 크로톤의 필로라우스Philolaus(기원전 479~390년 무렵)는 『잡록Miscellanies』에서 영혼은 육체에 하나의 형벌로서 멍에처럼 매여 있으며 "마치 무덤에 묻힌 듯이 거기에 감금되어 있다"고 음울한 소리로 말한다. 반면에 불교는 대단히 실질적이다. 먹고 자는 것을 삶의 일부로서 매우 중요한 것으로 보고, 한편 때에 따라서는 고난을 받아들일 능력을 길러야 한다고 본다. 불교도에게는 삶과 우주와 삼라만상의 목적에 관한 질문의 해답은 삶과 우주와 모든 것 그 자체가 곧 목적이다.

그러나 여기에 만족할 수 없는 사람들이 있을 것이고, (이 책이 여기서 끝나는 게 아쉬운 나머지) 특히 운이 좋은 극소수의 인간만이 어떤 '진짜' 목적을 갖고 있을 뿐, 그 나머지 모두는 단지 그저 있어도 그만이고 없어도 그만인 들러리로 살아가는 건 아닌가 하고 묻는 사람들이 있을 것이다.

유럽 전역이 봉기와 혁명에 휩싸였던 10년 동안에 프로이센의 소도시 뢰켄에서 태어난 프리드리히 니체도 분명 그렇게 생각했던 거 같다. 니체는 인간, 사실상 모든 생명은 제각각 자신의 '권력'을 증대하기 위한 몸부림을 치고 있다고 보았다.

니체는 '초인'과 전쟁과 '권력에의 의지'와 장엄한 운명 같은 것에 관해서 글을 썼던 철학자이자 시인이었다. 그러나 일개 인간으로서의 니체는 그리 박력 있는 남자가 아니었다. 병약했던 그는 늘 두통과 만성 근시안과 소화계 장애에 시달렸으며, 왕성한 성욕에도 불구하고 이성에게 매력을 줄 수 없었으며, 모든 면에서 잔뜩 뒤틀린 비극적인 인물이었다. 그는 자신이 원했을 법한 것과는 정반대되는 인생을 살았다.

니체가 스스로를 '최초의 배덕자'라고 선언했던 의도는 "자신을 다른 모든 인간과는 전혀 다른 특별한 인간이라고 생각하려는 오만"이었다.(그럼으로써 그는, 가령 "악인이 될 정도로 충분히 강하지 않은 사람은 어느 누구도 선인으로서 칭송받을 자격이 없다. 그러한 사람의 선은 단지 무기력일 뿐이거나 의지의 결핍일 뿐이기 때문이다"라고 썼던 로쉬푸코 공작 프랑수아François[1613~80]의 말을 무시했다.) 그의 희망은 기독교의 가면을 벗기고, 그야말로 '선'을 '악'으로 만드는 것부터 시작해서 모든 가치를 '재평가'하는 것이었지만, 이 과업을 완수하지는 못했다. 사뭇 신성 모독적인 제목의 『이 사람을 보라 Ecce Homo』는 그의 최후의 저술이 되고 말았다. 1889년 초에 그는 정신 이상에 걸려서 인생의 황혼에 접어들었고, 다시는 회복하지 못했기 때문이었다. 이 책의 결론은 그 자신의 탁월성에 대한 송가인 듯도 싶지만, 그러나 사실은 파시즘에 대한 독일적인 해석을 노래한 것이었다.

'신'이라는 개념은 삶과 정반대의 개념으로 고안되었다. 그것은 해악스럽고 불건전하고 중상적인 모든 것, 삶에 대한 모든 인간적인 증오가 한데 응어리진 참으로 끔찍스러운 개념이 아닐 수 없다! '피안', '참된 세계'라는 개념은 실제로 존재하는 우리의 유일한 세계의 가치를 앗아가기 위해서—이 지상에서의 우리의 실재를 아무런 목표도 이유도 과업도 없는 것으로 만들기 위해서—고안되었다. '영혼', '정신', 그리고 더 나아가 '불멸의 영혼'이라는 개념은 육체를 경멸함으로써 그것을 병들게—'거룩하게'—만들고, 그리고 삶에서 우리가 진실로 진지한 관심을 기울여야 마땅할 모든 문제를 다 제쳐놓고 그저 영양, 주거, 청결, 날씨 등과 같은 끔찍하게 사소한 것에만 몰두하도록 만들기 위해서 고안되었다! ……마지막으로, 가장 치명적인 것은 공공의 대의명분이 모든 약한 자, 병든 자, 잘못 만들어진 자, 스스로 고통을 받는 자, 이 세상에서 사라져야 마땅한 모든 자를 가지고 만든 선한 인간이라는

개념 속에 들어 있다. 자연의 법칙을 거슬러서 만든 이 개념은 오
만한 자와 잘 만들어진 자, 긍정적인 자, 미래를 확신하고 미래를
보증하는 자에 대척되는 것으로서 만들어진 것이다.

(믿어지지 않는 일이지만, 오늘날 니체는 유행을 좇는 자유주의자들의
흠모의 대상이 되고 있다.) 니체는 또 인간의 목적은, 가령 행복의 극
대화와 같은 어떤 막연한 전략 혹은 과정에 있는 게 아니라, '최상
급 인간들'의 활동에서 발견할 수 있다고 썼다. 그 인간들은(그들
은 오직 '남성'뿐이다) 역사를 초월하고, 그들 자신의 쾌락을 위한
규칙 이외의 어떤 규칙에도 얽매이지 않는다. 『권력에의 의지』에
서 니체는 식물과 바위 같은 것까지도 포함한 자연 전체의 행위를
권력의 추구로서 설명하려 한다.

이 모든 건 니체가 일찍이 고대 그리스 사회에서 성행했던 갖가
지 경기에 대해 관심을 가졌다는 사실을 반영한다. 고대 그리스에
서는 실제로 인생이란 게 일련의 경기의 연속이었던 측면이 있었
으며, 이것은 체력이 강하거나 싸움을 잘 하는 사람들, 음악가나
시인, 그리고 소크라테스와 같은 철학자들에게서도 다 마찬가지였
다. 니체가 보기에, 소크라테스는 에페수스의 귀족 출신인 헤라클
레이토스Heracleitus(그의 별명은 '어두운 인간'이었다)에 버금가는 매우
강력한 남자였다. 니체는 헤라클레이토스를 파괴의 '기쁨'을 신봉
하는 측면에서는 그와 동료인 셈이라고 주장한다. 그리고 '파괴'
는 디오니소스 철학의 핵심적인 요소이고, 반대와 전쟁을 찬동하
는 것이고, '존재'라는 개념조차도 근본적으로 부인하는 것이다.

니체는 그의 권력 이론을 역사에 적용하여 몇 가지 새롭고 눈부신 해석을 내린다. '초인Übermensch'은 니체에게는 그의 이론의 논리적인 산물로서, 정의 혹은 동정심 같은 관념에 의해 전혀 구속받지 않은 채 자신의 권력을 한껏 즐기는 개인을 말한다. 여기서 '권력'을 '돈'으로 바꾸어보면(결국 돈은 권력의 구체화이다) 이 관념이 얼마나 널리 확산되어 있는지를 여실히 알 수 있을 것이다.

철학적으로 볼 때, 니체는 인생에는 아무 의미도 없으며, 단지 개인들이 제각각 자신을 위해 어떤 의미를 부여할 뿐이라고 하는, 얼핏 보기에는 아주 무해한 것 같은 극단적인 견해를 내놓는다. 이 무용함과 무의미로부터 벗어나기 위한 유일한 길은 행동과 창조뿐이며, 행동과 창조의 가장 순수한 형태는 권력의 행사를 통해서 달성된다는 것이다.* 반면에 소크라테스가 그리도 강력하게 제안했을 뿐만 아니라, 기독교에 의해서 그 요지가 확립되었던 인습적인 가르침은 인간은 선을 행해야 하며, 그럼으로써 행복에 이를 수 있다고 가르친다. 니체는 이것을 '노예의 도덕'일 뿐이며, 선이라는 건 죄 의식과 나약함에서 비롯되는 것이고, 원한을 갖지 못하는 데에서 생기는 허울의 미덕이라고 논박한다.

---

* 삶에는 아무 목적도 의미도 없다고 하는 니체의 견해는 '영원 회귀설'이라는 그리스인의 이론에 대한 그의 해석에서 더욱 잘 나타나 있다. 영원 회귀설은 우주가 최초의 우주적 빅 뱅 단계에서부터 미리 정해진 과정을 따라 순환하고 있으며, 그 안에서 인간을 비롯한 모든 사물의 존재가 나타났다가 사라지기를 거듭한다고 믿는 것이다. 사뭇 기초 수학은 어떤 유한한 공간 속에 극소수의 원자만이 있다고 하더라도, 그 원자들은 그 어떤 패턴을 정확하게 반복하지 않고서도 무한히 긴 시간 동안에 스스로를 배열시키고 재배열시킬 수 있다는 것을 입증한 것 같다.

한층 더 인본주의적으로 종교에 도전하여, 삶의 목적은 신을 기쁘게 하는 것 혹은 신을 섬기는 것, 나아가서는 천국에 이르는 것이라고 하는 주장을 반박하는 사상들도 있다. 논리적으로 따져보면, 신은 존재하지 않거나 존재한다고 하더라도 인간의 섬김을 받지 않고서도 그 권능을 행사할 수 있는 존재인 것 같다.(곰곰이 생각해보면, 그렇게 보지 않는 게 오히려 이상할 것 같다. 교구민이 목사에게 묻고자 하는 것도 바로 그것일 터이다. 그리고 인간이 영생을 얻는다고 하더라도, 그게 도대체 무슨 소용이 있겠는가……?)

반면에, '남을 돕는 것' 혹은 행복의 증진이 인간의 한층 더 일반적인 과제라고 보는, 의도는 나쁘지 않지만 참으로 진부할 따름인 견해도 있다. 이 견해는 도움을 받는 사람의 인생의 이유는 그렇다면 무엇인가 하는 문제를 간과한다는 면에서 최소한 논리적인 결함을 드러낸다. 모든 인간의 역할이 서로를 돕는 것이라고 한다면, 이 세상에는 차라리 인간이 없는 게 낫지 않겠는가? 그러면 서로가 서로를 도울 필요도 없지 않겠는가?

이 모든 해석은 인간이 이 세상에 존재하는 데에는 실은 그 어떤 목적이나 의미도 '없다'고 하는 불쾌하기 짝이 없는 진실로 환원되는 것 같다. 혹은 그 목적은 그저 '살아가는' 데 '있는' 것일까? 엘리어트T. S. Eliot가 희곡 『칵테일 파티』에서 말한 것처럼, 기원전 1세기에 티투스 루크레티우스 카로스Titus Lucretius Carus는 부의 축적과 쾌락의 추구에는 한계가 있다는 사실을 망각하거나, '해악스러운 불만'으로 인해 "자신의 삶을 거친 바다로 내모는" 행위를 해서는 안 된다고 경고했다. 어쩌면 우리는 죽음에 대해서 더 이상 근심하지 말아야 하는지도 모르겠다. 그러나 삶에는 아무 목적이 없다고 한다면, 우리가 죽음을 회피하려는 강렬한 생물학적 충동을 갖는 이유는 도대체 무엇인가? 더 나아가, 누군가가 죽었을 때 우리가 그리도 슬퍼하는 이유는 또 무엇인가?

(가령, 유전자적인 해석과 같은) 과학적 해석을 제시하는 (스스로를 철학자라고 부르기를 원하지 않는) 사람들은 사실은 해석이라고 할 수도 없는 것을 내놓는 셈이다. 그들의 해석은 단지 메커니즘에 대한 설명일 뿐이다. 우리의 눈이 사물을 보는 것은 망막의 수정체가 자극을 받기 때문이라고 설명하는 건 우리가 사물을 눈으로 보게 되는 이치가 무엇인가 하는 질문을 제기하는 것일 뿐이다.(망막의 수정체를 자극하는 게 어떻게 우리로 하여금 사물을 보게 하는가?) 인간이 존재하는 목적은 종족을 번식하는 것이라고 설명하는 건 단지 존재의 메커니즘을 설명하는 것일 뿐이다. 그것은 우리가 사는 목적은 먹는 데 있다고 말하는 것이나 조금도 다르지 않을 것이다(이 설명은 우리를 또 다시 불교에게 데리고 갈 것이며, 더 나아가서는……).

철학이 그 특성을 발휘하여 우리로 하여금 그 무섭도록 깊은 곳—적막에 묻힌 불가해의 심연—을 들여다보게 해주는 게 바로 이와 같은 문제들이다. 다만, 철학은 우리가 그 심연 속으로 아주 추락해버리는 건 바라지 않을 것이다. 결국, 인간이 존재하지 않으면 우주도 존재하지 않을 것이기 때문이다.

'혹은 그럴 때에도 우주는 존재할 것인가?'

용어 해설

다음은 이 책에서 언급한 용어와 인물들에 대한 추가 자료를 제공함으로써, 하나의 철학 '텍스트북'이 되도록 해본 것이다. 그러나 그 어느것도 포괄적이거나 공평한 개괄에는 미치지 못한다. 더자세히 공부하고자 하는 독자들은 이 책 끝에 수록한 '독서 안내'에서 언급한 책들을 참고하기 바란다.

철학 Phillosophy은 이 책의 주제다. 이것은 종종 그리스어 phlos(사랑)와 sophia(지혜)의 합성어로, '지혜를 사랑하는 것'으로 잘못정의되기도 한다. 철학은 예수가 태어나기 2~3세기 전에 그리스인에게서 시작되었다고 말하는 사람이 더러 있지만, 그러나 이건인류의 오랜 지적 전통을, 특히 인도와 중국의 미묘하고도 통찰력이 넘치는 지적 전통을 무시하는 말일 터이다. 그러나 우리가 철학의 보다 좁은 정의를 받아들인다면, 철학은 모순contradiction을 사랑하는 것이라고 하는 편이 더 옳을 것이다. 모순 개념은 인위적으로엄격하게 구별함으로써 설정되는데, 동양 철학의 핵심인 '유/무'

는 가장 근본적인 모순 개념이다. 실제로 철학자들은 모든 걸 둘로 가르는 것을 좋아한다. '유/무'에서부터 시작해서 '참/거짓', '선/악' 등의 구별로 나아가고, 최근에 언어 철학에서는 심지어 '주어/술어', '객관/주관', '형식/비형식' 등의 막연한 구별까지도 시도한다.

플라톤은 공허한 말장난으로 타인을 곤궁에 빠트리는 것을 좋아하는 사람들을 '소피스트sophist'라고 불렀는데, 철학은 또한 그와 같은 말장난을 사랑하는 것이기도 하다. 철학이란 용어는 또 가치와 인간적 의미에 대한 탐구를 지칭하는 데에도 사용할 수 있다.

응용 철학Applied Philosophy은 어떤 해답을 요구하는 현실 문제에 철학의 기법을 적용하는 학문이다. 예를 들어, 의료 자원을 배치할 때, 환경상의 여러 요구와 인간의 필요를 동시에 고려해야 할 때, 혹은 사업상의 관습과 이익이 상충될 때 제기되는 문제들을 해결하기 위한 게 응용 철학이다. 자의식이 강한 진지한 철학자들은 아직도 이것을 '진짜 철학'이 아니라고 본다. 그들은 일상 생활의 문제와 더 동떨어진 문제를 논의하는 걸 훨씬 더 좋아한다. 그러나 이와 같은 태도는 때때로 사뭇 괴이한 결과를 빚어낼 수도 있다. (특히 주목할만한 것으로서, 미국의 시민권 운동이 최고조에 달했던 1957년에 출간된) 존 패스모어John Passmore의 논문은 "모든 흑인은 인간이라는 명제"에 대해서 논의했는데, 그는 필시 사례로 든 문제의 민감성에 대해서는 미처 생각하지 않았던 것 같다. 19세기의 저명한 '관념론자' 프란시스 허버트 브래들리Francis Herbert Bradley를 인용하면서 패스모어는 이 명제가 "판단이라는 건 실재에 대한 기호 체계에 어떤 관념적인 내용을 부여하는 것"이라고 주장하는 것 같다고 설명했다. 그는 이렇게 썼다.

"모든 흑인은 인간이다"라는 진술은 '흑인은 인간'이라는 게 엄연한 하나의 실재임을 단언한다. 이 진술은 하나의 단일한 실재에 술어를 부여함으로써 그 실재 전체를 하나로 아우른다. 다만 이 술어는 그 자체가 다양한 의미를 지닌 것으로서, 이것은 모든 명제가 궁극적으로는 똑같은 형식을 취하고 있는 것과 마찬가지다—명제는 실재의 어떤 관념적인 내용을 피력하는 것이기 때문이다.[*]

다른 모든 게 다 모여 사는 세계로부터 철저히 유리되어 있다는 점을 감안할 때, 응용 철학은 확실히 사회적으로 한층 더 깨어 있는 형식의 철학으로 되돌아가고자 하는, 환영할만한 시도라고 볼 수 있을 것 같다.

아리스토텔레스 Aristotle 는 플라톤을 만나기에 참으로 시의적절했던 기원전 384년에 태어났다. 그는 놀라운 열정으로 태양 아래의 모든 문제를 탐구했다. 그의 업적은 상당량이 후대에 전해져 역사적으로 지대한 영향을 미쳤지만, 실제로 그는 훨씬 더 많은 글을

[*] J. Passmore, *A Hundred Years of Philosophy*, Penguine, 1984, pp.158-59.

썼으며 그 중에는 그의 눈부신 선배의 방식을 답습한 대단히 생동감 넘치는 대화록들이 있다. 그러나 그 대화록은 단 한 편도 후대에 전해지지 않았고, 다만 무미건조한 의사疑似 과학적인 주해와 이론만이 남아 있을 뿐이다. 그럼에도 불구하고, 혹은 바로 그것 때문에 중세가 다 지날 때까지도 그와 비견할만한 영향력을 가졌던 사상가는 아무도 없었으며, 그의 사상은 13세기에만도 다섯 차례나 교황청으로부터 파문을 당했다.

아리스토텔레스도 다른 모든 그리스 철학자와 마찬가지로, 과학 탐구와 철학 탐구를 구별하지 않았다. 아리스토텔레스는 특히 자연을 관찰하는 데 깊은 관심을 가졌으며, 그의 생물학 연구는 다른 누구보다도 찰스 다윈으로부터 크게 칭송받았다. 아리스토텔레스는 유기체들이 제각각 고유한 기능을 갖고 있으며, 어떤 의도적인 목적을 향해 나아가고 있으며, 자연은 결코 우연의 산물이 아니라고 하는 견해로 후세의 연구에 깊은 영향을 미쳤다. 식물의 가지가 태양을 향해서 뻗어가며 자라는 건 '빛을 추구하기' 때문이다. 인간의 기능은 이성으로 생각하는 것이며, 인간이 동물의 왕국의 다른 어떤 구성원보다 더 뛰어난 존재인 이유가 바로 그것 때문이라고 그는 본다. "인간은 이성적인 동물"이라는 것이다. 이 견해는 사물의 이치를 그 구조와 행위에 입각하여 설명하고자 하는 생물학자나 과학자들의 견해와는 극명하게 대조된다.

아리스토텔레스의 가장 위대한 업적은 그의 '추론의 법칙'—형식 논리학—이라는 데 오랫동안 대체로 의견이 모아져왔다. 이것은, 어떤 의미에서는 결코 철학이라고 볼 수 없지만 철학과 밀접하게 연관되어 있다. 현대의 수많은 철학자가 그러한 것처럼, 그는 철학적 과정의 열쇠는 바로 논리라고 보았다. 전통적인 '사고의 법칙'은 다음과 같다.

*존재하는 것은 존재한다.(동일성의 법칙)
*존재하면서 존재하지 않는 것은 아무것도 없다.
(비모순의 법칙)
*모든 것은 존재하거나 존재하지 않아야 한다.
(중간자 배제의 법칙)

도덕 철학의 가장 영향력 있는 저서 중의 하나로 꼽혀왔던 『니코마코스 윤리학』은 그리스인이 가장 위대한 미덕으로 여겼던 것들과, 강렬한 목소리와 담담한 어조로 말을 하면서도 지나치지 않게 겸손한 사람을 지칭하는, 아리스토텔레스의 이른바 위대한 영혼의 소유자에 관한 논의를 담고 있다. 『윤리학』의 핵심 사상은 유다이모니아eudaimonia를 추구하는 게 인간의 고유한 목적이라는 것인데, 이건 어떤 대단히 특별한 종류의 '행복'을 일컫는 그리스어다. 유다이모니아에는 세 가지 양상이 있다. 단순한 쾌락, 정치적 명예, 관조를 통해 얻는 여러 가지 보상이 그것이다. 물론, 본질적으로 이것은 철학이라는 뜻이다.

그는 영혼을 육체와 분리할 수 없는 '생명의 원리' 혹은 '생명의 원동력'이라고 본다. 마지막 저서 『영혼론De anima』에서 아리스토텔레스는 이렇게 피력한다.

지금까지 우리가 논의했다시피, 정신은 스스로 다른 어떤 것이 되어감으로써 존재하는 것이고, 한편 다른 어떤 것을 만들어냄으로써 존재하는 것도 있다. 빛과 같은 적극적인 상태가 그것이다. 어떤 의미에서 빛은 잠재적인 색깔을 현실적인 색깔로 만들기 때문이다. 이와 같은 의미에서 볼 때 정신은 분리할 수 있는 것이고, 통과될 수 없는 것이며, 다른 것과 섞이지 않은 것이다……. 정신이 그 현재의 조건으로부터 따로 떨어지면, 그것은 단지 그것 자체일 뿐 다른 무엇도 아닌 것처럼 보인다. 이것만이 불멸이고 영원이며(그러나 이런 의미에서 정신은 통과될 수 없는 것이고, 수동태로서의 정신은 파괴될 수 있기 때문에 우리는 그것의 이전의 활동을 기억하지 않는다), 이것이 없이는 그 무엇을 사고할 수도 없다.

이 구절은 후대의 번역가와 주석가들에게 수많은 문제를 안겨주었다. 주석가의 한 사람인 단 오코너Dan O'Connor는 이 구절이 도대체 무슨 의미인지 알 수 있는 사람은 아무도 없다고 말하는 게 타당하다고까지 말한다. 성 토마스 아퀴나스는 지성intellect을 기독교의 '불멸의 영혼' 과 같은 것이라고 보았고, 한편 그것은 곧 신이라고 말한 학자들도 있었다.

버클리George Berkeley(1685~1753) 주교는 『인간 지식의 원리』에서 "전체적으로 볼 때 나는 지금까지 철학자들을 즐겁게 해주었으며, 지식으로 나아가는 길을 가로막았던 숱한 난제의 대부분은 전적으로 우리 자신이 만든 것이라고 생각하고 싶다. 대관절 우리가 스스로 먼지를 일으켜놓고는 앞이 보이지 않는다고 불평해왔던 것이다."

시대에 뒤지지 않겠다고 다짐이라도 했던 듯, 사람 좋은 이 주교는 "존재하는 것은 곧 지각하는 것이다*esse est percipi*"라는 주의를 고안했는데, 이것은 물질적 사물들은—모든 것은—의식을 가진 존재에 의해 지각됨으로써만 존재한다는 것이다. 과연 그렇다면, 가령 숲 속의 나무는 그것을 보는 사람이 아무도 없을 때에는 존재하지 않는다는 것인가라는 반문에 대해서, 신은 언제나 모든 것을 인식한다고 그는 대답했다. 그의 견해로는, 이것이 대단히 유력한 논거였다.

버클리는 주요 저술을 20대에 썼다. 『새로운 시각 이론』은 1705년에, 『인간 지식의 원리』는 그 1년 뒤에, 『힐라스와 필로노우스의 대화』는 1713년에 썼다. 이 마지막 저술에서 물질에 대한 그의 주장이 가장 잘 피력되어 있다. 힐라스는 과학적 상식을 대변하고, 필로노우스는 버클리 자신의 견해를 대변한다. 플라톤과 소크라테스의 방식대로 사교적인 말을 잠시 주고받은 뒤에 힐라스는, 그의 친구가 이 세계에는 물질이 존재하지 않는다고 보는 견해를 갖고 있다는 말을 들었노라고 말한다. 그리고 그는 그와 같은 생각보다도 더 환상적이고, 상식에 어긋나고, 노골적인 회의주의인 게 또 있을 수 있겠는가 하고 탄식한다!

필로노우스는 '감각 자료'란 건 실은 정신적인 것이며, 그것은 미지근한 물로써 증명할 수 있다고 설명하려 한다. 미지근한 물에 찬 손을 넣으면 그 물이 따뜻한 것 같고, 따뜻한 손을 넣으면 차가운 것 같다. 힐라스는 이 주장을 받아들이지만, 그러나 다른 감각적 성질들을 들어 반박한다. 그러자 필로니우스는 미각은 유쾌하거나 불쾌한 것이며, 따라서 정신적인 것이고, 후각도 또한 마찬가지일 수 있다고 주장한다. 이 대목에서 힐라스가 강력하게 되받아쳐서, 소리는 진공 속에서는 이동하지 않는다고 알려져 있다고 말한다. 따라서 소리는 공기 분자의 이동으로 발생하는 것일 뿐, 정신적인 실체가 아니라고 단언한다. 필로노우스는 소리란 게 정녕 그러한 것이라면, 그것은 우리가 알고 있는 소리와는 조금도 흡사한 데가 없으며, 따라서 소리란 것은 정신적인 현상으로 간주하는 게 타당하다고 반박한다. 이 주장은 색깔에 대한 논쟁에서도 힐라스를 좌절시킨다. 가령 회색 안개 바로 위에 석양의 황금빛 구름이 보일 때처럼, 어떤 조건에서는 색깔이라는 게 사라지기도 한다고 필로노우스는 주장한다.

마찬가지로, 크기도 관찰자의 위치에 따라 달라진다. 여기서 힐라스는 사물은 인간의 지각과는 상관없이 존재해야만 한다고 주장한다. 사물을 보는 행위는 정신적인 것이지만, 그러나 그 행위와는 무관하게 사물은 거기에 엄연히 존재한다는 것이다. 필로노우스는 대답한다. "즉각적으로 지각되는 모든 건 하나의 개념idea이다. 그런데 정신 밖에 존재하는 개념이 있을 수 있는가?" 다시 말해서, 어떤 사물이 지각되기 위해서는 그것을 지각할 정신이 있어야만 한다는 것이다. 심지어, 힐라스의 두뇌마저도 "지각의 대상일 뿐이기 때문에" 힐라스가 말하는 것처럼, "정신 속에서만 존재한다!"고 필로노우스는 주장한다. 버클리의 결론은 정신과 정신적인 사건만이 존재한다고 보는 견해가 성립할 수 있는 논리적 근거가 있다는 것이다. 이 견해는 헤겔과 그 후대의 철학자들에게서 수용되었다.

데카르트 René Descartes는 16세기가 저물어갈 무렵(1596년)에 프와띠에에서 태어났다. 그는 예수회가 설립한 어느 대학에 들어갔다가 나중에 종합 대학으로 옮겼다. 그리고 참으로 플라톤적인 방식으로, 그는 자신의 교육을 완결짓기 위해서 군인이 되었다. 그의 부대가 네덜란드에 주둔할 때 그는, "학문의 보물 창고의 문을 열어주는 진리의 정신" 혹은, 가령 대수학에서 방정식을 풀기 위해서 사용하는 연역적 방법을 다룬 수학적 문제들, 특히 기하학의 문제들에 적용하고, 나아가서는 모든 문제를 그 방법으로 해결한다는 발상을 갖게 해준 꿈을 두 차례 꾸었다.

데카르트는 대단히 뛰어난 수학자로서, 좌표 기하학coordinate geometry을 이용하여 방정식으로써 기하학적 도형을 설명하는 방법을 최초로 발견했다. 이게 바로 데카르트 기하학이라고 알려진 것이다. 그의 가장 중요한 철학 저술로는 『방법 서설』(1637)과 『성찰』(1641)이 꼽힌다.

그러나 데카르트는 스웨덴 여왕의 개인 교사가 되어달라는 제의를 받아들이는 불운한 선택을 했다. 그는 하루 종일 벽난로 앞에 앉아 사색하며 보내던 사랑하는 네덜란드를 떠나서 동토의 나라 스웨덴으로 갔다. 여왕은 굳이 새벽 이른 시각, 5시나 6시에 철학 공부를 하는 것을 좋아했다. 소크라테스는 눈보라 속에서 사색하는 걸 퍽 좋아했던 것 같지만, 데카르트는 새로운 생활에 적응하지 못하여 1년이 채 안 되어 독감으로 사망했다.

데카르트는 근대 철학의 창시자라고 불린다. 아리스토텔레스 이래로 세계를 제1원리로써 바라보았던 최초의 철학자였기 때문이다. 더구나 그의 스타일은 신선하고 독창적이며, 가장 광범위한 독자층을 염두에 두고 글을 썼다. 그는 모든 저술을 라틴어와 프랑스어 두 판본으로 출간했다. 라틴어 판본은 정본이고, 프랑어 판본은 대중의 독서를 위한 것이었다. 그리하여 칸트에 이르러 철학이 다시 전문가들만의 난해한 독백으로 물러날 때까지, 철학은 실생활의 일부가 되었다.

아인슈타인 Albert Einstein(1879~1955)은 일반인들 사이에서는 철학자라고 여겨지지 않았다. 그러나 실은 그는 철학자였다. 아인슈타인은 그의 뒤를 이어 50여 년 동안에 걸쳐서 과학자들이 정교한(흔히는 매우 비싼) 역학 실험을 통해 검증하려 했던 걸 이미 가상 실험으로써 탐구했다. 그는 모든 게 '상대적'이라고 말했던 것으로 흔히 알려져 있다. 이것은 오늘날의 정치적 및 도덕적 상대주의자들이 반색할만한 참으로 마음 편한 견해다. 그러나 사실을 알고 보면, 아인슈타인은 우주와 시간 속에서 상대적이지 '않은' 것, 절대적이고 불변하는 것에 관심을 가졌다. 심지어, 그는 자신의 일반 상대성 이론과 특수 상대성 이론을 '불변 이론'이라고 명명하려는 생각까지도 했다.

아인슈타인은 빛의 절대 속도를 측정하고, 또 전파나 X선 같은 모든 전자기 에너지의 값을 측정하려 했다. 이렇게 하기 위해서 그는 절대 시간과 절대 공간을 포기하고, 대신에 (중력과 가속이라는 상대적인 운동에 의해 영향을 받는) '시공space-time'이라는 개념을 만들어내야 했다. 그러나 이것은 그가 처음 시도한 게 아니었다. 시간과 공간의 내적 연관은 고대 그리스인과 그 뒤 몇 세기 동안의 철학자들이 놀랍도록 유사하게 이미 논의해왔던 것이었다. 성 아우구스티누스는 시간이 '관찰자'에 따라 제각각 다른 것이라고 생각했고, 라이프니츠는 절대 시간과 절대 공간이라는 개념을 특별히 부인했는데, 이 개념은 우주의 기원에 관한 문제들을 야기할 것이기 때문이었다.

유클리드Euclid는 기하학에서는 그리 많은 것을 발견하지 않았지만, 어떤 주장을 입증하기 위한 수학적 체계를 한 가지 고안했다. 오늘날 수학 과목에서 수많은 학생이 고초를 당하는 건 거의 이 학자의 업적 덕분이다.

이집트인의 이론에 토대를 둔 '유클리드의 공리'는 기하학의 체계를 사뭇 튼튼하게 수립하기 위해 꼭 필요한 다음과 같은 5가지 가설을 제시했다.

*똑같은 것과 똑같은 것들은 서로 똑같다.
*똑같은 것들과 똑같은 것들을 더하면 그 합도 똑같다.
*똑같은 것들로부터 똑같은 것들을 빼면 그 나머지도 똑같다.
*우연히 서로 일치하는 것들은 서로 똑같다.
*전체는 부분보다 크다.

이 가설들을 이해하지 못하는 사람들은 그 증거들도 마음에 들지 않을 것이다. 그러나 가설을 내세우고, 그것으로써 무엇을 증명하고, 그렇게 '증명된 것'을 가지고 새로운 증거들을 또 찾아내는 유클리드의 방법은 후세의 많은 철학자, 특히 스피노자와 비트겐슈타인의 흥미를 돋우었다.

프레게 Göttlob Frege(1848~1925)는 √⁻¹이나 0 같은 숫자가 어떻게 과자병 속에 든 과자의 수를 지시할 수 있는지를 물었다. 이어서 프레게는, 바로 뒤이어 러셀이 그랬던 것처럼 수학을 전적으로 논리적 토대 위에 세우려는 시도를 했고, 그 과정에서 완전히 새로운 기수법記數法을 개발했다. 눈부신 업적으로 평가받은 이 기수법을 제대로 이해하는 사람은 거의 없었다. 더 나아가, 프레게는 명사와 문장 전체를 하나의 수로 지시하기도 했다. 그는 의미를 두 가지 유형으로 구분했다. 독일어 Sinn(지각sense)과 Bedeutung(연관reference)이 그것이다. 이것을 설명하기 위해서 철학에서 늘 사례로 드는 게 '새벽 별'과 '저녁 별'이다. 이 두 용어는 모두 처음엔 서로 다른 두 개의 별이라고 여겨졌던 금성을 지칭하지만, 그 'sense'는 서로 다르다. Sinn은 원래 단어 혹은 문장의 '의미'이고 Bedeutung은 지칭되고 있는 그 사물을 가리킨다(독일어의 이 단어는 또한 의미라는 뜻이기도 하다).

독일 철학 German Philosophy. 독일어로 쓰인 철학 책은 늘 사뭇 괴이하고 신비스럽기까지 했다. 초보 철학자들은 플라톤, 아리스토텔레스 및 옛 영국의 철학자들에게는 행복하게 심취할 수 있을 것이고, 프랑스와 네덜란드 철학자들의 저술도 즐겁게 읽을 수 있을 것이다. 중국과 인도의 철학은 비전문가들에게는 참으로 이상야릇한 것처럼 보이겠지만, 그러나 납득할 수 없도록 난해하지는 않을 것이다. 그러나 헤겔, 칸트, 훗설 등의 독일 철학은 어떠한가? 그들의 저술은 겉보기에도 벌써 두껍고 빽빽할 뿐만 아니라, 그 속을 파보면 더욱 더 무엇이 무엇인지를 종잡을 수 없다.

예를 들어, 독일어로 쓰인 최초의 철학 책으로 꼽히는 힐데가르트Hildegaard of Bingen(1098~1179)와 에크하르트Meister Eckhart(1260~1337)의 저술은 시종 정신 나간 소리를 늘어놓고 있는 것처럼 보인다. 초심자에게 진리에 대해 설명하려는 배려가 너무 지나쳤던 탓으로 그렇게 된 것 같지만, 실은 이것은 모든 진지한 철학자의 과업이기도 하다. 독일어로 씌어진 철학은 단지 신비스러운 데 그치질 않고, 무겁고 박식하고 재미없는 것으로도 명성을 떨쳤다. 어쩌면 언어 자체가 그렇게 만들었던 것일까? 헤겔은 독일어에는 다른 어떤 언어와도 비교되지 않을 만큼 다양한 추상어가 있다고 믿었고, 한편 심술장이 철학자 하이데거Martin Heidegger는 프랑스인이 철학을 하려면 당연히 독일어를 사용해야 하는데, 이것은 독일어가 고대 그리스어와 두드러진 혈연 관계를 맺고 있기 때문이라고 말했다.

이게 사실이건 아니건(아마도 사실이 아닌 것 같지만), 라이프니츠는 독일어가 감각적으로도, 은유적으로도 남다른 힘을 갖고 있다고 보았으며, 그리하여 프랑스어와 라틴어로 글을 쓰는 쪽을 선택했다.

흄David Hume(1711~76)의 가장 널리 알려진 두 저서 『인간 본성론』과 『인간 오성의 탐구』는, 버클리처럼 서른 살 이전에 출간되었다. 1744년에 그는 대학 교수가 되려고 했다가 실패한 뒤에 처음에는 어느 미치광이의 개인 교사가 되었고, 나중에는 어느 장군의 비서가 되었다.

흄은 논리학을 철학에 적용했고, 어느것도 쓸모가 없다는 결말에 이르렀다. 그의 방법에 의해 먼저 희생된 건 하나의 실체로서의 '의식consciousness' 혹은 '자아the self'였다. 그는 의식은 언제나 무엇인가에 관련된 것, 가령 뜨겁거나 차가운 것 등에 대한 느낌에 관한 것이고, 그러므로 자아는 온갖 지각의 다발이라고 보았다. 어느 누구도 그 자체로서의 '자아'를 지각할 수 없으며, 특히 다른 사람의 자아는 결코 지각할 수 없다. 따라서 흄은 정신이란 게 존재하지 않는다는 것을 증명함으로써 물질도 존재하지 않는다고 했던 버클리보다 한 걸음 더 나아갔다.

흄은 원인과 결과라는 개념을 검토했다. 이것은 데카르트가 몹시 공을 들여 체계화하고 확실하게 밝히려고 했으며, 단지 개연성상의 지식만 갖게 해줄 뿐이라고 결론지었던 개념이다. 어떤 사건에 뒤이어 다른 사건이 끊임없이 일어나는 걸 볼 때, 우리는 뒤이어 벌어진 사건이 그 앞의 사건에 의해서 유인되었다고 '추론'한다. 그러나 "우리는 그 연결conjunction의 이유를 알 수는 없다." 예를 들어, 사과를 먹을 때 우리는 그게 어떤 맛을 갖고 있을 것이라고 예상한다. 그러나 사과를 한 입 베어 물었을 때, 가령 바나나 맛이 난다면 우리는 그게 이상하다고 생각할 것이다. 흄은 이게 부질

없는 생각이라고 말한다. 사실, 그것은 귀납법 문제의 또 다른 양상이다. "미래는 과거를 닮는다고 하는 가정은 그 어떤 논증에 토대를 둔 게 아니라, 단지 전적으로 습관에서부터 나온 것이다."

그렇다면 모든 지식은 결함이 있으며, 우리는 그 무엇도 믿을 수 없다고 하는 결론에 도달할지도 모른다. 흄은, 과연 신사 철학자다운 태도로써, '부주의와 무심함'이 구제책이라고 제시한다. 다시 말해서, 우리는 우리의 논증의 결점을 무시해야 하며, 우리의 필요에 부합되는 것 같은 논거를 지속적으로 사용해야 한다는 것이다. 그럴 때에는 철학은 우리가 견해를 바꾸어야 할 이유가 되는 게 아니라, 단지 소일을 위한 즐거운 방편이 된다(과연, 그는 그 방편을 발견했다).

칸트Immanuel Kant(1724~1804)는 근대 철학자 중에서 가장 위대한 철학자라고 흔히 일컬어지지만, 실은 다른 모든 근대 철학자에게도 그와 같은 치사가 주어져야 마땅할 것이다. 어쨌든, 칸트는 확실히 그들에게 숱한 고민을 안겨주었던 최초의 장본인 중의 하나임에는 틀림없다. 다만, 그는 옛 철학자들의 전통에 따라 과학과 이론적 철학을, 심지어는 물리적 지리학이라는 학문을 강의하는 데에도 시간을 할애했다. 그러나 데카르트나 아담 스미스 같은 박식가들과는 달리, 과학에 관한 그의 견해는 그리 인상적인 게 못되었다. 가령 태양계의 모든 행성은 제각각 지적인 삶을 운위하고 있으며, 태양으로부터 멀어질수록 지능 수준이 높아진다고 하는 그의 이론은 전혀 과학적이지도 않고 철학적이지도 않다.

스스로 '철학에서 코페르니쿠스적 전환'이라고 주장했던 (여전히 천문학적 주제를 담고 있는) 칸트의 가장 탁월한 저서 『순수 이성 비판』은 1781년에 출간되었다. (과학자로서의) 칸트에 따르면, 외부 세계는 존재한다. 그러나 (철학자로서의 칸트는) 우리는 '물 자체Ding an sich'를 직접 알 수 없으며, 단지 감각 작용을 통해서만 지각할 뿐이라고 본다. 물 자체는 공간과 시간의 일부가 아니고 실체도 아니며, 따라서 그 어떤 규범적인 개념 혹은 칸트의 이른바 '범주category'로써 설명할 수 없다. 이는 시간과 공간과 그 나머지 모든 것이 주관적인 것이며 우리의 인식을 위한 도구일 뿐이기 때문이다. 은유적으로 말하자면, 그것은 단지 우리가 실재를 지각하기 위해서 눈에 쓰고 있는 안경일 뿐이다. 그리고 우리는 색안경을 쓰고 있기 때문에 모든 걸 그 안경의 색깔로만 보게 된다.

'세계 자체'에 대한 이와 같은 불가지성不可知性과 주관성의 한 가지 잇점은 그게 삶과 우주 안에서 서로 모순되는 모든 것을(칸트는 이것을 '선험적 종합'이라고 명명한다) 설명해준다는 것이다. 따라서 인간의 자유 의지의 가능성 혹은 불가능성에 관한 문제이고, 우주 자체는 도대체 무엇의 '안에' 있는가 하는 문제(Problem 28 참조)이며, 칸트가 저 유명한 '이율배반antonomy'으로써 간략하게 묘사했던 문제도 이것으로 설명할 수 있다. 인간이 고안한 물리적 법칙은 그 어느것도 '세계 자체'에 적용할 수 없기 때문에(인간은 그것에 관해서 아무것도 알 수가 없고), 따라서 적어도 원리상으로는 자유 의지를 가질 수 있다. 『도덕의 형이상학적 기초』(1785)에서 칸트는 인간이 준수해야만 하는 지상 과제를 제시한다. 칸트의 이른바

'정언 명령categorical imperative'은 다음과 같은 것이다.

  너의 의지의 준칙이 항상 보편적인 법칙의 원리로서 타당한 것
이 되도록 행위하라.

칸트는 몇 가지 사례를 들면서 이 지상 과제를 설명한다. 그 중
의 하나로서, 갚을 생각이 없이 남에게서 돈을 빌리는 것이 있다.
누구나 다 그렇게 한다면, 아무도 남을 믿지 않을 것이고, 따라서
약속이라는 제도는 무너지고 말 것이라고 칸트는 말한다. 무엇인
가가 '옳지 않다'고 말할 때, 그 말의 진짜 의미는 그게 '비논리
적'이라는 것이다. 행위의 결과를 놓고 숙고하려는 그 어떤 시도
도 칸트는 전적으로 반대했다. 그의 생각으로는, 행위의 정당성은
그 결과에 의해 판단되는 게 아니라, 단지 그것을 정당화하는 원리
에 의해서 판단되어야 한다. 따라서 절도, 살인, 남을 돕지 않는 행
위는 '비논리적'이고 자기 모순적인 것이 된다. 남을 돕지 않는,
"모든 사람이 다 1등이 되고자 하는" 이 세속적인 철학은, 엄밀히
말하자면 보편적인 것일 수도 있다는 데에는 칸트도 동의하지만,
그러나 그는 인간은 누구나 때때로 남의 도움을 필요로 하기 때문
에 그게 모순일 수밖에 없다고 본다.

지식 Knowledge. 우리가 무엇인가를 아는 데에는 여러 가지 방법이
있다. 가령 우리는 어떤 사실을 알 수 있고, 어떤 사람을 알 수 있
고, 구두끈을 매는 방법을 알 수 있다. 철학자들은 지식에 대한 정

의를 내리는 작업을 위의 세 가지 앎 중에서 첫 번째 것에만 국한
시켜서 이를 동어반복적으로 제한하는 경향이 있다. 데카르트는
'명석 판명한' 믿음을 다른 믿음들과 구별하고, 그러한 믿음을 지
식이라고 부른다. 옥스포드 대학의 언어 철학자 오스틴 J. L. Austin은
우리가 무엇인가를 안다고 말하는 것은 그게 그러하다고 확언하는
것이고, 어떤 특별한 종류의 약속을 하는 것이라는 견해를 내놓았
다.(Problem 02 참조)

　로크 John Locke는 찰스 1세와 의회가 맞싸운 영국 내전이 발발하
기 직전인 1632년에 섬머셋에서 태어났다. 그는 의학과 정치와 철
학을 직업으로 삼았다. 그는 미국 헌법의 철학적 기초를 제공한 장
본인으로 흔히 알려져 있다.
　지식의 탐구에서 감각 경험이 핵심적인 역할을 한다고 주장했던
철학자는 정작 베이컨과 홉스였는데도, 로크는 또한 '영국 경험주
의'의 창시자로 일컬어진다. 로크의 입장은, '인간 지식의 모든 자
료'가 인간의 감각을 통해 물질 세계로부터 직접적으로, 혹은 인
간의 내면적 정신 세계에 대한 성찰을 통해 간접적으로 수집된다
고 보는 것이다. 로크는 이것을 다음과 같이 설명한다.

　구름을 뚫고 솟구쳐 하늘에까지 닿은 그 모든 웅대한 생각의 근
　원이 바로 이거다. 우리가 아득한 사색을 통해 드넓은 세계를 배
　회할 때 우리의 정신도 더불어서 고양되는 것 같지만, 그러나 우
　리의 정신은 깊은 사색의 재료로서 감각 혹은 성찰이 제공한 게

아닌 어떤 개념에는 전혀 다가가지 못한다.

로크의 사상은 커다란 영향력을 행사해왔다. 예를 들어, 로크는 일차 성질과 이차 성질을 구별했다. 어떤 사물의 고형성固形性, 연장, 형상, 정지되어 있느냐 움직이고 있느냐 하는 상태, 수 등과 같은 일차적인 성질은 근본적인 것으로 그 사물과 분리될 수 없다. 한편, 로크가 그의 『인간 오성론』 제2권에서 피력한 것처럼 색깔, 냄새, 소리 등과 같은 이차적인 성질은 사물 자체에 내재한 게 아니고, 단지 '인간에게서 여러 가지 감각을 일으키는 힘' 일 뿐이다. 예를 들어, 불의 이차적인 성질은 고통을 일으킨다는 것이다(어떤 상황에서 그것은 온기일 수도 있다). 고통을 일으킨다는 건 불의 본질적인 성질이 아니고, 흰색은 눈의 핵심적인 성질이 아니다.

이차적인 성질은, 가령 색안경을 끼고 보거나 날씨가 너무 춥거나 덥거나 하는 등이 원인이 되어서 오류를 범하는 경향이 있다. 그러나 버클리 주교가 지적한 것처럼, 이것은 일차 성질도 마찬가지다. 물질 세계는 오직 움직이는 물질로써만 구성되어 있다고 하는 로크의 견해는 소리, 열, 빛, 전기에 관한 이론의 기초로서 용인되었으며, 전혀 다른 원리에 입각한 양자 역학이 발견되어 있는 현재까지도 대다수의 사람은 옳건 그르건 간에 그 이론들에 근거하여 세상을 이해한다.

로크는 그와 같은 견해를 가지는 데 전혀 어려움을 갖지 않았을 것 같다. 이성에 관해서 그는, 이성적 사고란 삼단 논법적인 연역법이라고 하는 논리적인 과정을 따르는 것이라는 주장을 반박하여, "신은 인간을 두 다리로 걷는 동물로 만들어놓기만 할 만큼 인색하지 않았고, 인간을 이성적인 동물로 만드는 일을 아리스토텔레스에게 맡기지 않았다"라고 썼다.

논리학 Logic. 철학자 중에는 논리학이 고등 철학이고, '너무 어려워' 그들도 제대로 설명할 수 없다고 말하는 사람들이 더러 있을 것이다. 그러나 그 말을 믿지 마라. 논리학은 그런 게 아니다. 일상 언어에 의한 설명보다 훨씬 더 유력한 것처럼 보이는 고아한 수학적 증명들을 제시했던 유클리드 이래로, 철학자들은 우리의 개념과 언어와 사상에 어떤 질서를 부여하고자 하는 논리학에 대해서 매력을 느껴왔다. 논리학은 수학적인 방식으로 세계를 바라보는 것이며, 수학은 전적으로 가정을 토대로 출발하는 것으로서, 수학과 세계 사이의 유사성은 매우 희박할 뿐이다. 일종의 정신적인 논리로서의 추론이라는 관념은 '거짓'이며, 사람들은 실제로는 정신적 모델과 상상력을 사용함으로써 추론을 한다는 경험적 증거가—직관적 증거는 물론이고—얼마든지 있다.

그럼에도 불구하고 대다수의 철학적 논리는 아리스토텔레스의 '추론의 규칙'에 근거하여 이루어진다. 그의 규칙에 따르면, 논증의 방법으로 성립할 수 있는 게 대략 256가지가 있으나, 올바른 가정에서 출발해서 반드시 올바른 결론에 도달할 수 있는 것은 고작 몇 가지뿐이라고 한다. 라이프니츠는 논리학을 통해 인간이 모든 문제를 해결하기 위한 기계를 만들 수 있을 거라고 생각했는데, 이는 컴퓨터가 발명된 이후로 더욱 대중 속으로 확산된 미몽이다.

그러나 논리학은 불리한 점도 갖고 있다. 논리학은 동어반복을 양산할 뿐이라는 게 그 하나다. 우리가 새로운 무엇을 찾고자 할 때에는 논리학을 사용할 수 없다. 논리학은 기껏해야 대단히 혼란스러운 무엇으로부터 무언가 참된 것을 확인하는 데에나 도움이 될 뿐이다. 또한 논리학을 사용하는 건 퍽 위험스러울 수도 있다. 체스터튼G. K. Chesterton이 『정설Orthodoxy』(1908)에서 지적한 것처럼, 논리학은 아주 멀쩡한 사람을 정신 나간 사람으로 만들 수 있다.

시인들은 미치지 않는다. 그러나 체스꾼들은 흔히 미친다. 수학 자들도 더러 미치고, 회계원들도 미친다. 그러나 창작을 하는 예술가들은 좀처럼 미치지 않는다. 나는 지금 논리학을 공격하는 게 아니다. 다만 나는 논리학에는 그 위험이 도사리고 있으나, 상상력에는 그런 위험이 없다는 말을 하려는 것일 뿐이다.

형식 논리학Formal Logic은 본질적으로 '연역적 증명의 과학' 이다. 다음 항목 '현대 논리학' 과 더불어 이 항목을 여기에 넣은 건, 가령 Problem 01의 무엇이 프레게와 러셀 같은 철학자들을 그리도 허둥거리게 만들었는지를 밝혀보기 위해서일 뿐이다.(그리고 독자들에게, 난해한 형식적 논증으로 사람의 정신을 혼란스럽게 만들려고 하는 사람에게 현혹당하지 말라는 경고를 해두기 위해서!) 형식 논리학의 매력은 전제가 옳으면 그 결론도 옳고, 그래서 매우 유익한 것으로 보인다고 하는 점이다. 그러나 참다운 논증의 의미 있는 내용은 추상적인 상징들을 실제로 의미를 가진 말로 대체했을 때 훨씬 더 '쉽게 알아볼 수 있다. 『이상한 나라의 앨리스』의 작가이자 뛰어난 수학자이기도 했던 루이스 캐롤Lewis Carrol은 논리학자들을 조롱하려는 의도에서 이른바 '가재 논증lobster argument'이란 걸 내놓았다.

'모든' 빨갛게 삶은 가재는 죽었다.
<u>'그리고' 모든 죽은 빨간 가재는 삶아졌다.</u>
'그러므로' 모든 삶아진 죽은 가재는 빨갛다.

(이것은 실은 아무 의미도 없는 말일 뿐이고, 논리학자들의 견지에서 볼 때 특히 연역적으로도 타당하지 않다는 게 캐롤의 요지다. 이것이 제대로 이해되지 않는 사람은 벤 도식Venn diagram[원, 직사각형을 써서 집합의 상호관계를 알기 쉽게 나타내는 그림]을 그려서 어느 게 어디에 속하는지를 알아보라.)

형식 논리학은 삼단 논법에 관한 아리스토텔레스의 『제1분석론 Prior Anlalytics』에서 시작한다(삼단 논법은 두 개의 전제를 내세워서 하나의 결론에 도달하는 논증법으로, 중세에는 그 하나하나를 지칭하는 이름이 붙여졌다).

모든 사과는 나무에서 자란다.
<u>모든 골든 딜리셔스(미국산 노란 사과)는 사과다.</u>
모든 골든 딜리셔스는 나무에서 자란다.

'논증'은 추론을 하는 과정이고, 모든 논증은 그게 추론의 법칙

을 따르느냐 여부에 따라서 타당하거나 타당하지 않은 게 된다. 이
것은 실제상의 가정 혹은 전제를 탐색한 뒤에 판단되어야 하는, 사
실에 관한 문제인 '참' 혹은 '거짓'과는 전혀 다른 것이다. 하나의
논증이 타당한 것이 되기 위해서 필요한 건 오직 그것이 논리학의
법칙에 따라야 한다는 것이며, 논리학의 법칙은 어느 정도까지는
또한, 가령 '비모순의 법칙'이나 '중간자 배제의 법칙' 등과 같은
추론의 법칙과 똑같은 것이다. 아리스토텔레스는 4가지 유형의
'단언claim'을 다음과 같이 정의했다.

  *모든 S는 P이다.
  *S가 아닌 것은 P이다.
  *어떤 S는 P이다.
  *어떤 S는 P가 아니다.

  이 네 가지 진술이 삼단 논법에서 다양하게 배열될 수 있고, 그
리하여 256가지 서로 다른 삼단 논법적인 논증이 가능하게 된다.
그러나 거의 대다수가 타당하지 못한 논증일 뿐이고, 아리스토텔
레스는 오직 타당한 형식의 논증만 중요시한다. 그러나 그가 타당
하다고 보는 형식의 논증이 과연 타당하다는 걸 그는 어떻게 증명
할 수 있을까? 결국 문제는 어떤 논증이 타당하다는 것은 그것이
타당한 형식을 취하고 있기 때문이라는 것을 보여주는 것이다. 이
것을 논증 그 자체에 적용하는 것은 가능하지 않을 것 같다. 그러
나 아리스토텔레스는 추론의 모든 연쇄에는 자명한 출발점이 있다

고 주장한다. '자명'이라는 관념이 그의 방법에서 핵심적인 것이
지만, 그러나 거기엔 언제나 "누구에게 자명하다는 것인가?"라는
문제가 숨어 있다. 어쨌든, '자명하다'고 말하는 건 논리학적인 진
술이 아니라 심리학적인 진술이다.

아리스토텔레스의 논리학에 대해서 이것과는 또 다른 종류의 반
박이 있다. 그것은 아리스토텔레스가, 가령 "모든 고양이는 수염
을 갖고 있다"라는 진술에서처럼, 전제의 주어가 존재한다고 가정
했다는 것이다. 후세의 논리학자들은 이것을 회피하고자 했으며,
그리하여 "어떤 X에 관해서, 만약 그 X가 고양이라면 그 X는 수염
을 갖고 있다"로 바꾸었다.

이것은 그 자체가 이미 일상 언어와 논리상의 진술 사이의 간극
을 만들어낸다.

논리적 논증이 취할 수 있는 모든 형식 중에서 가장 유명한 것으
로는,

만약 내가 철학을 공부한다면 바보가 될 것이다.
나는 철학을 공부했다.
그러므로 나는 바보가 되었다.

를 들 수 있다.

이것은 '모두스 포넨스modus ponens(긍정법)라고 알려진 것으로서,
타당한 논증의 한 사례다. 그러나,

만약 내가 철학을 공부한다면 바보가 될 것이다.

나는 바보다.

그러므로 나는 철학을 공부했다.

라는 형식의 논증은 타당하지 않다.[*] 이것은 '후건 긍정의 오류 Fallacy of Affirming the Consequent' 라고 불리는, 매우 흔히 발견되는 오류 이다.(if~then[만약 ~라면 ~이다] 형식의 진술에서 앞부분이 전건이고 뒷부분이 후건이다.)

타당한 논증이 취하는 또 다른 주요 형식 중의 하나로서 '모두스 톨렌스modus tollens(부정법)' 라는 이름으로 알려진 게 있다. 앞에서 든 사례를 이 형식으로 재구성하면 다음과 같은 것이 된다.

만약 내가 철학을 공부한다면 바보가 될 것이다.

나는 바보가 아니다.

나는 철학을 공부하지 않았다.

현대 논리학Modern Logic은 흔히 1879년에 괴트롭 프레게에 의해 처음 시작되었으며, 20세기에 와서 버트란드 러셀이 증보했다고 알려져 있다. 아리스토텔레스가 문장의 구조에, 다시 말해서 문장 안의 구조에 관심을 가졌던 데 반해서, 대다수의 현대 논리학자는 문장을 수학의 명제와 단위로 취급하고, 그것을 흔히 기호와 기수

* J. Passmore, *A Hundred Years of Philosophy*, Penguine, 1984, pp. 158-59.

법을 통해서 조작하려 한다.

여기에 꼭 필요한 주요 기호들은 다음과 같다.

AND	연언連言	·
OR	선언選言	∨
NOT	부정언	—
IF~ THEN	조건언	→
IFF	양조건언	=

(철학자의 기호에 따라서는 이 밖에도 온갖 흥미로운 기호가 사용될 수 있다. 주의할 점은 논리학에서 'or'[혹은]는 '포괄적'이라는 것이다. 즉, 두 가지 가능성 모두가 허용된다는 것이다. 가령 우리가 논리학자에게 오렌지 주스 혹은 홍차를 좋아한다고 말했을 때는, 그가 두 가지 음료를 한데 섞어서 아무 맛도 없는 뜨뜻미지근한 것을 내놓더라도 그리 놀랄 일이 못된다. 그리고 조건 절은, 가령 인과 관계 같은 그 어떠한 관계를 내포하는 건 아니다.)

논리학이 우리가 실제로 추론하는 방식과 어느 정도나 일치하는가 하는 문제는 오늘날 대다수 서양 철학의 핵심에 자리 잡고 있다. 예를 들어, 표준적인 '형식 논리학'에서 사용되는 타당성에 대한 정의는 어떤 논증의 전제가 참인데 그 결론이 거짓인 경우가 성립되지 않아야 한다는 것이다.

상당히 신중한 이 가설이 성립하기 위해서는 이상야릇하고 조금은 우스꽝스러운 두 가지 귀결이 받아들여져야 한다(Problem 100

참조). 그 하나는 두 전제가 서로 일관성이 없는 논증도 그 결론이 어떠한 것이건 상관없이 타당한 것으로 인정되어야 한다는 것이다. 예를 들어, 눈은 반드시 희다는 진술이 첫 번째 전제이고, 눈은 때로는 희지 않다는 진술이 두 번째 전제라면 달은 풍선이라는 진술은 논리적으로 아무 문제도 없는 결론이 될 수 있다. 서로 일관성이 없는 전제들의 뒤에는 그 어떠한 결론이나 수반될 수 있기 때문이다.

다른 하나는 만약 어떤 결론이 반드시 참이라면 그 논증은 전제와는 상관없이 타당하다는 것이다. 이것은 결론은 거짓일 수도 있지만 전제는 반드시 참인 상황이 현실에서 결코 있을 수 없으며, 따라서 그 결론은 거짓일 수 없기 때문이다.

마찬가지로, 만약 고양이가 허공을 날 수 있다면 개는 자동차를 운전할 수 있다는 진술도 완벽하게 타당한 추론이다. 거짓인 진술 뒤에 그 어떠한 진술이 수반되더라도 아무 문제가 없기 때문이다 (만약 P라면 Q라는 진술이 거짓으로 판명될 수 있는 유일한 길은 P는 참이지만 Q는 거짓인 상황을 지적하는 것뿐이지만, 이 세상에는 그런 경우란 없다).

논리실증주의 Logical Positivism. 아인슈타인의 이론을 수다스러운 철학적인 언어로 번역함으로써 어느 정도 명성을 얻고 있던 철학자이자 과학자 모리츠 슐리크는 1922년에 비엔나 대학의 철학 교수로 초빙되었다. 슐리크를 중심으로 대단히 무미건조하고, 대단히 과학적인 철학자들이 모여서 이른바 비엔나 학파가 결성되었고,

그들은 스스로를 '논리실증주의자'라고 불렀다. 이 학파는 어떤 사람이 말한 건 그 내용이 과학적인 절차에 의한 '검증'을 견뎌내지 못할 때에는 아무 의미도 없는 말이 된다는 데 견해를 같이하는 사람들만 받아들이려 했다. 물론, 철학자들은 여전히 매우 중요한 사람들로 남아 있었다. 그들은 검증된 주장뿐만 아니라, 검증되지 않은 주장도 논리적으로 아무런 문제없이 표현될 수 있음을 밝힐 수 있기 때문이다.

논리실증주의자들이 만약 조금만 더 뒤에 등장했더라면 그들은 아마 레이 브래드베리Ray Bradbury의 공상 과학 소설 『화씨 451도』에 나오는 소방관들처럼, 451이라는 숫자가 새겨진 뺏지를 달았을 수도 있다. 그 소방관들의 공식 임무는 세상을 돌아다니면서 나쁜 서적을 찾아서 불태우는 것이었다. 그랬더라면 그들은 저 완고한 스코틀랜드 철학자 데이비드 흄에게 이념적으로 빚을 지고 있다는 사실을 조금이나마 인정하는 셈이 되었을 것이다(Problem 100 참조).

형이상학 Metaphysics이란 용어는 원래 아리스토텔레스의 철학에서 물리학physics '다음의' 장이라는 뜻일 뿐이었다. 이것은 취향에 따라서는 '과학의 너머' 혹은 '과학의 이전'이라고도 정의할 수 있다. 혹은 이것은 멘켄H. L. Mencken(1880~1956)이 『비망록─소수파에 관한 기록』에서 피력한 것처럼, 두 사람 이상이 모인 디너 파티나 영웅 서사시 같은 것으로써 '인간이 서로가 서로를 따분하게 만드는 힘'을 증진시키는 방식이라고도 정의할 수 있다. 논리실증주의자들도 이것을 눈여겨보고, 그들 나름대로의 독창적이고 난삽한 논리—수학적 언사를 구사했다.

니체 Friedrich Nietzsche. Problem 101에서 살펴보았듯이, 히틀러가 애호했던 19세기 독일 철학자 니체는 '혁명의 해(1844년)'에 프로이센의 소도시 뢰켄에서 태어났다. 그는 쇼펜하우어의 『의지와 표상으로서의 세계』를 마치 무슨 계시인양 읽고서, 그 내용을 자신의 사뭇 수상쩍은 목적으로 채택했다. 니체는 인간, 나아가서 모든 생명이 제각각 권력을 증진시키기 위한 투쟁에 몰두하고 있다고 보았다.

니체는 '초인'과 전쟁에 관해서 글을 썼던 철학자이자 시인이었지만, 역사 속의 한 인간으로서 니체는 두통과 만성 근시안과 소화계 장애에 시달렸던 병약한 사람이었으며, 모든 면에서 잔뜩 뒤틀린 비극적인 인물이었다. 어느 때 니체는 자기가 "웅대하고 용감한 정신의 소유자"가 되지 못하고 "편협하고, 잔뜩 위축된, 까다로운 일개 전문가"가 되고 만 것은 날씨 탓이었다고 사뭇 나약한 어투로 말하기도 했다. 그리고 또 언젠가는, 병이 "나를 서서히 해방시켜준" 덕분에 강의와 책을 포기할 수 있었고, 그 대신에 습관들을 끊을 수 있었으며, 무엇보다도 '책벌레 기질'을 마침내 버릴 수 있었노라고 말하기도 했다.

Problem 101 해설에서 이미 살펴보았던 것처럼, 니체가 스스로를 '최초의 배덕자'라고 선언했던 의도는 기독교의 가면을 벗기고, 그야말로 '선'을 '악'으로 만드는 것에서부터 시작해서 모든 가치를 '재평가' 하려는 것이었지만, 그러나 그는 이 과업을 완수하지 못했다. 그리고 『이 사람을 보라』는 그의 최후의 저술이 되고 말았다. 1889년 초에 정신 이상에 걸려버렸기 때문이었다.

한편, 니체는 인류의 목표는 가령 행복의 극대화와 같은 어떤 막연한 전략 혹은 과정에 있는 게 아니라, '최상급 인간들' 의 활동에서 발견할 수 있다고 썼다. "군중 속에 끼지 않을 사람은 그저 그렇게 편안하게 살아가겠다는 생각을 단념하지 않으면 안 된다. 그는, 정신 차려! 네가 지금 행동하고 생각하고 꿈꾸는 게 너의 전부가 아니야 하고 그의 마음이 외치는 소리에 귀를 기울여야 한다." 인간의 모든 행위를 권력 추구라고 설명하는 『권력에의 의지』에서 그가 피력한 '주인/노예' 관계에 대한 논의는 참으로 인상적이다. '초인' 은 니체에게는 그의 이론의 논리적인 산물로서, 정의 혹은 동정심 같은 관념에 의해서 전혀 구속받지 않은 채 자신의 권력을 한껏 즐기는 개인을 말한다. 『이 사람을 보라』의 마지막 장 '왜 나는 운명지어져 있는가' 에서 니체는 이렇게 쓰고 있다.

나는 나의 운명을 안다. 나의 이름을 떠올리면 무언가 무시무시한 게 연상되는 날이 언젠가는 올 것이다. 이 지구에서 전례가 없던 어떤 위기, 선악이라는 관념의 철저한 파괴, 이제까지 믿어왔고 요구되어왔고 희생되어왔던 모든 것에 대항해서 내려질 어떤 판단이 나의 이름에서 연상될 것이다. 나는 일개 인간이 아니다. 나는 다이나마이트다.

니체의 글은 썩 뛰어난 문학이 아니었지만, 철학자들은 그렇다고 생각한다. 또한 그의 글은 썩 훌륭한 철학도 아니었지만, 문학평론가들은 그렇다고 생각한다. 그리하여 지금껏 그는 깊이와 독창성을 지닌 철학자이자 문학가라는, 참으로 과분한 평판을 유지할 수 있었다.

동양 철학 Oriental Philosophy은 전체론적이다. 동양의 철학자들은 (특별히 극심한 분류학상의 혼란을 겪었던) 아리스토텔레스의 전통에 따르는 서양의 '분석적인' 철학자들과는 달리, 모든 걸 쪼개서 생각하는 것을 좋아하지 않는다. 그러나 사실은, 동양 철학의 두 핵심 개념인 '균형'과 조화의 중요성을 강조했던 플라톤에서부터 시작해서, 서양 철학에는 무수한 동양 철학이 들어 있다. 플라톤은 또 이론(배움과 앎)과 실천(삶과 존재) 모두로서의 철학을 강조했던 동양 철학의 정신을 반영한다.

특히 중국 철학은 사유와 행위를 하나의 활동의 두 측면—동전의 양면—이라고 본다. 태극太極—궁극적 실재—은 정신(理)과 물질(氣)의 결합이다. 그 목표는 인간이 도道에 그 자신을 귀속시키는 것이다. 그렇다면 도란 무엇인가?

도는 공허하다. 노자老子는 『도덕경』 제4장에서 도의 개념을 피력하고 있는데, 이것은 또한 철학에 대한 그의 견해라고 보아도 무방할 것이다.

그것은 주발처럼 쓰일 수 있지만, 그러나 결코 비워지지 않으며, 바닥이 없고, 모든 것의 근원이며, 날카로운 것을 무디게 하고, 매듭을 풀고, 빛을 그윽하게 만들고, 풍진 세상과 하나가 되어 깊고 고요히 영원히 존재한다.

또한 '우파니샤드'와 Problem 79~90의 토론을 참조할 것.

플라톤Plato은 기원전 427년에 정치에, 특히 민주주의와 과두제 운동에 깊이 관련된 아테네의 명문가에서 태어났다. 그 자신도 정치적 아망을 품고 있었으며, 소크라테스를 주인공으로 등장시켜 단막 희곡 형식으로 쓴 『국가』는 그 이후 서양의 모든 철학 사상의 청사진이 되었을 뿐만 아니라, 하나의 정치적 선언이기도 하다. 그러나 그가 의도한 바는 그보다 훨씬 더 지속적인 것이었음이 밝혀졌다. 나중에 데카르트가 밝힌 바, 플라톤은 정신과 물질의 구별을 최초로 시도했으며, 천상의 이데아idea 혹은 형상form에 관한 기이한 이론을 내놓았다. 그는 미와 진리의 천상의 형상이 있는 것은 물론이고, 가령 그 수의 '3임', 그 수의 '4임', 그 사물의 '의자임'—심지어는 '추함'—의 천상의 형상도 있다고 보았다. 물론, 그가 이렇게까지 낱낱이 설명하지는 않았지만.

러셀Bertrand Arthur William Russell(1872~1970). 할아버지가 빅토리아 왕조 때 수상을 지냈으며 제3백작인 그는 논리적인 수학자와 급진적인 자유 사상가가 기이하게 혼합된 철학자였다. 그의 생애는 특히 『수학의 원리Principia Mathematica』(1910~1913)를 통해서 논리적으로 물샐틈없는 수학의 토대를 세우려 했으나 별 성과를 거두지 못했던 시절, 그리고 앞에서 언급했던 『철학의 문제』와 『서양 철학사』로 철학을 대중화하려 노력했던 시절로 대별된다. 그는 잠깐 투옥된 적이 있었다. 평화주의자로서 그가 제1차 세계대전을 아무 목적도 없는 대살육일 따름이라고 보고 반대했던 1918년에 이런 수모를 당했다.

철학에서 그는 어떤 핵심적인 문제도 제대로 풀어내지 못했지만, 한 가지 매우 유쾌한 시도를 했다는 공적은 인정된다. 마찬가지로, 그는 지식의 두 가지 유형을, 프랑스인이 savoir와 connaitre라고 부르는 것을 구별했으나, 이것도 후세 사람들로부터 호의적인 평가를 받지 못했다. 그러나 그의 노고만은 위로받을만 했던지, 1952년 노벨 문학상이 그에게 돌아갔다.

성 아우구스티누스 Aurelius Augustine는 384년에 현재 우리가 알제리의 어느 곳으로 알고 있는 지역에서 태어났으며, 북아프리카 일대를 옮겨 다니며 공부하다가 당시 로마 제국의 아프리카 식민지의 수도인 카르타고에서 수업을 마쳤다. 그는 주로 문학과 수사학 공부에 주력했으며, 제때 순조롭게 카르타고와 밀라노에서 수사학 교수가 되었으나, 종교적 양심이 시키는 바에 따라서 학자로서의 전도양양한 인생을 이내 단념했다. 그러나 그는 저술까지 단념하지는 않았기에 주로 성서 주해, 교리에 관한 논설, 이교 신앙의 영향에 관한 역사서 등을 남겼다. 자신의 정신적 자각 과정을 기록한 『고백』은 그의 가장 풍요하고 강력한 저술로 남아 있다.

그는 어린 시절에 배가 고프지도 않은 데 이웃집 배나무에서 배를 훔친 적이 있었는데, 그 죄책감으로 인한 자기 질책을 묘사한 대목은 『고백』의 압권으로 꼽힌다. 그는 그게 단순한 장난이었지만, 또한 악행이기도 하다는 것을 나중에 깨달았다.

내 마음이 그러하였나이다. 하나님이여. 내 마음이 그러하였나이다. 하오나 주님은 저 바닥이 없는 심연에서도 내 마음을 불쌍히 여기셨나이다. 내가 배은망덕하게 방자히 굴었을 때 거기서 무엇을 추구하고 있었는지 이제 내 마음이 주님께 고백하게 하소서. 나로 하여금 악을 저지르게 하는 유혹은 아직 그 자체 말고는 없었나이다. 그것은 더러운 것이었나이다. 그리고 내가 그것을 사랑하였나이다. 나는 나의 파멸을 사랑하였고, 나의 오류를 사랑하였나이다. 잘못한 그 일이 아니라 잘못 자체를 내가 사랑하였나이다.

아우구스티누스에게 자기 혐오를 안겨주었던 또 다른 중요한 원인은 욕정이었다. 그는 성교를, 가령 탁자를 만드는 것과 마찬가지로 육체적으로 필요한 행위이지만 거기에는 불합리한 감정일 따름인 성적 격정이 수반된다는 사실 때문에 사악한 행위가 된다고 보았다. 그 자신은 아내 이외에도 애인이 몇 명 있었지만, 그러나 그는 무엇이 정도인지를 마음속에서 명확히 알고 있었기에, "저에게 순결과 금욕을 주소서"라는 유명한 구절을 남길 수 있었을 것이다.(또한 Problem 81~90, Problem 96~97 해설 참조.)

안젤무스Anselm는 신의 존재에 대해 가장 야심에 찬 증거 하나를 만들어낸 사람이었다. 그는 신이 존재하지 않는다는 것은 논리적으로 불가능하다고 주장했다. 이 이른바 '존재론적' 증거를 루이스C. S. Lewis는 『철학의 초보자Abecedarium philosophicum』라는 데카르트에 관한 그의 시에서 간략하고도 명쾌하게 묘사했다.

데카르트는 말했다, "신이 그리도 완벽하다면
신은 존재하지 않을 수 없다."
그러므로 신은 존재한다.
증명 끝.

사르트르Jean-Paul Sartre(1905~80)는 매우 희귀한 인물이었다. 그는 글을 쓸 줄 아는 철학자였다. 다만, 그는 철학과 문학의 두 재능을 제대로 결합해내지는 못했다. 그는 아마도 『존재와 무』나 『실존주의와 휴머니즘』 같은 철학적 저술의 완결편인 듯한 『구토』와 같은 매우 흥미로운 작품을 다수 썼지만, 그러나 그의 철학 책은 마치 태풍에 휩쓸린 나무처럼 이미 죽었거나 죽어가고 있는 어휘들이 곳곳에 흩어져 있는 단조롭고 지루하기 짝이 없다.

전반적으로 볼 때, 사르트르는 여러 가지 영향이 뒤섞여 있음을 드러낸다. 마틴 하이데거나 프리드리히 니체 부류의 학자들로부터 그는 '부르주아 도덕'에 대한 참을 수 없는 거부감을, 그리고 타인을 '지옥' 같은 거라고 보는 그의 저 유명한 묘사를 가능하게 했던 태도를 영향받은 것 같다. 그리고 일반적으로는 파리의 진보적 사회주의자들, 구체적으로는 사르트르 방식의 여성 편력의 대상 중에서 그가 가장 좋아했던 시몬느 드 보봐르Simonne de Beauvoir 같은 페미니스트들로부터는 훨씬 더 휴머니즘적인 감화를 받았던 것 같다.

쇼펜하우어 Arthur Schopenhauer('아르투르'라는 이름은 유럽 몇몇 나라에서 사교계나 사업계의 명사를 일컫는 명칭으로 사용되기 때문에, 그에게도 이 이름이 붙여졌다)는 1788년에 태어나서 1860년에 죽었다. 16세에 윔블든의 기숙 학교에 들어간 그는 고독한 사색에 빠졌으며, Problem 96과 97에서 언급한 것처럼 "교제란 건 멀찍이 떨어져서 쬐는 모닥불 같은 것이다"라고 토로했다. 쇼펜하우어는 원래 의학을 공부했으나 나중에 철학으로 방향을 바꿨다. 그는 특히 플라톤, 칸트, 고대 힌두교의 우파니샤드 철학에 심취했다. 이 세 요소가 실존주의의 원조(더 적절한 용어를 찾을 수 없어서)라고 할 『의지와 표상으로서의 세계』의 근간이 되었다.

일찌감치 확립되었던 쇼펜하우어의 핵심 사상은 일상적 경험의 세계 저 너머에는 인간의 정신이 현상을 뚫고 들어가서 그 실재를 인식할 수 있는 더 나은 세계가 존재한다고 하는 것이다. 그 자체가 곧 세계인 '표상Vorstellung'과 '의지Wille'가 있다고 그는 주장한다.

쇼펜하우어는 섹스를 그의 철학의 중심에 놓았다. 그는 섹스가 그럴듯한 '철학 문제'이기보다는 개인의 최대 관심사일 뿐이라는 인습 타파적인 주장을 제기했다. 그는 "성기는 의지의 촛점"이라고 쓰고, 사랑은 유전자의 생식 욕구의 표현일 뿐이라고 말한다. 사랑은 유전자의 기능이 실현되는 바로 그 순간에 소멸한다는 것이다. 그러나 그는 플라톤이나 불교도와 마찬가지로 이 '의지'를 초월하고, 그리하여 투쟁과 고통 없이도 현실을 성찰할 수 있는 길이 있다고 본다.

쇼펜하우어는 헤겔과 동시대를 살았지만, 헤겔을 전면적으로 반대했다. 1820년에 베를린 대학으로부터 강의 초대를 받았을 때, 그는 당시 학문 생애의 절정기에 올라 있던 그 대학 철학 교수(헤겔)와 동시에 강의를 하겠다고 나섰다. 그러나 소수의 청중에 실망한 그는 다시는 강의를 하지 않겠다고 결심했다. 그는 "헤겔식의 대학 철학의 이마에는, 주위에 몽롱한 구름을 일으켜서 아무도 자기의 모습을 보지 못하게 하는 오징어의 형상에 *mea caligne tutus*('나 자신의 애매함으로써 나를 방어하다')라는 명문이 새겨진 문장을 붙여주어야 한다"라고 신랄하게 썼다(오징어는 적을 위협하기 위해 검은 먹물을 내뿜는 어류다).

소크라테스 Socrates. 유럽 사상사에서 소크라테스(기원전 3세기)의 위치는, 그 자신은 책을 쓰지 않았지만 제자들의 기록을 통해서 막대한 영향력을 끼쳐왔던 종교 지도자의 그것과 흡사하다. 소크라테스의 경우에 플라톤이라는 단 하나의 제자만으로도 그의 사상을 후대에 전하기에 부족함이 없었다. 『국가』는 그 어투부터가 또한 종교적인데, 여기서 소크라테스는 인간은 마땅히 '선'을 알아야 한다고 역설한다. 해석자 중에는 더러 이것이 '신'과는 엄연히 다른 거라고 보는 이들도 있지만, 실은 소크라테스의 '선'은 '신'과 많은 유사점을 갖고 있다.

플라톤을 알았던 만년에 소크라테스는 윤리 문제에 대한 토론에 몰두했다. 델피의 신탁은, 소크라테스를 흠모하는 어떤 사람의 질문에 대해서, 소크라테스가 모든 그리스인 중에서 가장 현명한 인물이라고 대답했다. 소크라테스는 그럴 리가 없다고 생각했다 그는 자신이 아무것도 모른다는 사실을 잘 알고 있었으며, 그래서 신탁이 틀렸음을 입증하려고 했다. 그는 적어도 무언가를 아는 사람을 가려내기 위한 방도로서 '문답법'을 고안했다. 그리스인은 지혜란 게 윤리에 대한 이해에 매우 가까운 것이라고 보았기 때문에, 실제로 이것은 윤리적인 문제의 탐구인 셈이었다. 소크라테스는 사람들이 정의, 미, 삼각 도형 등등의 진정한 본질에 관한 질문에 대한 대답을 안다고 믿으면서도 실은 제대로 알지 못하거나, 알더라도 설명하지 못한다는 걸 발견했다. 따라서 소크라테스가 자신은 아무것도 모른다는 사실을 아는 한, 델피의 신탁이 그가 누구보다 더 현명한 사람이라고 말한 건 타당한 것으로 밝혀진 셈이었다.

소크라테스의 문답법은 대중의 환영을 받지는 못했고, 그의 인습 타파적인 언행도, 단지 암묵적인 것이었건 노골적인 것이건 간에 역시 그러했다. 아테네의 여러 지식인이 보기에, 소크라테스는 '현대적 넌센스'라고 여겨졌던 회의주의와 관련되어 있었으며, 적어도 부분적으로는 전쟁의 참화에 대한 책임이 그에게 있었다. 소크라테스 재판의 직접 원인 혹은 그의 기소장의 자세한 내용이 무엇이었건 간에, 소크라테스의 동료 시민들이 그에게 사형 선고를 내려야 마땅하다고 주장했던 건 바로 그것 때문이었을 것이라고 고전학자들은 믿는다.

감옥에서 쓴 어느 편지에서, 소크라테스의 입을 빌린 플라톤은 이렇게 말한다.

나는 현존하는 모든 국가가 잘못 통치되고 있으며, 그 헌법 아래에서는 어떤 극단적인 조치나 놀라운 행운이 없이는 결코 개혁을 이룰 수 없다는 결론에 이르렀다. 실제로 나는, 사회 혹은 개인의 정의가 구현될 희망을 발견하기 위한 유일한 길은 참다운 철학에 있으며, 참다운 철학자들이 정치 권력을 잡거나 혹은 그 어떤 기적이 일어나서 정치가들이 참다운 철학자가 되는 날이 오지 않고서는 인간은 결코 고난에서 벗어날 수 없을 것이라고 믿지 않을 수 없는 지경에 이르렀다.

공간Space 철학은 지금은 대학의 철학과에서 거의 무시하고 있는 연구 분야다. 하긴, 칸트도 '선험'에 관한 복잡한 이론들과 더불어, 태양계의 모든 행성에는 지능을 가진 생명체가 살고 있으며, 태양으로부터 멀어질수록 그 지능이 감소한다고 하는 이론을 내놓음으로써 스스로 그 이론의 볼모가 되어버렸다(대다수의 다른 철학자도 제각각 우주에 관한 흔들 목마를 갖고 있었다). 그러나 과학의 발전을 위해서는 참으로 다행스럽게도, 모든 게 반드시 그렇지만은 않았다. Problem 28의 해설에서 언급했던 것처럼, 데모크리토스는 우주 공간은 "존재하지 않는 것"이라고 잘라 말했고, 아리스토텔레스는 그게 단지 실제 사물들의 존재로부터 추론되어야 하는 어떤 특징이라고 보았으나, 이와 정반대로 데카르트는 우주 그 자체가 실재하는 사물로서, 가령 고형성이라든가 하는 사물의 그 어떤 일반적인 속성을 갖지 않은 형태의 물질이라고 보았다. 플라톤은 다른 수많은 물질에 대해 그러했던 것처럼 이것에 대해서도 확실한 명칭을 붙였는데, 그는 공간은 우주의 그 나머지를 구성하고 있는 것과 다른 물질로 이루어지지도 않았고, 그렇다고 '형상' 그 자체와 같은 완전히 추상적인 것도 아닌, 그 중간쯤에 해당하는 특별한 종류의 사물이라고 생각했다.

소크라테스의 친구 티마에우스는 그의 이름과 같은 제목의 대화편에서, 공간은 "……눈에 보이지도 않고 그 어떤 특성도 없는 것으로서, 우리가 지성으로 이해할 수 있는 매우 복잡한 방식으로써 모든 걸 받아들이고 분배한다"라고 설명한다. 공간의 고유한 특성들을 탐구하기 위한 유일한 방도는 "감각 지각을 배제한, 근거없는[즉, 이성적이지 않은 데 토대를 둔] 추리에 의한 것"이다(가령, 꿈에서 덜 깬 비몽사몽처럼).

이것은 그 이후의 대다수의 다른 철학자, 그리고 더 나아가 물리학자의 견해보다도 더 정교한 견해인 바, 여기에는 아마 아인슈타인도 포함될 것 같다(그러나 최근에 등장한 일군의 '아원자' 이론가들은 제외해야 할 것이다). 확실히, 데카르트와 저 거드름장이 칸트는 순수 이성만이 우리에게 우주 공간에 대해서 무언가 말해줄 수 있다고 주장했으며, 나머지 대다수는 아리스토텔레스와 뉴턴을 추종하여 심지어 우주 공간은 경험적인 탐구와 실험적인 탐구의 대상이 된다고 생각하고, 고도로 이론적인 '절대 공간'이라는 개념을 내놓았는데. 이것은 사실에 부합되지도 않는 것이다.

플라톤의 접근 방법은 상대성의 요소들을 갖고 있다. 끊임없는 변화 위에 사물들이 '눌리어지면' 그 변화에 변화가 일어나고, 그 과정에서 다시 사물들에게 영향이 미치며, 그 변화는 그 사물들에 의해서 동요되기 때문에 모든 방향으로 불규칙하게 흔들리고, 또 다시 그 변화가 사물들을 흔들게 됨으로써 운동이 일어난다. 물질이 공간에 대해 작용하고, 공간은 물질에 대해 작용한다는 것이다. 이것은 아인슈타인의 상대성 이론이 사뭇 간략하게 요약된 것인데, 둘 사이에는 2천 년 이상의 세월이 가로놓여 있다.

스페인 철학Spanish Philosophy. 스페인어를 쓰는 철학자들도 이 책을 읽고 싶어할까? 물론 초현실주의적 탁월성이 엿보이는 파라독스한 그림들에 대해서는 구미가 당길지도 모르겠고…… 혹은 어쩌면 '스페인식 데카당스의 문제'를 해결하기 위해서 비율 생기론ratio vitalism라는 이론을 고안했던 호세 오르테가 이 가세트Jose Ortega y Gasset로부터 도망치려는 학자들도 관심을 가질지도 모르겠다.

이 책에서는 스페인의 철학적 전통에 대해서는 내놓고 언급을 하고 있지 않지만, 이 책과 스페인 철학 사이에는 공통점이 상당히 많다. 서양 철학은 주로 고대 그리스인으로부터 유래한 것이며 중세에는 톨레도의 '번역 학교'에 의해 주로 연구되었다는 사실을 감안할 때, 이것은 그리 놀라울 게 못된다. 스페인은 고대 그리스와 그 나머지 유럽 세계를 이어주는 핵심 고리다.

스페인의 신비주의자들은 사랑이 신에게 이르는 길이라는 내용의 긴 산문시들을 썼고, 비베스J. L Vives 같은 철학자들은 주관주의가 무엇보다도 중요하다고 선언했던 걸 놓고서, 특히 영국인들은 어둡고 차갑고 찡그린 얼굴을 지었다. 그들은 대신에 '분석'과 분리의 중요성의 강조했다.

오늘날 스페인 철학은 영미 철학의 어떤 분파, 그리고 보다 더 유구하고 더 포괄적인 유럽의 전통으로의 복귀에 대한 전반적인 반발을 대표하고 있다. 일찍이 산체스 신부Sanchez(1530~1623)는 지식의 토대로서의 철학적 권위와 전통을 불신하여, "아무것도 알 수 없다"고 선언했다. 이것은 아마도 공허한 상대주의로의 초대가 아니라, 르네 데카르트를 의심하기 위해서였을 것이다.

스피노자Benedict Spinoza. 아인슈타인이 가장 좋아했던 철학자. 네덜란드의 안경 제조업자로서, 안경을 닦고 가는 일을 계속하기 위해 하이델베르크 대학의 철학 교수 자리를 마다했던 사람이다. 베네딕트 스피노자(1632~77)는 모든 건 하나라고 생각했다. 정신과 육체는 다른 무엇의 두 측면이고, 그의 저술의 요지는 서양의 전통보다는 동양의 전통에 더 가깝다, 다만 도대체 무슨 뜻인지 알 수가 없는 데다가 각주까지 주렁주렁 달린 스타일은 전적으로 서양의 산물이다.

구조주의Structuralism는 페르디낭 소쉬르Ferdinand de Saussure (1857~1913)의 언어 철학에서 비롯되었다. 그의 업적은 20세기 후반부에 하나의 유행이 되었다. 소쉬르의 사상은 우리가 말을 하고 생각을 하는 행위는 논리의 법칙에 의해서가 아니라, 언어의 구조

에 의해서 설명된다고 보는 것이었다. 하나의 체계로서의 '기호'
와 언어에 대한 그의 견해는 '기호학semiology' 이라고 불리는데, 이
건 그가 '랑그langue' 라고 부르는 언어의 구조와 '파롤parole' 이라고
부르는 랑그의 현현顯現 사이의 옛 시절의 구별을 부활시켰다. 이
걸 설명하기 위해서는 체스를 예로 들 수 있다. 체스 게임의 규칙
은 단지 추상적으로만 존재할 뿐이고, 그것을 구체화하는 것이 실
제 게임이다. 언어는 생각을 표현하기 위해서 사용된 기호들의 체
계로서, 이것은 글쓰기, 농아를 위한 기호 언어, 상징적인 의식 같
은 것들과 유사한 것이다. 물론, 기호는 자의적인 것이다. 다만, 그
체계가 그 기호들에게 의미를 부여할 뿐이다.

　클로드 레비-스트로스Claude Levy-Srtauss는 인류학자로, 이 구조주
의적 언어학을 재발견하여 문화 전반에 적용했다. 그는 언어는 인
간만이 가진 특징이기 때문에 문화 현상도 또한 그것으로써 규명
할 수 있다고 믿었다. 인간에 대해 말하는 것은 곧 언어에 대해서
말하는 것이고, 언어에 대해서 말하는 것은 곧 사회에 대해 말하는
것이다. 구조주의자들은 단어의 이면에 숨어서 그 의미를 지시하
는 시스템, 즉 '랑그' 를 탐색했다. 모든 철학 문제는 세계를 틀짓
고 있는 기호의 체계를 분석하는 문제가 되었다. 이 관점에서 보
면, 구조주의자들은 언어와 실재의 관계에 대해서 그들과 이론적
인 관심이 똑같았던 저 고대 중국(기원전 380년 경)의 '정명론자定命
論者' 들로 되돌아가고 있는 것 같다.
　구조주의자들은 이 책에서 소개한 몇 가지 파라독스에 대해서도

어떤 설명을 제시한다. 우리가 외부 세계에 대해서 아는 건 우리의 감각을 통해서 이해되는 것이라고 하는 게 그것이다. 우리가 지각하는 현상들에 대해서 우리가 거기에 부여하는 특징을 갖게 되는데, 우리의 지각이 작용하는 방식과 인간의 뇌가 구성되어 있는 방식이 우리가 거기에 공급하는 자극들을 정돈하고 해석하기 때문이다. 이 정돈 과정의 한 가지 매우 중요한 특징은 우리가 우리를 둘러싸고 있는 시공 연속체를 분할하고, 그럼으로써 우리의 환경은 제각각 분류학상의 명칭을 가진 방대한 수의 개별 사물들로 구성된 것이라고 생각하고, 또 시간의 경과는 개별 사건들의 연속으로 구성된 것이라고 생각하도록 하는 요인을 갖게 된다는 것이다.

언어를 이해하기 위한 이론적 방법으로 시작되었던 것이 모든 걸 아우르는 철학이 되었다. 모든 것은, 심지어 인간의 무의식까지도 언어처럼 구성되어 있다고 구조주의자들은 말한다. 모든 게 미리 결정되었고 고정되었다. 뒤에 미셀 푸코Michel Foucault는 권력이란 건 복잡한 사회 구조를 통해서 작용한다는 이론을 내놓았는데, 이것은 지식과 진리는 고정된 게 결코 아니라 끊임없이 변화한다는 견해를 아우른 것이었다. 그는 어떤 면에서도 최초의 포스트 구조주의자였다.

쟈크 데리다Jacques Derrida는, 구조주의자들이 고안해낸 건 단지 형이상학적 이미지화일 뿐이라고 씀으로써 구조주의라는 대건축물을 헐어버리려고 했다. 그는 기호의 과학을 탐구한다는 것은 육체와 영혼은 서로 똑같게 맞추어놓은 두 개의 시계와도 같다고 한 데카르트의 주장만큼이나 엉뚱한 것이라고 말했다. 역사적으로 개념들이 사용되어왔던 방식, 그리 진리와 드난잡이를 벌이는 철학의 모든 주장은 하나의 허위다. 그 모든 게 사기일 뿐이다.

동어반복Tautology은 똑같은 걸 단지 말을 바꾸어서 두 번 말하는 것이다. "시장은 토요일이나 일요일에, 혹은 주말에 열린다"는 문장은 틀림없이 동어반복이고, 또 "눈은 물이 언 것이다" 혹은 "2+2=4"와 같은, 확실한 의미를 가진 문장도 동어반복이다. 이게 철학자들에게 매력을 주는 것은 확실히 진실인 것처럼 보이기 때문이다. 고대 그리스인은 삼각형의 세 각을 합치면 180도가 된다는 사실이나, 직각 삼각형의 빗변의 제곱은 다른 두 변의 제곱의 합과 같다고 하는 것과 같은 기하학적 진리를 특히 좋아했다.

수많은 과학적 '지식'은 동어반복이라고 말할 수 있다. 물은 섭씨 100도에서 끓고, 섭씨 100도는 물의 비등점이며, 한편 물의 분자는 수소 원자 2개와 산소 원자 1개로 이루어졌다고 하는 것 등이 그것이다(이건 서두에서 소개한 전통적인 철학 문제 중의 하나와 연계된다). 비트겐슈타인은 동어반복이 논리학에서 특히 중요한 거라고 보았다. 그는 논리학에서의 모든 진리가 실은 동어반복이라고까지 말했다. 그가 즐겨 쓴 사례는 "지금은 비가 내리고 있거나 내리지 않고 있다"는 것인데, 이건 기이하게 문제가 되는 사례다. 하긴 비트겐슈타인은 오스트리아의 참으로 기이한 수학 교사였으니, 그럴 만도 하다 하겠다.

논리학에서는 이런 식으로 말한다.

만약 우리가 날마다 간식으로 덩굴딸기나 나무딸기를 먹는다면

그리고 오늘은 나무딸기가 없다면

오늘 우리가 간식으로 먹은 건 덩굴딸기라는 것을 안다.

수학적 증거와 논리학적 증거는 본질적으로 부적절한 무수한 종속 절 속에 숨어 있는 동어반복을 밝혀내기 위한 방법일 뿐이다.

시간Time. 플라톤은 시간을 "움직이는 영원의 이미지"라고 했는데, 이것은 참으로 시적이기는 하지만 도대체 무슨 뜻인지가 분명하지 않다. 아리스토텔레스는 '물리학'에 관한 저술에서 '시간'의 본성에 대해 자세히 논의했다. 그는, 시간은 물질 세계에서 일어나는 변화의 한 결과라고 말한다. 모든 사물은 지속적으로 완만하게 변화하므로, 시간도 하나의 연속체여야만 한다고 그는 추론했다. 물론, 시간에 대한 이와 같은 정의는 그 직후에 플로티노스Plotinus가 지적했던 것처럼, 논의되고 있는 그것에 대한 언급을 포함하고 있고, 이것은 이 정의가 그리 훌륭한 게 아니라는 징표다. 플로티노스 자신은 물질 세계를 뛰어넘어서, 시간이란 어떤 한 단계에서 다른 단계로 넘어가는 영혼의 한 특징이라고 보았다. 우리는 이걸 재해석하여, 시간은 의식의 한 특징이며, 의식이 없으면 시간도 없다고 말할 수도 있을 것이다. 플로티노스는 "시간은 모든 영혼의 대열에 각각의 영혼 속에 있으며, 모든 영혼 속에서 비슷한 형태로 존재하고 있다. 모든 영혼은 실은 하나의 영혼이기 때문이다"라고 피력한다. 그렇기 때문에 시간은 모든 것을 포함해서 하나의 전체

가 되는 특성을 갖는다.

그렇다고 하더라도 플로티노스의 정의도 또한 "하나의 단계에서 다른 단계로 넘어간다"는 그 개념 속에 시간을 포함하고 있는 것 같고, 따라서 엄밀하게 말하자면 그의 정의가 아리스토텔레스의 정의보다 더 나은 것이라고는 할 수 없을 것 같다.

최근에 철학자들은 시간의 그러한 이상한 성질을, 엘리어트T. S. Eliot가 『황무지』에서 피력한 바, "덧없는 순간들의 유형"이라고 하는 것에 의해서 탐구했다. 모든 건 무한히 짧은 그 순간에 결정된다. 그 순간은 "무에서부터 시간의 강이 발원하는" 원천이며, 과거라고 하는 바닥없는 호수를 만들어낸다. 그리고 그 호수에 "뛰어들어서 유영하는" 사물들은 영원히 존재하고, 한편 미래라는 것은 결코 존재하지 않는다. 동양 철학은 존재가 있음과 없음—양과 음—사이에 자리잡고 있다고 보았다. 성 아우구스티누스도 그렇게 보았던 것처럼, 우리의 존재는 '아직은'과 '더 이상'이라는 똑같은 두 심연 사이에 위태롭게 균형을 이루고 있다.

진리Truth. 이건 그 자체가 우선 철학자들에게 문제를 안겨주는 용어다. 플라톤은 어떤 진술이 사물의 본연의 모습을 설명한다면 그게 진리라고 말했다. 이와 같은 정의는 전혀 쓸모없는 것임에도 불구하고 아직까지 단 한 번도 고쳐진 적이 없었다. 윌리엄 제임스William James는 어떤 진술이 유익한 결과를 가져다준다면 그게 진실이라고 하는 대안—실용주의적 이론—을 내놓았는데, 그러나 우리 중에서 보다 더 상대주의적인 입장을 취하는 사람들은 이것에 대해서 메스꺼움을 느끼지 않을 수 없다.

미국의 교육 철학자 존 듀이John Dewey는 "의미는 진리보다 그 범위가 넓을 뿐만 아니라 가치도 더 귀하며, 따라서 철학은 진리가 아니라 의미를 탐구하는 데 몰두하는 것이다"라고 썼다.

'진리값truth value에 대해서는 더 말할 거도 없다.' 여기에는 대체로 참이거나 거짓이라는 두 가지만이 있을 뿐이지만(Problem 53 참조), 그러나 제3의, '판단할 수 없는' 진리값도 있다고 말하는 사람도 더러 있다.

우파니샤드Upanishad 서사시는 모든 존재가 하나임을 설명한다. 인도 철학은 '지혜'를 강조한다. 서양 철학에 깊은 영향을 주었던 3천 년 전 인도의 현자들은 '궁극적 실재'의 본성이 우리 자신이 그것의 일부라고 하는 데 있다고 보았다. 우리 자신을 깊이 탐구하면 마침내는 아트만Atman, 자아의 실체를 발견할 것이다. 더 나아가, 외면적 실재의 '비자아'를 탐구하면, 우리는 마침내 브라만Brahman, 궁극적 실재를 발견할 것이다. 그런 다음에 우리는 브라만과 아트만이 똑같은 것의 두 측면이라는 것을 깨달을 것이다.

공리주의Utilitarianism. 행위의 결과를 평가하기 위한 가장 중요한 윤리적인 원리는 공리주의다. 이는, 올바른 행위란 최대 다수에게 최대 행복을 가져다주는 것이라고 말한 제레미 벤담Jeremy Bentham이 주창한 것이다. 보편적인 행복이 최선이라는 것이다. 존 스튜어트 밀John Stuart Mill(1806~73)은 이 이론을 채택하여, 정의의 편이 아니라 지배 계급의 이익을 대변하는 도덕 이론들을 특히 반대했다. 밀은 자신의 삶을 희생하는 게 미덕이라고 가르치는 사람들은 바로 그들 자신을 위해서 타인들이 삶을 희생해주기를 바라는 사람들이라고 말했다. 밀과 벤담은 인간은 누구나 행복하게 살기를 바라고, 행복만이 인간이 바라는 유일한 것이라고 보았다. 인간의 욕망이 서로 충돌할 때에는 공리주의 이론으로 그 결과를 저울질하고 어떤 행동이 더 큰 행복을 가져다줄 것인지를 판단하는 게 바람직하다는 게 그들의 사상이다.

비트겐슈타인Ludwig Wittgenstein은 수학 교사이자 군인이고 엔지니어이며, 궁극적으로는—본의 아니게—철학자인 참으로 기이한 인물이다. 철학에 대한 그의 가장 중요한 업적은 그가 다양한 종류의 싸움을 몸소 실천했다는 점이다. 이전의 모든 철학자를 반대하려는 의도에서, 그는 20세기의 벽두에 시작되었던 여러 철학 논쟁에 새로운 동력과 활기를 불어넣었다. 1914년에 제1차 세계대전이 발발하자 비트겐슈타인은 오스트리아 군대에 입대하기 위해 누구보다 먼저 비엔나로 가는 기차를 탔다. 해군 함정과 대포 공장에서 복무한 뒤, 1916년에는 곡사포 연대에 배속되어 러시아 전선에 참전하여 진정한 용기가 무엇인지를 직접 목격하는 행운을 얻었다. 1918년에는 진급하여 북부 이탈리아의 포병 연대로 파견되었으며, 전쟁이 거의 끝나갈 무렵에 연합군의 포로가 되었다(그의 이와 같은 행적은 학자에 대한 현대인의 통상적인 인식에는 전혀 어울리지 않지만, 그러나 플라톤이 살아 있었더라면 아마도 매우 높게 평가했으리라).

비트겐슈타인의 전투적인 태도는 물론 훨씬 이전에 이미 나타났다. 초등학교 때 그는 (기특하게도) 아돌프 히틀러라는 이름의 교사와 사이가 나빴으며(그리 심각하지는 않았고!), 나중에는 초등학교 수학 교사가 되어서 노상 학생들에게 고래고래 고함을 지르다가 그만두었으며(그는 한 학생이 까무러친 사건을 수사하던 경찰관으로부터 교사직을 그만두는 게 좋겠다는 권고를 받았다!), 부유한 기업가 집안의 식구들과 늘 사이가 좋지 않았다. 그는 식구들에게 떠밀리다시피 영국으로 공학을 공부하러 떠났다.

그러나 영국에서 그의 태도는 일변했다. 그는 프로펠러에 분사한 가스의 힘으로 나는 비행기를 고안하는 데 너무도 집착한 나머지, 연구소 직원들을 늘 달달 볶아대었다. 어느 기사는 그가 "……일이 제대로 되지 않을 때면 두 팔을 마구 휘두르고 발을 쿵쿵 찧어대며 맴을 돌면서 독일어로 험한 욕설을 해댔다"고 증언한다(레이 몽크Ray Monk의 비트겐슈타인 전기에서 인용).

나중에 비트겐슈타인은 항공기 설계를 위한 수학을 더 공부하려고 옥스포드로 갔으며, 거기서 그때까지 그가 철저히 반대했던 버트란드 러셀이라는 저명한 철학자와 사뭇 건설적인 관계를 맺었다. 그리고 훨씬 더 지나서 1946년에는, 캠브리지 도덕 과학 클럽에서 개최한 회의에서 비트겐슈타인이 벌겋게 달군 쇠부지깽이를 칼 포퍼에게 휘두르면서 (칼 포퍼가 말하는) '윤리적인 규칙'이라는 게 도대체 무슨 뜻이냐고 다그쳤다는 괴이한 이야기가 전해진다. 포퍼가, 이를테면 "손님한테 쇠부지깽이를 휘두르는 건 옳지 못한 행위다"라는 게 바로 윤리적인 규칙이라고 대답하자, 비트겐슈타인은 더욱 미친 듯이 날뛰었다고 한다.

그는 두 권의 철학 저서를 남긴 것으로 알려져 있다. 1922년에 출간한 『논리 철학 논고*Tractatus Logico-Philosophicus*』에서 그는 모든 문장에 번호를 매겼는데, 이건 그의 식견이 매우 중요한 것임을 스스로 강조하려는 의도에서였던 것 같다. 이 책은 철학의 모든 문제는 이미 다 해결되었다고 말하고 있는데, 글쎄 그렇다면 그가 이 책을 썼다는 것 자체가 모순이 아닐는지…….

그 무렵 비트겐슈타인은 분명 논리실증주의자에 가까웠던 것 같다. 논리실증주의는, 범죄 사건이 경찰이 예상한 모델과 흡사한 양태로 일어나는 것처럼, 언어가 현실과 직접 연결되어 있다고 보는 것이다(인류학자들은 이것을 언어에 대한 '멍멍이Bow wow wow' 이론이라고 부른다). 대다수의 윤리학과 형이상학, 그리고 철학에서 그러한 것처럼, 이 단순한 이론이 현실과 부합되는 한은 그는 기꺼이 논리실증주의자들과 견해를 같이 했으며 그리하여 문제의 그 캠브리지 클럽 회의를 공허한 불평과 헛소리의 잔치일 뿐이라고 일축했다. 그는 『논고』에서 "그것이 무엇인지 말할 수 없는 것에 대해서는 우리는 침묵해야 한다"라는 말을 두 차례나 하고 있다.

그러나 그가 어떤 것에 대해서 어떤 말을 하는 게 불가능하다 하더라도 그것을 보여주는 것은 가능하다고 생각했을 것이라고 말하는 사람이 더러 있다. 사후에 출간한 『철학 연구*Philosophical Investigation*』에서 그는 이전 견해의 다수를 완전히 뒤바꾸고, 단어와 문장을 연장통 안의 연장이나 기관차 운전에 비교하였으며, 의미는 효용을 가진 거라고 말한다. 그리고 이 말을 얼른 이해하지 못하는 독자들을 위해서인 듯, 「문화에 관한 잡록Miscellaneous Remark on Culture」에서 "문장 중에는 알맞은 속도로 읽을 때에만 그 의미를 이해할 수 있는 것이 있는데, 나의 문장은 그 모두가 천천히 읽도록 씌어졌다"고 일러둔다. 그는 나중에는 철학자가 언어를 사용하는 거나 어린아이가 크레용을 사용하는 거나 다를 바가 없다는 것을 인정하기도 했다. 철학자가 언어로써, 마치 어린아이가 크레용으로 호작질을 하듯이 주저리주저리 글을 써놓고 그것이 무슨 뜻이라고 주장하는 것을 우리는 진지하게 받아들일 필요가 없다는 것이었다.

오늘날 비트겐슈타인은 강단 철학자들로부터 대단히 높은 평가를 받고 있다. 허나 그들은, 가령 '가족 유사성family resemblance'이론과 같은 용어의 유래를 설명하기 위한 이론들이 비트겐슈타인이 고안한 걸로 잘못 알고 있는 경우가 허다하다.

제논Zeno of Elea은 소크라테스나 플라톤보다 이전 시대 학자다. 그는 북아프리카 사람들로부터 빌려온 걸 가지고서 저 전설적인 기하학 체계를 개발하여 철학자들에게 커다란 영향력을 끼쳤던 유클리드보다도 훨씬 더 선배다. 그럼에도 불구하고 제논의 사상은 주로 기하학에 관한 것이고, 또 수—특히 무한과 영이라고 하는 수수께끼의 수—의 본질에 관한 것이다.

제논의 파라독스의 이면에 있는 논리는 플라톤의 대화편 『파르메니데스Parmenides』에서, 표면상 제논 그 자신의 입을 통해 설명되어 있다. 이 책에서는 우주는 "하나의 전체다"라고 말하는 것과

"다수가 아닌 게 확실하다"라고 말하는 것 사이에 차이가 있느냐 없느냐 하는 문제를 놓고, 참으로 기이하게도 소크라테스가 제논에게 형편없이 얻어터지고 있다.(하긴, 그때 소크라테스는 아직 어린 나이였다!)

제논이 소크라테스와 파르메니데스에게 그의 책을 읽어준다(유감스럽게도, 제논의 그 책은 지난 2천 년 사이에 없어져버렸지만 심플리키우스Simplicius [6세기 경]는 그 사본을 갖고 있었던 것 같으며, 그는 이전 [아리스토텔레스]과 이후 어느 주석가보다 더 진지하게 그의 사상을 탐색했다).

소크라테스: 파르메니데스, 나는 제논 선생이 자네와 절친한 친구가 되고 싶어할 뿐만 아니라, 책을 통해서도 가까워지고 싶어하신다는 생각이 든다네. 어떤 면에서 제논 선생은 자네와 똑같은 책을 썼는데, 단지 우리가 읽을 때에는 전혀 다른 말을 하고 있는 것처럼 보이게 하려고 말을 조금 바꾸었을 뿐인 것 같아. 자네는 시에서 든 게 하나라고 말하고, 거기에 현란하고 정교한 증거들을 제시했지. 한편 제논 선생은 모든 것은 "다수가 아니다"라고 말하고, 탁월한 증거를 무수히 제시했다네. 그러니까 한 사람은 "하나"라고 말하고, 또 한 사람은 "다수가 아니다"라고 말하면서도, 두 사람이 똑같은 말을 하는 게 아닌 것처럼 들리게 말을 하고 있는 것인데, 우리 같은 사람은 도대체 그게 무슨 뜻인지 알 수가 없고 그저 머리만 아프단 말일세!

제논: 그렇겠지, 소크라테스. 그러나 자네는 내 책의 요지는 분

간하지 못하고, 단지 냄새를 쫓아가는 저 스파르타의 어린 사냥개처럼 줄거리만 생각없이 읽었다고 봐야 하겠지. 무엇보다도 먼저, 자네가 미처 보지 못한 것은 나의 책은 자네가 말한 것처럼 무슨 비밀스러운 의도를 갖고서 치장한 것이 아니라는 것일세. 물론, 내가 말하고자 하는 취지를 독자들에게 선뜻 내보여주지 않은 건 사실이라네. 그것이 무슨 대단한 성취나 되는 것처럼 일부러 그렇게 했단 말이지. 사실을 말하자면, 나의 책은 모든 것은 하나라고 말하는 것은 불합리와 자기 모순에 봉착할 수밖에 없다고 말하는 자들에게 대항해서 파르메니데스의 입장을 옹호하려는 뜻에서 씌어진 것이라네. 다시 말해서, 나는 그들에게 똑같은 말을 되돌려 주고, 나아가서는 덤까지 얹어줄 작정이었지. 나는 우주는 다수라고 보는 그들의 견해는, 만약 누군가가 그 문제를 철저하게 탐구한다면 우주가 하나라고 말하는 것보다 훨씬 더 불합리한 결과를 빚어낼 것이란 걸 보여주려 했던 것일세.

　나는 소싯적에 이와 같은 경쟁심에서 책을 썼다네. 그런데 어떤 자가 내 허락도 받지 않고 내 책을 베꼈더란 말일세. 그래서 나는 그 책을 세상에 내놓아도 되는지, 아니 되는지를 판단할 기회조차 갖지 못했던 것일세.

　제논의 파라독스는 현대 수학을 적용하면 다 해결된다고 생각하는 사람들이 많다. 그러나 제논으로 대표되는 엘레아 학파의 학자들은 한층 더 순수한 철학적 입장을 취했다. 그들은 만약 시간이 연속적인 흐름이라면 현재의 순간이라는 것은 있을 수 없어야 하고, 또 시간이 개별 순간들의 연속으로 이루어져 있다면 그 경우에는 오직 현재의 순간만이 있을 뿐이어야 한다는 것을 밝히려 했다 (그리고 공교롭게도, 변화는 일종의 환상이다). 거북의 경주가 우리에게 보여주는 게 바로 이것이다. 반면에 우주가 모든 것이 하나인 공간이라면 '이곳' 혹은 장소라는 개념은 있을 수 없고, 만약 우주가 잘게 나뉠 수 있다면 그때에는 오직 이곳만이 있을 뿐, 운동은 있을 수 없다. '화살'의 파라독스가 보여주는 것이 바로 이거다. 어쨌든, 제논의 파라독스는 참으로 그 품위가 우아하다 하지 않을 수 없을 것 같다.

독서 안내

이 책에 수록된 문제 중에서 많은 게 형이상학적 쟁점, 우주와 시간과 '근본적인 실재'의 본성과 같은 '과학' 너머에 놓여 있는 쟁점과 관련되어 있다. 물론 이 문제들은 오랜 세월에 걸쳐 수많은 철학자의 관심의 대상이 되어왔으나, 현대에 와서는 갈수록 이 영역의 가장 흥미로운 문제들은 대부분 흔히 과학자라고 불리는 사람에 의해서 탐구되고 있다. 칼 세이건Carl Sagan과 프레드릭 호일 Frederick Hoyle 같은 천문학자가 우주의 본질에 관한 수많은 쟁점을 제기하고 있으며, 아원자 물리학은 프리조프 카프라Fritjof Capra나 니겔 호크스Nigel Hawkes 같은 학자가 매혹적이고도 명료하게 설명하는 것처럼 철학을 닮아가는 게 아니라, 카프라가 지적한 것처럼 종교를 닮아가고 있다. 카프라의 『물리학의 도The Tao of Physics』 (Wildwood House, New York, 1975)와 니겔 칼더Nigel Calder의 『아인슈타인의 우주Einstein's Universe』(Penguine, London, 1979)는 이 방면의 두 가지다.

닉 허겟Nick Huggett의 『제논에서부터 아인슈타인까지의 우주 공간Space from Zeno to Einstein』(MIT Press, 1999)은 우주와 무한 등에 관한

철학의 뛰어난 '자료집'이다. 이 책에서 독자들은 물리학에 관한 제논의 이론과 견해의 편린들로부터 그 뒤의 이론 물리학의 요체에 이르기까지의 모든 철학적 보옥들을 발견할 것이다. 이 요체들과 더불어서 독자들은 또 명확하고 잘 씌어진 주석들을 보게 될 것이다. 그러나 머리 속을 환히 밝혀주기는커녕 잔뜩 짓누르기만 할 뿐인 교과서 스타일의 연습 문제들은 피하는 게 좋을 것이다.

미국 인디애나폴리스주의 해킷Hackett 출판사는 데카르트의 저작들, 플라톤의 대화편들, 존 로크의 『정부에 관한 제2논문Second Treatise on Government』, 데이비드 흄의 『인간 오성의 탐구』, 존 스튜어트 밀의 『공리주의, 자유와 대의 정부Utilitarianism, Liberty and Representative Government』와 『자유론』 등 철학의 고전들을 아마 가장 싼 값에 제공하고 있다. 이 출판사의 책들을 모아놓으면 썩 훌륭한 기초적인 '철학 장서'(혹은 철학으로 들어가는 문을 늘 열어두기 위한 쐐기)가 될 것이다. 훌륭한 철학 장서를 갖추기 위한 훨씬 더 빠른 지름길은 그래엄 히긴Graham Higgin이 마치 화석의 파편을 모으듯이 철학의 유명한 구절을 모아놓은 『호저Porcupines』(Penguine, London, 1999)를 꼽을 수 있다. 이 책에서 저자는 철학의 파편 혹은 '화석'을 찾아내고, 그것을 크게 확대해서 다시 보여줌으로써 가장 보잘것없는 철학적 자료마저도 매우 흥미로운 것처럼 보이게 한다.

인공 지능에 대해 관심이 있고, 그것이(다시 말해서, 기계가) 과연 어느 정도나 지능을 가질 수 있는지에 대해 알고자 하는 독자들은 레이너 본Rainer Bom의 『인공 지능──반대 사례Artficial Intelligence: The Case Against』(Croom Helm, London, 1987)를 읽어볼 것을 권한다. 이 책에서는 다른 공간에 있는 영어 사용자와 중국어 문자로 대화를 할 수 있을 것인지— '차이니즈 룸' 이라는 이름으로 알려진 문제—에 관한 존 시얼John Searle의 저 유명한 논의가 소개되어 있다.

그리고 수학적 성격을 지닌 파라독스에 대해 강한 호기심을 느끼는 독자들은 레이몬드 스멀얀Raymond Smullyan의 『이 책의 제목은 무엇인가What Is The Name of This Book?』(Penguine, 1978)에서 그러한 파라독스를 수없이 볼 수 있을 것이며, 그 중에는 이 책의 Problem 01의 한 변형도 있다. 그러나 이 책은 대단히 매력적으로 구성되어 있음에도 불구하고, 철학적 탐구를 위한 책이라기보다는 (신문의 퍼즐난에서 흔히 보이는 것과 같은) 수학 연습 문제집에 더 가까운 편이다. 크리스 오멜Chris Ormell의 작은 책 『초역설의 몇 가지 유형Some Varieties of Superparadox』(1993)은 한층 더 고무적이고 깊이 있는 논의를 제시하는 지극히 철학적인 저서다.

문제 Problem 11~23과 Problem 72~78은 대체적으로 '옳음과 그름' 을 판정하는 것과 관련된 '윤리적인' 문제다. 여기서 가장 중요한 문제 중의 하나는 그와 같은 구별이 실제로 가능한가 하는 것으로서, 이것은 우리를 곧바로 형이상학의 영역으로 이끌고간다고 말하는 사람들도 있을 것이다. 그러나 그러한 구별이 가능하다고 본다면, 우리는 그것을 판정하기 위한 방법에 관해서도 확실한 견해를 가지리라 기대할 수 있을 것이다. 피터 싱거Peter Singer는 『실천 윤리학Practical Ethics』(Cambridge University Press, 1979)에서 그 한 가지—공리주의적인—접근 방법을 명백하고도 철저하게 서술하고 있다. 그러나 그의 서술에는 논란의 여지가 없지 않다. 실제로 독일의 몇몇 대학은 그의 강의를 절대로 허락하지 않았는데, 이 책이 특히 장애인 문제와 관련해서 민감한 반응을 일으킬 소지가 있기 때문이었다(그는 이 책에서 장애인들을 사산시키는 문제를 현실적으로 고려해볼만하다고 말한다). 윤리학에 관한 한층 더 휴머니즘적인 논의는 브렌다 알몬드Brenda Almond의 『윤리학 탐험Exploring Ethics』(Blackwell, Oxford, 1998)에서 찾아볼 수 있는데, 그의 저서는 나의 이 책과 마찬가지로, 구어체 서술법을 사용해서 도덕에 관한 다양한 이론과 문제들을 캐고 있다. 잃어버린 마리온 왕국 문제는 존 롤스John Rawls의 『정의론A Theory of Justice』에서 발상을 빌려온 것으로서, 그의 견해는 래슬릿Peter Laslett과 런시맨W. G. Runciman이 편집한 『철학, 정치학 및 사회Philosophy, Politics and Society』(Blackwell, 1962)에 수록된 「공평성으로서의 정의Justice as Fairness」에서 더욱 구체적으로 피력되어 있다. 지역 평의회를 전복시킨다는 결정은 직접적인 행동을 취하고자 하는 다른 결정들과 비교할 수 있는데, 미국의 인권 운동 지도자 마틴 루터 킹 목사가 몽고메리 버스 보이코트 사건에 관한 저 유명한 에세이 『자유를 향한 질주―몽고메리 이야기 Slide Towards Freedom: the Montgomery Bus Story』(Harper & Row, New York, 1958)에서 피력한 견해를 그 구체적인 사례로 꼽을만하다. 내가 쓴 『플라톤에서부터 모택동까지의 정치 철학Political Philosophy from Plato to Mao』(Pluto, 2001)도 이 문제들을 논의한다.

치료 윤리에 관한 시나리오는 쥬디스 자비스 톰슨Judith Jarvis Thomson 의 연구에서 빌려온 것으로, 그의 논문 「낙태 옹호In Defense of Abortion」는 학술 전문 잡지 『철학과 공공 문제Philosophy & Public Affairs』1971년 가

을호에 처음 발표되었으며, 그 뒤에 윤리학에 관한 (싱거의 『응용 윤리학Applied Ethics』을 비롯한) 다수의 저서에 지속적으로 재수록되고 있다.

'기분 나쁜' 문제들은 자유 의지, 벌과 법뿐만 아니라 심리학에 관한 일반적인 문제들을 제기한다. 미국의 변호사 클래런스 대로우Clarence Darrow는 바로 이와 같은 논증을 사용해서 아동 살해범과 기타 잡다한 살인범을 변호함으로써 많은 논란을 불러일으켰다. 아더 민턴Arthur Minton이 편집한 『철학, 파라독스와 발견Philosophy, Paradox and Discovery』(McGraw Hill, New York, 1976)에 수록된 「저주받은 자의 변호사, 대로우Darrow, Attorney for the Dammed」를 참조하라.

잠자는 사람이라는 문제, 그리고 일반적 자유 의지에 관한 한층 더 포괄적인 문제(Problem 52, 53)는 존 로크와 베네딕트 스피노자의 철학으로 그 연원을 거슬러 올라갈 수 있고, 한편 최근의 견해는 행태주의의 아버지라고 불리는 존 왓슨John Watson(1878~1958)의 저서에서, 혹은 고등 동물 실험가 스키너B. F. Skinner의 글에서 찾아볼 수 있다. 왓슨은 언젠가 '건강한 유아' 열두어 명이 있으면 그 중에서 장차 의사, 법률가, 예술가, 거지, 강도가 될 아이를 정확하게 가려낼 수 있다고까지 말한 적이 있다(*Behaviorism*, Kegan Paul, 1925 참조). 1953년에 DNA가 발견된 이래 인간에 관한 이 견해의 입지가 더욱 공고해져왔다.

전함 문제에 관심이 깊은 독자는 『인간의 개념The Concept of a Person』(Macmillan, London, 1963)에 수록된 에이어A. J. Ayer의 논문 「운명론Fatalism」에서 커다란 흥미를 느낄 것이다. 이 논문에서 에이어는 중요한 것은 무엇이 될 것인가와 무엇이 되어야 하는 것 사이의 차이라는 견해를 피력한다.

잠자는 사람, 마리온 사람들이 사용했으며, 병원 윤리 위원회 사람들도 틀림없이 이용했을 '쾌락 계산hedonic calculus'의 배후에 있는 시스템인 공리주의 원리는 제레미 벤담과 존 스튜어트 밀의 저서들에서, 특히 밀의 『공리주의, 자유와 대표 정부』에서 그 원형을 찾아볼 수 있다. 여기에 관한 현대의 저서들로는 스마트J. J. C. Smart 와 윌리엄스Bernard Williams 의 『공리주의—찬성과 반대Utilitarianism: For and Against』(Cambridge University Press, 1973), 스피리그Timothy Sprigge, 『윤리학의 합리적 기초The Rational Foundation of Ethics』(Routledge, 1988) 등이 있다. 프리스틀리J. B. Pristly의 『인간과 시간Man and Time』(Aldus, London, 1964)은 시간에 관한 최고의 저술 중의 하나로 꼽힌다.

기타 문제들(Problem 31, 47, 48)은 예술적 판단에 관한 것으로, 이는 학자들 사이에서 미학으로 통용되는 영역이다. 한편 '우표와 감자의 가치' 문제는 사회 과학의 문제를 제기하는데, 이것은 철학자들 사이에서 '비非철학'으로 간주되는 영역이다. 그럼에도 불구하고 이 두 영역은 모두 역사적으로 철학자들의 지대한 관심의 대상이 되어왔는데, 그 이유를 니겔 와버턴Nigel Warburton은 『철학의 기초Philosophy: The Basic』(Routledge, 1996)에서 매우 상세하게 설명하고 있다. 러셀과 케인즈J. M. Keynnes는 확률과 귀납법이라는 그들의 공통 관심사를 놓고 한동안 서신을 교환하면서 토론을 벌였는데, 그러나 언제나 그러하듯이 독자들은 플라톤의 『국가』에서 피력된 경제 발전과 미학에 관한 견해를 공부의 출발점으로 삼는 게 아마 훨씬 더 나을 것이다. 마지막으로, Problem 31의 해설에서 논의한 실험들은 『코마와 멜라미드의 예술에 관한 과학적 안내*Komar and Melamid's Sceintific Guide for Art*』(Farrar, Strauss and Giroux, 1998)에서 찾아볼 수 있다.

철학의 모든 측면에 관한 책들

수없이 판을 거듭해왔으며 아직도 독보적인 저서로 남아 있는 버트란드 러셀의 『서양 철학사』는 개별 철학자들과 그들의 사상에 관한 짤막한 '소품'을 무수히 담고 있다. 최근에 출간된 철학 책 중에서는 니겔 와버튼의 참으로 재미있고도 명료한 『철학의 모든 것Philosophy: A-Z』(Routledge, 1998)과 우아한 품격을 차린 브렌다 알몬드의 『철학 탐험Exploring Philosophy』(Blackwell, 1995)을, 특히 일반 독자에게 크게 도움이 될 책으로 꼽을만하다.

단 오코너Dan O'Connor의 『서양 철학사 비평A Critical History of Western Philosophy』(Macmillan, 1985)에 수록된 서양 철학의 여러 측면에 관한 학술적이면서도 대체적으로 평이한 글로 씌어진 논문들, 그리고 철학자의 생애와 사상을 만화로 그린 시리즈 중의 한 권으로 발간된 흥미롭고도 그리 딱딱하지 않은 리차드 오스본Richard Osborne의 『초보자를 위한 철학Philosophy for Beginners』(Writers & Readers Press, New York, 1994)도 독자들의 철학적 입맛에 딱 들어맞을 것이다.

옮긴이의 말

철학자들의 이름을 열거해놓고서 그 중에서 철학의 시조는 누군 가라는 문제의 정답을 맞힌 경험을 한 게 고등학교 때였다. 그가 철학의 시조라 불리는 이유가 무엇이냐는 질문에 대답하지 못했던 게 병아리 대학생 시절이었다. 그에 대해 나름대로 생각해본 적이 전혀 없었기 때문이다.

그 질문에 대해 고민하면서 나는 철학에 호기심을 갖게 되었고, 과현 지혜라는 숲의 언저리에 막 도달한 병아리 대학생답게 철학 을 어디 한 번 공부해보겠다는 의욕으로 철학 책, 철학사를 읽기 시작했다. 기억이 희미하나 렘프레히트 책이었던 거 같다.

탈레스가 만물의 원질原質을 물이라고 보았던 건 고등학교 시절 에 배웠다. 그가 철학의 시조라고 불리는 이유가 무엇이냐는 질문 을 받았을 때 나는 이게 해답과 관련이 있다는 걸 어렴풋이 짐작했 을 뿐이었다. 그러나 철학사를 읽으면서 탈레스가 사물을 구성하 는 원질을 파악함으로써 세계를 파악하려 한 최초의 철학자 중의 한 사람이었다는 사실보다도 자신이 관찰하고 경험하고 지각하는 걸 통해서 우주와 세계와 인간을 파악하려 한 최초의 인간 중에서 최고 선배였다는 사실 때문에 철학의 시조로 불리게 되었다는 데 생각이 미치는 걸 또 경험했다. 그리하여 신화도 아니고 미신도 아닌, 자기 눈으로 세계를 보려 했던 행위가 바로 철학이고, 따라서 그렇게 생각하고 행동한 사람들이 철학자라고 불리었으며, 그런 사람 중에서 탈레스가 최초였기 대문에 그를 철학의 시조라고 부르게 되었다는 것으로 애초에 답변하지 못했던 질문에 대한 답을 마련했다.

그러자 무슨 놀라운 걸 발견한 것처럼 마음속이 잠깐 훤히 밝아지는 것이었다. 탈레스는 도대체 별이 어떻게 만들어진 것인지 늘 고민하면서 하늘을 향해 고개를 들고 밤길을 걷다가 우물에 빠져 하인에게 조롱을 당하지만, 그러나 그의 눈에 보이는 은하수는 여신 헤라의 가슴에서 흩뿌려진 젖방울의 무리가 아니었을 거라는 생각이 나를 들뜨게 했다. 그리고 현실 생활의 무능을 조롱하는 밀레토스 사람들에게 탈레스가 보여준 것, 이듬 해 기상을 예견하고서 올리브 기름 짜는 기계를 매점하여 거액을 벌었으며, 그 다음에는 돈을 무시하고 살았다는 애피소드는 또 나를 잠시 오만에 빠지게도 해주었다.

각설하고. 몇 해 전 가을에 어느 철학자 선생과 서울 근교에 소풍을 갔다가 철학 이야기를 듣고, 또 철학 책의 번역 문제를 놓고서 힘겨운 토론을 벌인 적이 있었다. 아마도 내가 번역을 업으로 삼기 때문에 선생이 그 문제를 꺼내었나보다 싶었지만, 햇병아리 대학생 시절의 철학사 독서 경험 이후에 지속하지 못한 공부 탓에 미천할 따름인 철학적 소망만으로는 감히 무어라 말을 꺼낼 엄두가 나지 않았다. 그렇다고 마냥 듣고만 있어서는 토론이 되지 않을 것이기에, 나는 텍스트를 자신의 사유로써 완전히 이해하지 못하고서도 번역하는 게 말이 되냐고 물었다. 선생은, 세상에! 어떤 책을 완전히 이해하고서 번역하는 사람이 도대체 어디 있냐고 반문했다. 거기에 씌인 그대로, 꼭 그대로만 옮겨놓아주면 장한 노릇이 아니겠냐고.

그 말만 믿고 이 책을 번역하였다. 과연 이해하기에 버거운 문제가 없지 않았다. 특히 시간과 공간, 자연 철학에 관한 몇 가지 문제는 대단히 어려워서 거기에 씌인 그대로, 꼭 그대로만 옮겨놓으려고 힘을 다했다. 나는 이 책이 철학이란 이런 거다 저런 거다 하고 설명해주는 그 어떤 개론서, 혹은 어떤 분야 학문의 대단히 유력한 출발점으로 인정되는 역사서보다도 더 효과적이고 유익하며 매우 독특한 입문서라고 생각한다.

번역을 마치기까지 아마 한 스무 번은 읽은 거 같은데, 이 독서가 나에게 선사한 건 어떤 지식이 아니라 경험이었다……. 누구에게 증명해서 보일 수는 없을 듯싶은, 마음을 들뜨게 하고 오만해지게 만드는. 미국 시인 프로스트는 "내 삶의 목표는 생업과 도락이 하나가 되게 하는 것"이라고 했는데, 지금 난 그 심정에 아주 어렴풋한 어피니티를 느끼고 있다.

끝으로, 이번 판은 현실과과학 출판사에서 북&월드로 옮기면서 판형과 문장을 대폭 보완했음을 밝혀둔다.

2009년 2월 최수민